시스템 다이내믹스의 이론과 실습

Theory and Practical Exercises of System Dynamics

Juan Martín García 지음 / 원동욱·윤은경·이호창·정관용 공역

서울경제경영

Book based on Vensim 10

Juan Martin Garcia는 시스템 다이내믹스와 시스템 사고 분야의 저명한 전문가로, 스페인에서 산업공학 박사 학위를 받았으며, 미국 매사추세츠 공과대학교(MIT) Sloan 경영대학원에서 비즈니스 다이내믹스를 전공하고 박사 학위를 취득했다.

그는 엔지니어링 및 제조 분야에서 광범위한 산업 경험을 보유하고 있으며, 대기업과 대학에서 20년 동안 시뮬레이션 모델 구축을 가르친 경험이 있다.

현재 http://vensim.com/vensim-online-courses/에서 Vensim 온라인 강좌를 가르치고 있다.

이 책은 시스템 다이내믹스 주제에 대한 일반적인 정보와 지침을 제공하기 위해 작성되었다. 저자는 제공된 정보의 정확성을 보장하기 위해 노력했지만, 어떠한 보증도 명시적으로 제공되지 않는다. 독자는 이 책에서 논의된 개념을 결정하거나 구현할 때 신중을 기하고 추가적인 자료를 참조해야 한다.

Theory and Practical Exercises of System Dynamics
Juan Martín García   2024   Spain
info@atc-innova.com

목 차

제3장 실습 예제 Practical Exercises 55

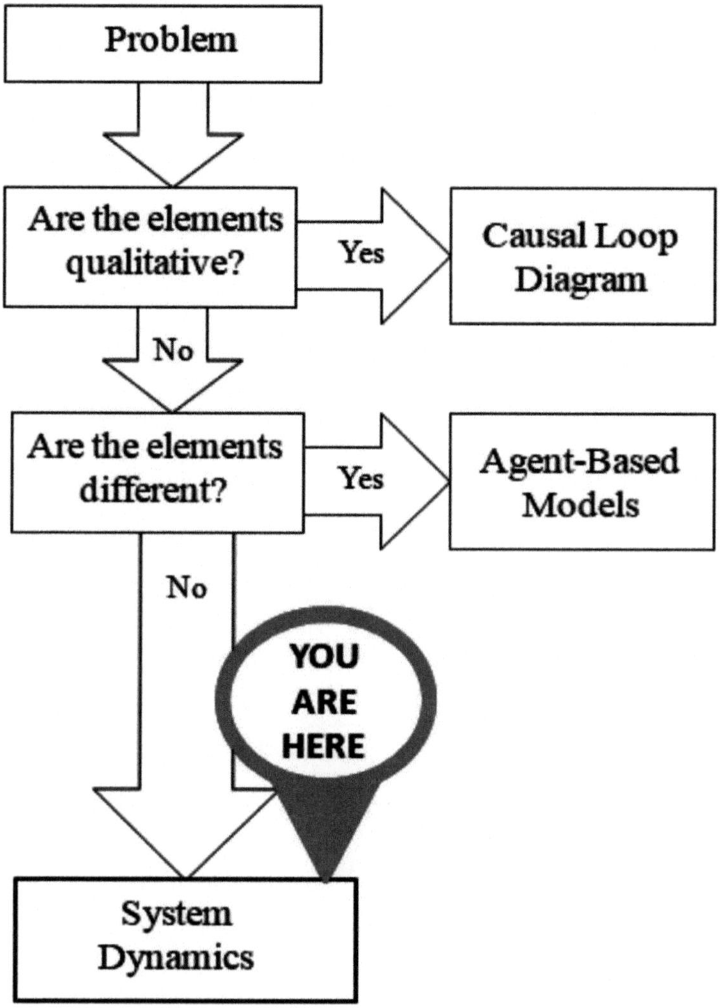

소프트웨어의 기능을 빠르게 익히려면, 먼저 사례 1번과 19번을 학습한다. 이를 통해 소프트웨어의 기본적인 기능을 습득할 수 있다. 그다음, 사례 10번과 14번을 통해 함수, 지연, 테이블 사용법을 익힌다. 이후에는 사례 2번과 3번을 통해 복잡한 방정식과 정책 시뮬레이션을 탐구한다. 마지막으로, 사례 20번에서는 질적 변수를 사용하는 방법을 배우고, 사례 21번에서는 복잡한 다이어그램을 이해함으로써 학습을 마무리할 수 있다.

저자 서문

이 책은 시스템 다이내믹스에 대한 잘못된 견해를 불식시키는 데 유용하다. 많은 사람들이 이 방법론에 대해 복잡한 방정식과 낯선 그리스 문자, 미분과 적분이 숨겨져 있을 것이라고 생각할 수 있다. 통계 데이터와 그 모호한 의미를 해독해야 하는 상황까지 더해지면, 복잡한 소프트웨어와 방대한 프로그래밍 지식이 필요하다는 오해가 생길 수 있다.

이러한 견해는 지식의 수호자처럼 보이지만, 실제로는 상상력과 무지에서 비롯된 경우가 많다. 이를 극복하기 위해 시스템 다이내믹스가 일상적인 문제, 즉, 실제 세계에 적용된다는 점을 강조할 필요가 있다. 복잡한 수학적 공식은 가끔 있으며, 자세히 분석해 보면 놀라운 단순성을 발견할 수 있다. 오히려 복잡성은 현실 세계에서 더 많이 존재한다. 예를 들어, 적분 방정식은 물질, 에너지, 정보의 축적을 상징적으로 나타낸다. 통계는 특별한 상황에서 보조 자료로 사용될 뿐, 핵심 요인은 아니다. 또한, 소프트웨어는 사용법에 조금만 익숙해지면 쉽게 적응할 수 있다. 그러니 두려움을 버리고 시스템 다이내믹스 지식의 세계로 떠나자.

시스템 다이내믹스에 대한 편견이 해소 되었다면, 우리가 시스템 다이내믹스를 활용해서 무엇을 할 수 있는지에 대한 큰 질문을 던져야 한다. 이 질문에 대한 답은 여러 책에서 찾을 수 있지만, 간단한 비유를 들어보자. 30개의 행과 30개 열의 좌석을 가진 극장의 총 좌석 수를 계산해야 한다면, 899개까지 일일이 세어볼 수 있다. 그러나 '30x30'이라는 숫자 표현을 사용하면 빠르고 신뢰성 있게 900이라는 결과를 얻을 수 있다. 시스템 다이내믹스는 이러한 방식으로 현실을 인식하는 것으로 전통적인 방법에 비해 빠르고 신뢰성 있는 결과를 제공한다. 따라서 이 방법론은 경제, 환경, 사회, 공학적 문제의 분석과 해결에 도움을 줄 수 있다.

이 책의 주요 목적은 시스템 다이내믹스를 학습하는 학생들에게 참고 자료가 되어 첫 걸음을 안내하는 것이다. 처음에는 방법론과 기본 개념에 대한 간단한 개요를 설명하고, 이후 기본 연습을 통해 학습 과정을 빠르게 진행할 수 있다. 책에서 안내하는 시스템 다이내믹스 학습 지침을 따르면 방법론을 쉽게 이해할 수 있다.

이 책은 교사의 역할을 대체하려는 것이 아니다. 교사는 학생들이 질문하는 복잡한 문제를 해결해 주는 것이다. 부록에는 이 주제에 대한 자주 묻는 질문(FAQ)과 그에 대한 정확한 답변이 포함되어 있어 독자가 이 방법론을 더 잘 이해하는 데 도움을 줄 것이다.

실용적인 연습 문제는 기본적인 예제를 제공하여 필요한 지식을 익히는 데 도움을 준다. 현재의 연구 주제나 특정 분야의 프로젝트 가이드를 제공하기 위한 것은 아니다. 해당 분야에 관심이 있는 독자는 자신의 분야에 맞는 모델을 찾아야 하며, 이를 위해 인터넷에서 모델에 대한 많은 자료를 검색할 수 있다.

시스템 다이내믹스는 일상적인 문제에 적용할 수 있다. '시스템 다이내믹스를 언제 사용하는 것이 적절한가?'라는 질문에 대한 답은 '피드백이 존재할 때마다'이다. 이러한 현실은 기업, 환경, 사회적 주제에서 흔하게 나타나며, 직관만으로는 해결할 수 없는 현상을 설명하는 데 이 방법론이 유용하다.

실습 문제는 여러 방식으로 조직될 수 있다. 주제는 환경 과학, 관리 및 사회 연구, 기계 시스템으로 분류되어 주제별로 학습을 할 수 있다. 모든 실습 문제를 수행할 필요는 없으며, 가장 중요하거나 흥미로운 주제를 선택할 수 있다.

이 책은 다른 책과는 달리 문제와 해결책을 함께 제시하였다. 이는 다양한 모델을 통해 학습하는 데 도움을 준다. 시뮬레이션 모델 설계는 손으로 직접 작업하는 것이며, 기술이 어떻게 작동하는지 이해할 필요가 있다. 이를 익히면 모델 개발자는 구조를 자유롭게 결정할 수 있으며, 보편적인 규칙을 따를 필요가 없다.

이 방법론에 대한 우려, 즉, 모든 연구가 컴퓨터 모델에 기반한다고 하는 것은 사실과 거리가 멀다. 이 접근 방식은 복잡한 문제에 대한 가장 간단한 해결책을 찾는 것을 목표로 한다. 따라서 시뮬레이션 모델의 개발은 몇몇 경우에만 정당화되며, 모델을 만드는 방법을 배우는 것은 이론적 개념을 촉진하고 적절한 해결책을 명확히 하는 데 매우 유용할 수 있다. 그러므로, 이 방법론을 적용할 때 항상 컴퓨터 모델을 만들 필요는 없다.

마지막으로, 이 책은 학습 과정에서 일반적으로 발생하는 의문을 피할 수 있도록 신중하고 정확하게 작성되었다. 책으로 배우는 데 따르는 어려움을 인식하고, 명확하고 매력적인 텍스트를 제공하고자 노력하였다. 모든 성실한 노력에도 불구하고, 가능하다면 시스템 다이내믹스에 대한 교사를 찾아 학습하는 것을 추천한다.

Juan Martín García
Spain

한국 독자들에게

이 책은 시스템 다이내믹스에 대해 보다 명확한 이해와 흥미를 유발하기 위해 저술되었습니다. 시스템 다이내믹스는 단순히 복잡한 수학적 공식이나 방정식의 집합이 아닙니다. 오히려, 우리가 일상에서 접하는 다양한 문제와 현상들을 더 깊이 이해하고, 효과적으로 분석할 수 있도록 도와주는 강력한 도구입니다. 이 방법론을 통해 우리는 복잡한 시스템의 내부 작동 원리와 피드백 루프를 이해하고, 나아가 장기적인 결과를 예측할 수 있게 됩니다.

특히 오늘날 인공지능의 발달, 특히 ChatGPT와 같은 도구들은 시스템 다이내믹스의 학습과 모델링 과정을 더욱 쉽게 만들어 주고 있습니다. 과거에는 복잡한 방정식을 손으로 계산하고, 프로그램을 직접 작성하는 데 많은 시간과 노력이 필요했지만, 이제는 AI를 활용해 그 과정을 보다 효율적으로 처리할 수 있습니다. 예를 들어, ChatGPT는 모델링 과정에서 필요한 방정식을 제안하거나 복잡한 프로세스를 단계별로 안내해 줄 수 있어, 사용자들이 보다 쉽게 시뮬레이션 모델을 개발하고 그 결과를 분석할 수 있게 도와줍니다. AI의 도움을 통해 시스템 다이내믹스는 더욱 직관적이고 빠르게 실질적인 문제 해결에 활용될 수 있습니다.

많은 분들이 시스템 다이내믹스를 처음 접할 때 방대한 데이터와 복잡한 소프트웨어 사용에 대한 두려움을 가질 수 있습니다. 그러나 이 책은 그런 두려움을 극복하고, 누구나 쉽게 시작할 수 있는 실용적인 안내서 역할을 할 것입니다. 실제로 이 방법론은 현실 세계의 문제를 보다 체계적으로 풀어가는 데 초점이 맞춰져 있으며, Vensim 같은 소프트웨어도 그 과정에서 중요한 도구일 뿐 복잡하게 느낄 필요는 없습니다.

이 책을 통해 여러분은 현실에서 발생하는 다양한 문제에 시스템 다이내믹스를 적용하는 방법을 배우게 될 것입니다. 경제, 환경, 경영 등의 다양한 분야에서 어떻게 이 방법론이 유용하게 쓰일 수 있는지, 그리고 여러분의 직관만으로 해결하기 어려운 복잡한 현상들을 어떻게 설명하고 해결할 수 있는지에 대해 깊이 이해하게 되리라 확신합니다.

한국어로 번역된 이 책이 여러분의 학습 여정에 유용한 길잡이가 되기를 바랍니다. 이 책의 내용을 차근차근 따라가면서 시스템 다이내믹스의 기본 원리를 배우고, Vensim을 통해 실제 모델을 만들어 보기를 권장합니다. 이를 통해 여러분은 자신의 분야에서 시스템 다이내믹스를 적용하고, 복잡한 문제를 해결할 수 있는 능력을 기르게 될 것입니다.

끝으로, 이 책이 한국에서 시스템 다이내믹스 교육에 기여하게 되어 매우 기쁩니다. 여러분이 이 책을 통해 얻게 될 지식이 다양한 문제 해결에 있어 유용한 도구가 되기를 바라며, 여러분의 성장을 응원합니다.

2024년 11월
Juan Martín García
Spain

역자 서문

'Theory and Practical Exercises of System Dynamics'의 한국어판으로 서적을 발간하여, 시스템 다이내믹스를 학습하고자 하는 분들에게 미약하나마 힘을 보탤 수 있게 되어 너무나 기쁩니다. 빠르게 진화하는 ChatGPT 시대를 살아가고 있는 우리에게 시스템 다이내믹스는 시스템 사고의 의미를 돋보이게 만들기에 이번 서적 출간이 더욱 가치있는 일이라는 생각이 듭니다.

이 책은 이론적 탐구에 그치지 않고, 환경과 경영학 등 여러 분야에 걸친 다양한 예제와 실습을 제공하고 있습니다. 실습은 독자가 시스템적으로 사고하고 복잡한 시스템 내에서 다양한 변수가 어떻게 상호작용하는지를 이해할 수 있는 능력을 키우도록 설계되어 있습니다. 복잡한 컴퓨터 모델을 만드는 것이 아니라, 단순한 도구를 사용하여 복잡한 문제를 해결하는 방법을 배우는 것에 초점을 두고 있습니다.

이 책은 시스템 다이내믹스에 대해 탐구하고자 하는 학생이나 의사결정자 모두에게 유용한 자료가 될 것입니다.

이 책에 제시된 대로 시스템 다이내믹스는 피드백이 존재하는 곳 어디에서나 적용될 수 있습니다. 기업 환경 등 다양한 상황에서 피드백 루프를 인식하고 이해하는 데 도움이 될 것입니다. 우리가 사는 사회가 점점 복잡해지고 빠르게 진화하는 환경 속에서 시스템 다이내믹스의 가치는 더욱 빛이 날 것입니다. 여러분도 시스템 다이내믹스에 빠져 보시길 바랍니다.

번역 작업을 마지막까지 함께하며 탈고하기까지 힘이 되어 주신 윤은경 교수님, 정관용 박사님, 이호창 박사님께 깊은 감사의 인사를 드립니다.

끝으로 책이 출판되도록 허락해 주신 서울경제경영출판사 이민동 대표님과 직원 여러분에게 감사의 말씀을 전합니다.

2024년 11월

대표 역자 원동욱

CHAPTER

01

시스템 다이내믹스

System dynamics

1장에서는 현실을 해석하는 접근 방식을 설명하고자 한다. 현실을 해석하는 정확한 방법 또는 최고의 방법이라는 것이 원래 존재하지 않을 가능성이 높다. 어떠한 방식이 최선이며 더 적절하다고 주장하기가 매우 어렵기 때문이다.

그러나 이 책에서 제안하는 방법론은 연구자들에게 새로운 개념을 제공할 것이다. 시스템 다이내믹스는 기아, 빈곤, 환경 파괴, 전쟁 등 현재 전 세계가 직면하고 있는 다양한 문제와 도전적 과제에 효과적으로 대응할 수 있는 유용한 방법론이다. 인류는 그동안 이러한 문제에 대해 전통적인 방식으로 대응해왔으나 큰 성과를 거두지는 못했다.

이 책에서 다루는 개념은 여러 이름으로 불릴 수 있지만, 우리는 이를 '시스템 다이내믹스'라고 칭할 것이다. '시스템'이라는 단어는 다양한 의미를 지니며, 앞으로의 논의와 사례분석을 통해 이 용어에 대한 해석을 명확히 하고자 한다.

먼저, 우리는 전 세계를 대표하는 글로벌 시스템 모델의 특성을 살펴볼 것이다. 이어서 오늘날 우리가 경험하는 지구적 문제 현상을 시스템 관점에서 설명하고자 한다.

1.1. 시스템 다이내믹스 System dynamics

우리는 점점 더 복잡하고 끊임없이 변화하는 현실 속에서 살고 있으며, 해가 갈수록 그 복잡성이 더욱 커지고 있음을 인식하고 있다. 이러한 현실에서 우리에게 요구되는 결정을 내리기 위해 우리는 멘탈 모델을 사용한다. 그러나 이러한 모델이 항상 문제 해결에 도움이 되는 것은 아니다. 왜냐하면 그 해결책이, 제이 포레스터(Jay Forrester)가 말했듯이, 가장 단순한 경우에도 직관에 반하는 경우가 있기 때문이다.

예를 들어, 아이들과 함께 과학 박물관을 방문했을 때, 우리는 물탱크에서 지면에 가까운 구멍에서 나오는 물이 더 위쪽에 있는 구멍보다 더 멀리 뿜어져 나가는 이유를 설명해야 할 수도 있다. 또한, 돋보기 속의 이미지가 일정 거리를 넘어서면 계속 커지지 않고 왜 거꾸로 뒤집히는지도 설명해야 할 수도 있다.

루트비히 폰 베르탈란피(Ludwig von Bertalanffy)가 지적했듯이, 과학만을 연구하는 사람들에게는 과학 외의 질문에는 전혀 관심이 없다. "공식에 없는 것은 세상에도 없다", 이것이 과학의 유일한 공식 입장이다. 그러나, 우리가 이해를 더 넓히고자 한다면, 우리가 직접적으로 아는 유일한 현실, 즉, 우리의 실제 경험의 현실을 들 수 있다.

칸트의 표현을 빌리자면, 모든 현실에 대한 해석은 이성의 모험이다. 따라서 선택할 수 있는 두 가지 대안만 있다. 하나는 모든 본질에 대한 해석을 거부하는 것이고, 다른 하나는 해석을 시도하는 경우에도 그 유사성을 인식해야 한다는 것이다. 왜냐하면 진정한 현실이 우리의 내적 경험과 동일하다는 증거는 전혀 없기 때문이다.

한정된 수의 매개변수를 가진 현실, 특히 이들이 정량화될 수 있는 경우, 우리는 공식적인 모델을 사용하여 합리적으로 높은 성공 확률로 행동할 수 있다. 그러나 매개변수의 수가 불확실하고 정량화하기 어려운 복잡한 상황에 직면할 때는, 문제의 주요 측면과 가능한 해결책을 구조적으로 파악할 수 있는 비공식적인 모델에 의존할 수 있다.

린다 M. 애플게이트(Lynda M. Applegate)는 오늘날의 컴퓨터는 정보를 순차적으로 처리하도록 설계되었다고 말한다. 이는 문제가 구조화되어 단계적으로 구분할 수 있을 때는 잘 작동하지만, 직관, 창의성, 식별력이 필요한 복잡하고 비구조적인 작업에는 적합하지 않다.

시스템 다이내믹스의 주요 적용 분야는 이러한 복잡하고 명확히 정의되지 않은 환경에서, 인간의 결정이 논리에 따라 이루어지는 경향이 있는 경우이다. 우리는 현재 과학이 측정 가능하고 재현 가능한 현상에 기반하고 있음을 기억해야 한다. 마케팅 전문가들이 알고 있듯이, 사람들은 특정한 규칙에 따라 행동하는데, 이는 시장 법칙(수요가 증가하면 가격이 상승하는 등)처럼 비교적 쉽게 측정하고 재현할 수 있다.

이에 대해 하비에르 아라실(Javier Aracil)은 그의 저서 『시스템 다이내믹스 입문』에서 컴퓨터 모델은 멘탈 모델로는 얻을 수 없는 정보를 제공할 수 있다고 하였다. 컴퓨터 모델은 주어진 시스템 내 구성 요소 간 상호작용의 동적 결과를 보여줄 수 있다.

특정 행동의 결과를 평가할 때 멘탈 모델을 사용하면 잘못된 결론을 도출할 위험이 있다. 복잡한 문제일 수록 직관에 의존한 판단은 위험하다. 그 이유 중 하나는 우리가 단방향의 원인-결과 관계로 생각하는 경향이 있기 때문이다. 멘탈 모델은 복잡계 시스템에 대부분 존재하는 피드백구조를 간과하기 쉽다. 이러한 이유로 컴퓨터 모델링을 하는 과정에서 각 단계를 분리하여 개발하는 것이 필요하다. 우리가 가지고 있는 시스템에 대한 멘탈 이미지를 컴퓨터로 프로그래밍할 수 있는 언어로 발전시키고 표현될 수 있어야 한다. 일반적으로, 일관성 있고 명확한 멘탈 이미지는 이 방식으로 표현될 수 있다. 실제 시스템에 대한 우리의 멘탈 이미지는 경험과 관찰의 결과이다. 이러한 경험을 컴퓨터 프로그램으로 명확하게 공식화하는 과정은 우리의 멘탈 이미지를 확인하고, 형식화하고, 집중하게 함으로써 여러 관점에서 더 깊은 이해를 제공한다.

수학적 모델은 프로그래밍이 가능하며 명확하게 표현된다. 모델을 설명하는 데 사용되는 수학적 언어는 모호함을 남기지 않는다. 시스템 다이내믹스 모델은 멘탈 모델보다 모호함 없이 더 명확하게 표현될 수 있다. 모델 구축의 근거가 되는 가설과 구성 요인 간의 관계는 매우 명확하며, 이를 바탕으로 토론과 수정을 통해 발전시킬 수 있다. 따라서 이러한 모델은 미래에 대한 예측을 완벽하고 정확하게 연구할 수 있다.

다음의 두 가지 모델(예측모델과 관리모델)을 구분하는 것이 중요하다. 하나는 모델링된 시스템의 미래 상태에 대한 정확한 정보를 제공하기 위해 설계된 예측 모델이고, 다른 하나는 기본적으로 X 옵션이 Y 옵션보다 더 나은지 여부를 결정하기 위해 설계된 관리 모델이다. 관리 모델은 비교 자체가 유용하기 때문에 예측 모델만큼의 정밀성을 요구하지 않는다. 시스템 다이내믹스 모델은 관리모델의 유형이다.

앞서 설명한 것처럼, 나는 '시스템'이라는 단어를 독립적인 요소들이 안정적인 방식으로 상호작용하는 집합으로 이해한다. 시스템의 행동을 이해하는 첫 번째 단계는 구성 요소들과 그 상호작용 가능성을 정의하는 것이다. 아리스토텔레스의 '전체는 부분의 합보다 크다'는 개념이 여기에서 특별한 의미를 갖는다.

시스템 다이내믹스의 관점은 계량경제학과 같은 사회경제 시스템 모델을 구축하는 기존의 다른 기법들과 근본적으로 다르다. 행동주의에 기반을 둔 계량경제학 기법은 통계 계산과 같은 경험적 데이터를 사용하여 다양한 요소 간의 의미와 상관관계를 파악한다. 독립적인 변수들의 과거 변화를 통해 개발되며, 통계학을 적용하여 이러한 변수를 다른 독립 변수와 연결하는 방정식 시스템의 매개변수를 결정한다. 이러한 기법은 시스템의 내부 기능에 대한 정보 없이 시스템의 행동을 설명할 수 있다. 예를 들어, 주식 시장 모델은 주식의 상승과 하강 추세, 상승과 하강 주기 등을 분석하며, 손실 위험을 최소화하는 데 중점을 둔다. 이들은 기업의 신제품 출시나 경쟁자의 등장에 따라 가치가 변동하는 기업 내부의 작동 원리에 대한 자세한 이해를 목적으로 하지는 않는다.

시스템 다이내믹스의 기본 목표는 다르다. 이 방법론은 시스템의 행동을 유발하는 구조적 원인을 이해하는 데 중점을 둔다. 이는 시스템의 각 요인이 수행하는 역할에 대한 이해를 높혀, 시스템의 다양한 부분에 대한 행동 조치가 시스템의 행동 경향을 어떻게 강화하거나 완화하는지를 평가하는 것을 포함한다.

시스템 다이내믹스의 한 가지 특징은 미래를 자세히 예측하는 것을 목표로 하지 않는다는 점이다. 모델을 사용하여 시스템을 연구하고 다양한 정책을 시험함으로써, 우리는 가설의 일관성 및 각 정책의 효과를 평가하며 실제 세계에 대한 이해를 심화시킬 수 있다.

시스템 다이내믹스의 또 다른 중요한 특징은 장기적인 관점이다. 즉, 연구하는 기간이 충분히 길어야 시스템의 모든 중요한 측면이 자유롭게 발전할 수 있다. 충분히 넓은 시간 범위를 통해서만 시스템의 근본적인 행동을 관찰할 수 있다. 때때로 정책의 결과가 적절하지 않은 이유는 의사 결정 과정의 시간적 범위가 너무 짧았거나 문제를 다루는 데 있어서 관점이 부족했기 때문이다. 이러한 경우, 현재 취한 행동의 장기적인 결과를 아는 것이 유용하며, 적절한 모델을 사용하면 이를 보다 명확하게 파악할 수 있다.

장기적인 변화를 이해하려면 가능한 변화의 주요 원인을 식별해야 한다. 이 과정은 적절한 변수를 선택함으로써 촉진된다. 이상적으로는, 시스템의 경계는 넓은 시간 범위에서 시스템 주요 변수에 중요한 변화를 일으킬 수 있는 모든 메커니즘을 포함해야 한다.

시스템 다이내믹스는 시스템의 요소들에 대한 신중한 분석을 통해 모델을 구축할 수 있도록 한다. 이 분석을 통해 모델의 내부 논리를 추출할 수 있다.

그런 다음 시스템의 장기적인 발전에 대한 지식을 얻을 수 있다. 과거 데이터에 따른 모델 조정은 부차적인 중요성을 가지며, 모델 구축에서 핵심은 내부 논리와 구조적 관계의 분석이다.

(참고: 모든 교육자료는 객관적으로 작성되어야 한다. 본 교재도 이러한 목표를 가지고 있으나 주관적인 의견이 일부 녹아 있다. 개인적 의견에 해당하는 부분은 독자의 판단에 맡긴다.)

1.2. 문제의 식별 Identifying the Problem

문제는 무엇인가?

우리는 주어진 문제에 대한 최적의 해결책을 도출하기 위해 시뮬레이션 모델을 구축하는 방법을 배울 것이다. 이러한 모델은 예측 모델이 아니라 관리 모델이다.

먼저, 문제를 명확하게 식별하고 연구의 목표를 정확하게 기술해야 한다. 이는 당연한 것처럼 보일 수 있지만, 문제를 명확하게 정의하는 과정은 모델 구축의 모든 단계에 큰 영향을 미치기 때문에 매우 중요하다. 이는 또한 모델을 구축하는 데 소요되는 시간과 비용을 산정하는 데에도 매우 유용하다.

문제의 핵심이 정의되면, 해당 주제에 대한 전문가의 지식과 관련 문서를 바탕으로 문제를 자세히 설명해야 한다. 이 단계의 결과물로, 문제에 영향을 미치는 요소들에 대한 초기 인식, 그들 간의 가설적 관계, 그리고 이들의 과거 행동 양상이 도출된다. 시스템의 과거 행태에 대한 참조는 문제에 영향을 미치는 주요 요인의 과거 기록이므로, 가능하다면 이를 정량화하는 것이 바람직하다. 이것은 문제에 대한 언어적 설명을 그래픽 및 수치적으로 나타낸 것이다.

효율적인 해결책을 찾기 위해 시뮬레이션 모델을 구축할 필요가 있는지 자문하는 것도 좋은 방법이다. 이것은 매우 중요한 질문이다.

모델 구축은 시간과 비용이 많이 소요되는 과정이므로 동일한 결과를 얻을수 있는 더 간단한 방법이 있다면 이를 고려하는 것이 좋다. 일반적으로 두 가지 방법이있다: 통계적 접근과 직관적 접근이다.

- 통계적 방법이나 수학적 미적분 방법은 풍부한 과거 데이터가 존재하거나, 현실이 안정적으로 유지될 것이라고 가정할 수 있는 문제를 해결

하는 데 매우 유용하다. 예를 들어, 특정 도로를 지나는 차량의 수를 알고자 할 때, 충분한 과거 데이터가 있고 도로 상황이 변하지 않았다면 통계적 방법을 통해 좋은 근사치를 얻을 수 있다.

- 직관 또한 중요한 역할을 한다. 직관은 우리의 경험과 지식을 바탕으로 많은 문제에대한 올바른 답을 제공하며, 비용이 적게 들고 빠르게 적용할 수 있기 때문에 가능하면 자주 활용하는 것이 좋다. 이 두 가지 방법으로 해결이 어려운 경우에만 시뮬레이션 모델을 구축하는 것이 합리적이다.

문제가 정의되면, 문제와 직·간접적으로 관련된 많은 요소들이 존재한다는 것을 알게 될 것이다. 이들은 서로 상호작용하고 있지만, 그 상호작용이 명확하지 않을 수도 있다. 이 요소들이 시스템을 구성하며, 이제 우리는 현실을 시스템으로 연구하게 될 것이다.

1.3. 시스템 정의하기 Defining the System

시스템은 무엇인가?

시스템은 상호 연관된 요소들의 집합으로, 한 요소의 변화가 전체 집합에 영향을 미치는 구조이다. 여기서 연구하는 시스템은 문제와 직접적이거나 간접적으로 연관된 요소들로만 구성된다. 시스템을 연구하려면 그 시스템을 구성하는 요소들과 그들 간의 관계를 알아야 한다.

우리가 시스템을 분석할 때는 보통 구성 요소들의 특성에만 집중하는 경향이 있다. 하지만 복잡한 시스템의 작동을 이해하려면 시스템을 구성하는 요소들 사이에 존재하는 관계에도 초점을 맞춰야 한다.

교향악단의 본질을 이해하기 위해서는 단순히 연주자들과 그들의 악기를 관찰하는 것만으로는 불가능하다. 이들 사이의 조화가 아름다운 음악을 만들어내기 때문이다. 인간의 신체, 숲, 나라, 산호초의 생태계 등은 모두 부분들의 합 이상의 의미를 지니는 시스템의 예이다.

고대 수피 격언이 이를 잘 설명해준다. "너는 '하나'를 이해하기 때문에 생각할 수 있고, '둘'을 이해할 수 있다. 이는 '하나' 더하기 '하나'이다. 그러나 '더하기'를 이해해야 한다." 예를 들어, 교통 문제에서는 인구 수, 자동차 수, 기름 가격, 주차 공간, 대체 교통수단 등 많은 관련 요소들이 결합한다. 이때 종종 각 요소 자체를 해결하려고 하기보다는 이들 간의 관계('더하기')를 해결하려는 것이 더 쉽고 효과적일 수 있다.

시스템을 정의하는 좋은 방법의 하나는 빈 종이 중앙에 주요 문제를 적고, 그 주변에 직접 관련된 요인들을 배치하는 것이다. 주요 문제에 간접적으로 영향을 미치는 요인들은 이 직접 관련 요인들 주변에 메모해 두면 된다. 이렇게 정리된 요인들과 그 관계들이 우리가 연구하고자 하는 시스템이 되며, 이를 통해 주어진 문제에 대한 가능한 해결책을 고려하게 된다.

1.4. 시스템의 경계 The Boundaries of a System

시스템 경계는 어디인가?

우리는 모두 "중국에서 나비가 날갯짓을 하면 카리브 해에 토네이도가 발생할 수 있다"는 이론을 들어본 적이 있다. 그러나 우리의 연구에서는 시스템의 행동에 합리적인 영향을 미치는 요인들만 포함시킬 것이다. 중요한 것은 실질적인 문제 해결을 위한 실천 가능한 행동을 제안하는 목표를 잊지 않는 것이다.

시스템은 가능한 소수의 요인을 포함해야 하며, 시뮬레이션을 통해 연구된 여러 행동 중 가장 효과적인 해결책을 결정할 수 있도록 해야 한다. 일반적으로 모델은 소수의 요인으로 작게 시작하고, 확장과 개선을 거친다. 이후 문제 해결에 결정적인 역할을 하지 않는 요인은 제거된다. 모델 구축 과정에서는 요인를 추가하고 제거하는 확장 및 단순화 단계가 여러 번 반복된다.

예를 들어, 휘발유 소비와 폐 건강 사이의 관계를 간과해서는 안 된다. 전력 발전소에서 탄소 연소 과정을 분석할 때, 에너지 외에도 재, 부유 입자, SO_2, CO_2 등이 생성된다는 사실을 알 수 있다. 우리가 원하는 제품(전기)과 부산물 사이에 장벽이 없다는 것도 확인할 수 있다. 때로는 이른바 부작용이 주요 효과만큼이나 실제적이고 중요할 수 있다. 자연 생태계 시스템에서는 한 과정에서 발생한 폐기물이 다음 과정을 위한 영양분으로 사용된다는 점이다. 아마도 이것이 미래 산업 디자인에서 추구해야 할 모델일 것이다.

모델의 최종 크기는 주요 내용을 10분 이내에 설명할 수 있을 정도로 간결해야 한다. 이보다 큰 모델은 실패할 가능성이 크다.

1.5. 인과지도 Causal Loop Diagram (CLD)

시스템을 어떻게 표현하는가?

문제와 관련된 요인들과 그로 인해 관찰된 행동을 설명하는 요인들의 집합, 그리고 이들 구성 요인 간의 관계(종종 피드백이 포함됨)가 시스템을 구성한다. 인과관계 다이어그램은 시스템의 주요 요인들과 이들 간의 관계를 나타낸다.

앞서 논의한 것처럼, 최종 모델에 점점 더 가까워질 수 있는 여러 버전을 작성하는 것이 중요하다. 시스템의 과거 추세를 재현할 수 있는 최소한의 요인들과 그 관계의 집합이 시스템의 기본 구조를 형성한다.

시스템의 변수들과 이들 변수 간의 가설적 관계가 파악되면, 그림으로 표현할 수 있다. 이 다이어그램은 변수 간의 관계를 화살표로 표시하며, 이 화살표에는 한 변수가 다른 변수에 미치는 영향의 종류를 나타내는 부호(+, -)를 포함한다. '+'는 영향을 미치는 변수가 변화할 때 대상 변수도 같은 방향으로 변화한다는 것을 의미한다. 반면, '-'는 그 반대의 영향을 나타낸다.

따라서 A가 증가하면 B가 증가하거나 A가 감소하면 B도 감소하는 경우, 이는 긍정적인 관계이며, 아래와 같이 표시된다:

긍정적 관계(+)가 '좋음'을 의미하지 않는다.

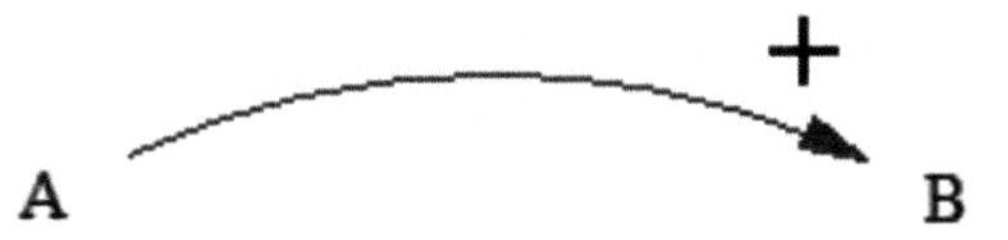

반대로, A가 증가하면 B가 감소하거나 A가 감소하면 B가 증가하는 경우, 이는 부정적인 관계이며, 다음과 같이 표현된다:

부정적 관계(-)가 '나쁨'을 의미하지 않는다.

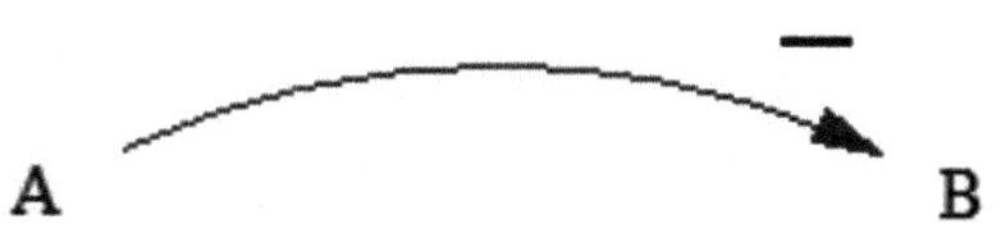

1.6. 피드백 루프 Feedback Loops

피드백 루프는 무엇인가?

폐쇄된 관계 체계를 루프 또는 피드백 루프라고 한다. 예를 들어, 우리가 유리잔에 물을 채우기 위해 수도꼭지를 틀 때, 유리잔 안의 물은 점점 차오른다. 이때 유리잔에 담긴 물의 양이 수도꼭지에서 물이 나오는 속도에 영향을 미친다. 물이 가득 차가면 우리는 물을 천천히 채우게 된다. 이런 순환 관계가 바로 피드백 루프다.

이 예에서 유리잔과 수도꼭지로 이루어진 시스템은 음의 피드백 루프이다. 이는 목표를 달성하기 위해 설계된 시스템이기 때문이다(컵에 물이 넘치지 않게 채우는 것). 음의 피드백 루프는 주어진 목표를 달성하기 위해 시스템 내에서 안정화 역할을 하는데, 예를 들어 난방 시스템의 온도 조절 장치가 사용자 설정온도로 온도를 조절하는 방식이다.

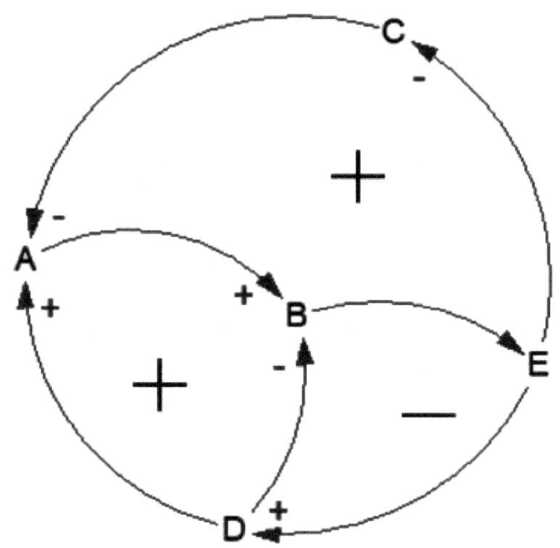

모형을 구축할 때도 피드백 루프가 나타난다. 예를 들어, 위 인과관계 다이어그램에서 ABEDA, DBED, ABECA와 같은 루프가 있다. 이때, 루프 내에 있는 부정적인 관계(-)의 수가 짝수이면 그 루프는 양의 피드백 루프로 정의되고, 부정적인 관계(-)의 수가 홀수이면 음의 피드백 루프로 정의된다(예를 들어, -3에 +3을 곱하면 -9가 되는 것과 같다).

음(-)의 피드백 루프는 모델을 안정화시키는 경향이 있는 반면, 양(+)의 피드백 루프는 모델을 불안정하게 만드는 경향이 있다.

이는 기본 문제와 관계없이 본질적으로 양(+)의 루프가 다음과 같기 때문이다:

$x_{n+1} = f(x_n{*}x_n) = f(x_n^2)$

음(-)의 루프는 다음과 같다:

$x_{n+1} = f(x_n{*}(1\text{-}x_n))$

즉, 변수 x의 상태가 기간 n에서 n+1로 넘어갈 때, 양(+)의 루프는 지수적으로 증폭된함수의 형태를 취하고, 음(-)의 루프는 그렇지 않다.

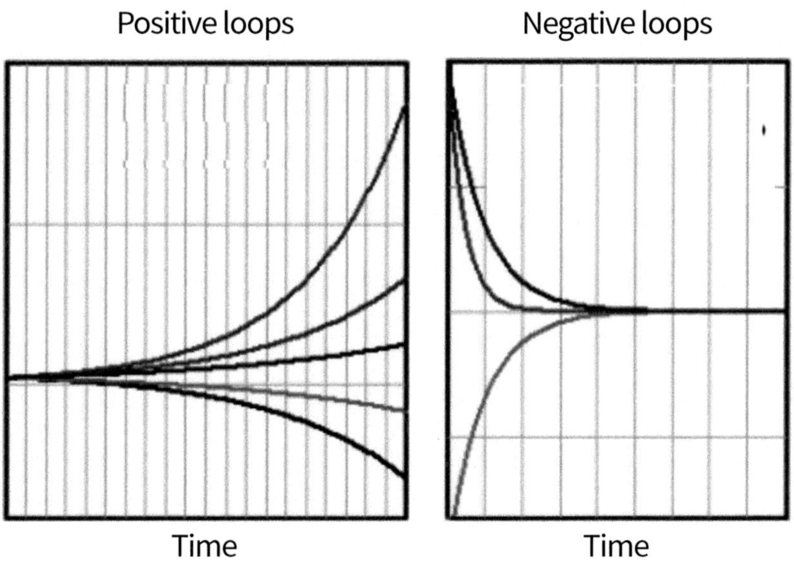

실제 시스템은 양의 루프와 음의 루프를 모두 포함하며, 시스템의 궁극적인 행동은 특정 시점에서 지배적인 루프 유형에 따라 달라진다. 예를 들어, 한 국가가 무기를 증가시키면 이웃 국가들은 위협을 느껴 더 많은 무기를 확보하게 된다. 이와 같은 루프는 '악순환'이라 불리는 양의 루프의 일례로, 스스로를 계속해서 증폭시키면서 성장한다. 양(+)의 루프는시스템의 성장, 발전 그리고 붕괴를 초래할 수 있다.

당연히, 사회경제적 및 생태적 시스템은 수백 개의 상호 연결된 긍정적 및 부정적 루프로 구성되며, 시스템의 최종적인 행동은 쉽게 예측할 수 없다.

루프 개념은 매우 유용하다. 이는 우리가 분석하고 있는 시스템의 구조에서 시작하여 그 동적 행동에 이르기까지 작업을 진행할 수 있게 해주기 때문이다. 시스템이 지속적으로 변동하거나, 평형 상태를 유지하거나, 급격히 떨어지는 경우, 우리는 구조적 원인을 파악하고, 이에 영향을 미치는 인과 루프를 수정하는 방법을 결정할 수 있다. 이 절차는 산업 공정의 제어부터 당뇨병이나 암의 모니터링, 원자재 가격 변동, 경제 성장에 이르기까지 다양한 분야에 적용할 수 있다.

이 개념의 가장 중요한 용도는 시스템의 구조가 어떻게 그 행동에 영향을 미치는지를 이해하는 데 있다. 동일한 시장과 같은 해에 동일한 제품을 제공하는 다양한 기업들이 매우 다른 경제적 결과를 내는 이유를 설명할 수 있다. 능력이 부족한 경영자들은 이러한 차이가 통제할 수 없는 외부 요인, 예를 들어 노동 비용, 경쟁자, 고객의 습관 등 때문이라고 말할지 모르지만, 사실 그들은 자신이 통제하는 시스템(즉, 기업)이 더 나은 결과를 보이는 시스템보다 덜 경쟁적인 구조를 가지고 있는 이유를 연구해야 한다.

국가 A는 군비 경쟁이 국가 B 때문에 발생했다고 생각하고, 국가 B 역시 같은 생각을 할 수 있다. 그러나 실제로 국가 A는 스스로 무기를 늘림으로써 국가 B의 재무장을 초래했고, 결국 A 스스로의 재무장도 초래했다고 할 수 있다. 마찬가지로, 석유 가격 상승은 일부 국가에 생산이 집중되었기 때문이기도 하고, 개발도상국에서 제한적이며 재생 불가능한 자원의 과도한 소비 때문이기도 하다.

문제의 원인을 외부 요인으로 돌리는 경향이 있지만, 실제로 문제를 해결하려면 시스템 내부에서 진정한 원인을 파악해야 한다. 시스템 내에 문제를 일으키는 요인이 있다면, 이를 해결할 수 있는 요인도 시스템 안에 존재한다.

예를 들어, 제품의 수명 곡선은 초기에는 기하급수적으로 성장하는 양의 루프에 의해 조절되다가, 시장 포화와 관련된 음의 루프에 의해 안정 상태에 도달하고, 마지막으로 빠르게 성장하는 대체 제품의 등장으로 인해 급격한 하락을 겪게 된다.

마지막으로, 인과관계 다이어그램은 시스템 다이내믹스 기법에 익숙하지 않은 사용자에게 최종 모델을 설명하는 데 유용하다.

1.7. 제한 요인 The Limiting Factor

제한 요인은 현재 시스템의 성장을 제한하는 시스템 요인이다. 주어진 시점에서는 하나의 제한 요인만 존재하지만, 일정 기간 동안에는 시스템의 다양한 요인들이 제한 요인으로 작용할 수 있다.

예를 들어, 옥수수는 토양에 질소를 아무리 많이 추가하더라도 인산염이 없으면 자랄 수 없다. 이 사실은 매우 기본적인 것이지만, 자주 간과된다. 농학자들은 식물의 영양에 필요한 20가지 주요 물질을 알고 있다고 가정하고 토양 비료를 어떻게 적용해야 하는지를 알고 있지만, 그들이 모르는 요인이 얼마나 많은가? 종종 더 부피가 큰 물질에 주목하지만, 진정으로 중요한 요소인 '제한 요인'에는 거의 집중하지 않는다.

현실을 이해하기 위해서는 제한 요인이 필수적이라는 점을 인식하는 것뿐만 아니라, 변화가 시스템을 구성하는 요인들에 영향을 미친다는 점도 이해해야 한다. 자라는 식물과 토양, 또는 경제 성장과 이를 유지하는 자원 간의 관계는 역동적이며 지속적으로 변화한다. 한 요인이 더 이상 제한 요인이 아니게 되면 성장이 일어나고, 요인들 간의 비율은 계속 변화하여 결국 다른 요인이 제한 요인이 된다. 우리가 다음 제한 요인에 주목할 수 있다면, 시스템의 진정한 이해와 효율적인 제어로 나아갈 수 있다.

제한 요인은 역동적이다. 식물 성장의 경우, 오늘은 물이 부족할 수 있지만 내일은 이 문제가 해결되고, 그 다음 제한 요인은 영양소 부족일 수 있다. 특정 시점의 제한 요인은 항상 하나만 존재한다.

1.8. 핵심 요인 The Key Factors

핵심 요인은 레버리지 포인트라고도 불리며, 여기에 압력이나 영향력이 가해진다. 시스템에는 여러 핵심 요인이 포함되어 있으며, 이들은 시간이 지나도 크게 변하지 않는 경향이 있다. 핵심 요인을 활용하면 최소한의 노력으로 시스템에 큰 변화를 일으킬 수 있다.

이들은 때로 시스템에서 폭발적인 행동을 유발할 수 있으며, 각 시스템은 여러 개의 핵심 요인를 가지고 있지만, 이를 찾아내는 것은 쉽지 않다.

일반적인 사람의 핵심 요인은 건강, 가족, 그리고 교육과 관련이 있을 것이다. 이 요인들은 그들의 일상적 행동의 원동력이 된다.

우리는 또한 이러한 핵심 요소들이 폭발적인 행동을 유발할 수 있음을 고려해야 한다. 때로는 사람들은 공적이나 사적으로 모든 종류의 굴욕을 참아내지만, 부모에 대한 모욕적인 발언은 치명적인 결과를 초래할 수 있다. 이것이 바로 핵심 요인이다. 핵심 요인은 신체적일 수도 있고 (누군가의 귀에 손가락을 넣어도 크게 화를 내지 않을 수 있지만, 눈에 넣는다면 상황이 다를 것이다), 심리적일 수도 있다 (새 차에서의 작은 사고가 어떤 사람에게 극단적인 반응을 일으킬 수 있다).

목표를 달성하기 위해 때로는 큰 노력이 잘못된 방향으로 투입되기도 한다. 이는 특히 개인, 사회, 사업, 생태 분야에서 자주 발생한다. 이러한 상황을 피하기 위해 제이 포레스터는 사업 세계에 대한 일련의 지침을 제안했으며, 이는 다른 분야에도 쉽게 적용될 수 있다.

1. 발생한 문제가 무엇이든 간에, 시스템의 내부 작동 방식, 의사결정 방식, 운영 방식을 파악하는 것이 필수적이다. 일시적이거나 피상적인 요소에 주의를 빼앗기지 않도록 주의해야 한다. 이들은 겉으로는 명백해 보일 수 있지만, 진짜 원인은 아닐 수 있다.
2. 종종 한두 가지 정책의 작은 변화만으로 문제를 쉽게 해결할 수 있다.
3. 핵심 요인들은 종종 문제와 무관하거나 중요하지 않다고 판단되어 배제된다. 이들은 거의 주목 받거나 논의되지 않으며, 식별되었을 때조차도 그들이 문제와 관련이 있다는 사실을 아무도 믿지 않는다.
4. 누군가 이미 핵심 요인을 식별했더라도, 잘못된 방향으로 대응하여 문제를 더욱 악화시키는 경우가 많다.

모델은 민감도 분석을 통해 시스템의 행동에 결정적인 영향을 미칠 수 있는 요인들을 분석할 수 있게 해준다. 즉, 우리는 이를 통해 핵심 요인을 식별할 수 있다. 그러나 이러한 도구 없이도 진전을 이룰 수 있다.

이러한 핵심 요인의 특징은 예상치 못한 지점이나 비생산적인 행동을 유발하는 측면에 위치한다는 것이다. 이는 인과관계 다이어그램으로 설명하기가 어렵다. 이러한 현상은 특정 구조가 아니라 이미 정의된 시스템의 동작을 해석하는 것이 어렵고, 상호 관계의 영향이 우리의 분석 능력을 넘어서는 것에 원인이 있는 것으로 보인다(이것은 시스템이 세 개 이상의 루프를 가지고 있다는 것을 의미한다).

시스템의 본질과 핵심 요인을 제대로 인식하고 해석하지 못하면 시스템의 행동은 직관에 반하는 방향으로 진행되고, 그 결과 우리의 행동은 잘못된 방향으로 이어지게 된다. 몇 가지 예를 통해 이를 살펴보자.

a) 자동차 엔진 제조 회사가 지속적으로 시장 점유율을 잃고 있었다. 4년마다 주요 고객의 이탈이 발생했으며, 이들은 대부분 돌아오지 않았다. 회사의 분석에 따르면 문제는 완제품 재고 관리 정책에 있었다. 회

사는 높은 금융 비용 때문에 많은 수의 엔진을 재고로 유지하는 것을 꺼렸고, 재고를 적게 유지하는 정책을 취했다. 이 정책은 많은 재고 비용을 절약했지만, 경제가 호황을 맞이할 때 주문이 폭주하여 엔진 공급이 지연되었다. 고객들은 더 빠르게 엔진을 공급하는 경쟁사로 눈을 돌렸다. 회사는 매출 손실에 대응해 비용 절감 프로그램을 시행했고, 완제품 재고를 더욱 줄이는 조치를 취했다.

b) 축산농가는 점점 사라지고 있다. 이를 해결하기 위해 세금 감면, 저리 대출, 보조금 등의 조치가 제안된다. 작은 농장을 시작하고자 하는 사람들에게 많은 인센티브가 주어진다. 그러나 농장이 문을 닫는 주요 이유는 확장 때문이다. 축산농가들은 더 많은 우유를 생산하여 수입을 늘리려고 하지만, 모두가 같은 행동을 하면 시장에 우유가 과잉 공급되고 가격이 떨어진다. 가격이 떨어지면 각 축산농가는 수입을 유지하기 위해 더 많은 우유를 생산해야 한다. 일부 축산농가는 성공하지만, 그렇지 않은 축산농가들은 결국 축산업을 포기하게 된다.

c) 어떤 경제에서든 핵심 요인 중 하나는 설치된 자산을 장기간 잘 사용하는 유효수명에 있다. 경제의 지속적인 성장을 촉진하는 가장 좋은 방법은 이 유효 수명을 최대한 연장하는 것이다. 그러나 현실에서 시행되는 정책은 노후화를 가속화하는 정책이다. 즉, 단기적인 경제 성장을 위해 기존 장비를 신속하게 교체하는 데 우선순위를 두고 있다.

d) 도시 경제를 활성화하고 경제적 자원이 없는 사람들이 거주하는 낙후된 지역 문제를 해결하는 올바른 방법은 더 많은 보조금 지원 주택을 건설하는 것이 아니다. 해결책은 버려진 공장과 주택을 철거하고 새로운 사업을 시작할 수 있는 택지를 조성하고, 이를 통해 일자리와 인구 간의 균형을 회복할 수 있게 해야 한다.

이와 같은 사례들은 핵심 요인을 식별하고, 그에 맞는 적절한 행동을 취하는 것이 얼마나 중요한지를 보여준다. 단순히 시스템을 관찰하는 것만으로는 핵심 요인을 찾기 어려울 수 있으며, 이때 컴퓨터 시뮬레이션 모델의 진정한 가치가 발휘된다.

1.9. 시스템의 분류 Classification of Systems

1.9.1. 안정 시스템과 불안정 시스템 Stable and Unstable Systems

시스템은 음의 루프로 구성되거나 음의 루프에 의해 지배될 때 안정적이며, 양의 루프일 때는 불안정하다. 즉, 지배적인 루프가 홀수 개의 음의 관계를 포함할 때 음의 루프를 가지며 , 시스템은 안정적이다. 안정적인 시스템의 기본 구조는 다음과 같다.

여기에서 시스템은 '목표 상태'와 '실제 상태'를 가지고 있음을 알 수 있다. 이 두 상태를 비교하여 ('차이'), 이 값을 기반으로 시스템은 '실제 상태'를 '목표 상태'로 이동시키기 위한 '행동'을 취한다.

이 경우 초기 매개변수는 상대적으로 중요하지 않다. 시스템은 직면한 환경 조건에 따라 행동하므로 배가 고프면 음식을 찾고 음식을 찾으면 다음 목표를 처리하는 방법으로 진행된다. 안정적인 시스템에서는 시스템의 동작을 생성하는 구조가 항상 동일하다는 점이 중요하

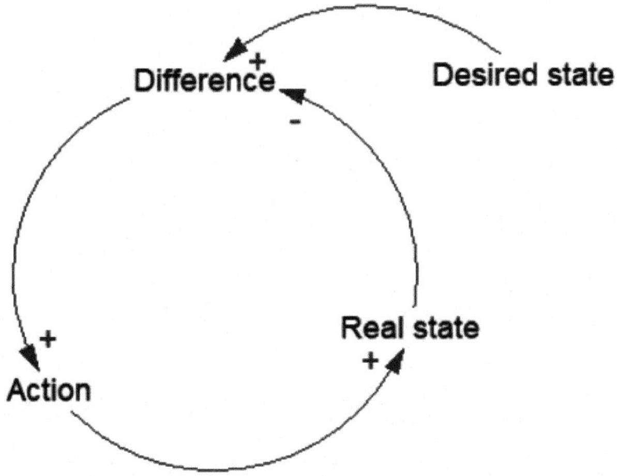

다. 즉, 음의 관계가 홀수 개 존재하고 루프가 음의 루프가 된다. 이는 시스템이 자신의 실제 상태와 목표 상태를 지속적으로 비교하며, 두 상태 간에 차이가 있을 때 실제 상태를 목표 상태에 가깝게 만들기 위해 행동을 취한다는 것을 의미한다. 두 상태가 일치하면, 실제 상태에 변화가 생길 때마다 (차이에 비례하는) 행동이 취해져 목표 상태를 회복하게 된다.

우리가 보통 발견하는 시스템들은 대부분 이런 방식으로 작동한다. 우리가 시스템에 접근할 즈음에는 이미 안정된 상태에 있는 경우가 많다. 만약 시스템이 불안정하다면, 우 리가 그것을 연구하기도 전에 그 시스템이 붕괴되었을 가능성이 크다. 그러나 우리가 완전히 새로운 시스템을 설계할 때는 그 시스템이 안정적일지 여부를 조사해야 하고, 안정적인 시스템에서 변화를 설계할 때는 시스템이 불안정한 상태로 변화하지 않도록 주의해야 한다.

최적 상태는 아니지만 수년간 지속되는 안정적인 시스템의 예는 여러 분야에서 찾을 수 있다. 예를 들어, 정부, 노동자, 고용주가 함께 모든 사람에게 해로운 인플레이션을 일으키는 것과 같은 경우이다. 부유한 국가와 가난한 국가가 서로 다른 정치적, 경제적 목표를 가지고 원자재를 거래할 때, 그 결과는 지속적인 가격 불안정을 초래한다.

가령 정부가 특정 정책을 통해 시스템에 개입하여 시스템의 상태를 원하는 방향으로 만든다고 가정해보자. 이로 인해 시스템 내의 다른 요인들과 큰 불일치가 발생하고 각 요인이 엄청난 노력을 기울인 후 원래 상태로 되돌리려고 할 것이다. 예를 들어, 바르셀로나시에서는 지난 10년 동안 교통 개선을 위한 많은 노력이 있었다. 고속도로가 개통된 후 몇 년 동안 교통이 개선되었지만, 지금은 더 많은 자동차가 영향을 받는다는 점을 제외하면 이전과 동일한 문제에 직면해 있다.

시스템의 자연스러운 저항에 대응하는 가장 효과적인 방법은 각 요인이 우리가 시스템을 유도하는 방향으로 목표를 바꾸도록 설득하는 것이다. 이렇게 하면 모든 요인의 노력이 같은 목표를 향해 집중되고, 서로 반대 방향으로 저항할 필요가 없기 때문에 노력의 양이 최소화된다. 이와 같은 목표가 달성되면 결과는 매우 성공적이다. 전시 경제의 동원이나 전쟁 및 자연재해 후의 회복 과정이 가장 흔한 예이다.

또 다른 사례로 1930년대 스웨덴에서 출산율이 인구가 감소하지 않고 유지하는데 필요한 수준의 대체출산율보다 낮아졌을 때의 출산율 정책을 들 수 있다. 스웨덴 정부는 인구 규모보다는 인구의 질이 중요하다는 원칙에 기초해 정부의 목표와 국민의 목표 간에 합의에 도달하였다. 모든 아이는 사랑받는 존재여야 하며, 안정적인 가정에서 자라나고 우수한 교육과 건강 관리를 받을 수 있어야 한다는 것이다. 이 철학에 대해 정부와 시민들이 동의했다. 정책에는 피임과 낙태, 성과 가정에 대한 교육, 자유로운 이혼, 무료 산부인과 진료, 현금 대신 장난감과 옷 등으로 지원되는 가족 지원, 그리고 교육 및 의료 지출 증가 등이 포함되었다. 이러한 정책 중 일부는 이상해 보일 수 있었지만, 도입된 이후 출산율은 상승과 하락을 반복했지만 결국 상승했다.

일부 시스템은 피드백이 부족하며, 우리가 구축하는 모델은 이러한 사실을 보여주어야 한다. 예를 들어, 조개의 초기 매개변수(종류, 무게 등)를 알고 조개가 서식할 환경 조건을 통제할 수 있다면, 6개월 후 조개의 무게를 정확하게 예측할 수 있다. 시작 값과 종료 값 사이에는 '전이 함수'가 있으며, 이를 찾는 것이 전부이다.

다른 예로, 신은 자신의 실제 상태를 목표 상태와 즉시 일치시킬 수 있는 존재로 볼 수 있다. 자살은 자신의 실제 상태가 결코 목표 상태와 일치하지 않을 것이라고 인식한 사람들의 반응이며, 그 결과로 모든 행동이 무의미하다고 느껴서 취하는 행동이다. 주목할 점은, 시스템이 더 지능적일수록 (즉, 목표를 더 명확히 인식할수록) 시스템은 더 안정적이라는 것이다. 이는 사람에게도 적용된다.

1.9.2. 초안정 시스템 Hyperstable Systems

시스템이 여러 개의 음의 루프(negative loop)로 구성되어 있을 때, 시스템의 요인 중 하나를 수정하기 위한 조치를 취할 경우, 해당 요인이 위치한 루프뿐만 아니라 그 요인를 지지하는 전체 음의 루프 집합에 의해 상쇄되어 시스템이 초안정화된다.

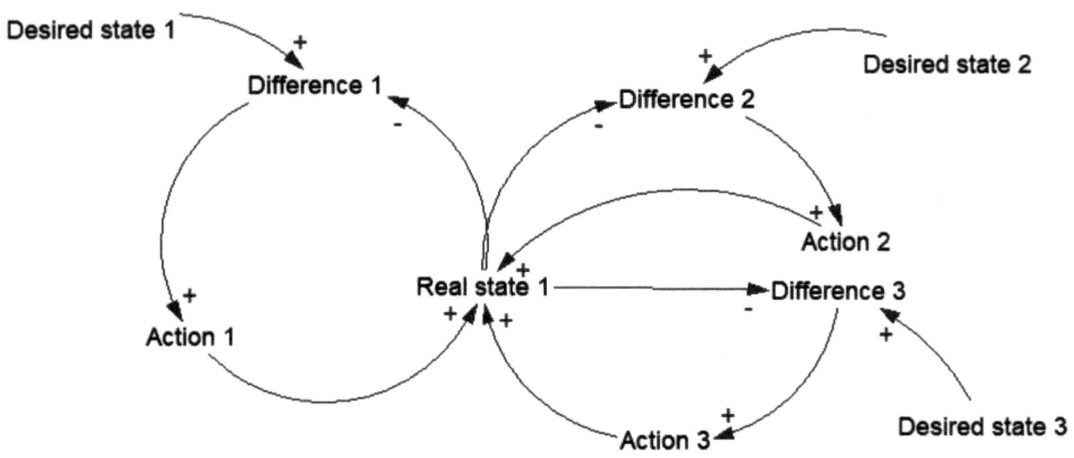

시스템 분석은 매우 유용할 수 있다. 사회시스템, 생태시스템 등 모든 복잡한 시스템은 수백 개의 요인들로 구성되어 있다. 각 요인은 그 요인 자신에게 중요한 제한된 수의 변수와 연결되어 있으며, 이 변수들을 지속적으로 자신의 목표와 비교한다. 이 변수들의 상태와 목표 사이에 불일치가 있을 경우, 요인은 시스템을 수정하기 위해 특정한 방식으로 행동한다. 불일치가 클수록 그 요인은 더 강력한 행동을 취하게 된다.

시스템을 자신의 목표에 맞추려는 모든 요인의 결합된 행동은 실제로 어느 요인도 원하는 위치가 아니지만, 모든 요인이 자신의 목표와 의미 있는 매개변수 사이의 격차를 최소화하는 위치에 놓이게 된다.

왜 많은 문제들이 끊임없는 해결 노력에도 불구하고 지속되는가?

앞서 본 바와 같이, 시스템은 서로 다른 목표를 추구하는 모든 요소의 동작을 기반으로 안정성을 유지하며 나머지 시스템을 원하는 위치에 최대한 가깝게 만들려고 노력한다. 이 시점부터 시스템의 요인이나 외부 요인이 시스템의 안정성을 변경하려고 시도하면, 다른 요인들은 처음 상태로 돌아가기 위한 행동을 취하여 시스템 안정성을 변화시키려는 행동을 무력화한다.

따라서 답은 간단하다. 시스템은 우리가 도입하려는 변화에 저항한다. 왜냐하면 현재의 모습은 이전의 많은 시도의 결과(실패한 시도들, 그렇지 않았다면 시스템이 지금과 다를 것이기 때문이다)이며, 시스템을 안정적으로 유지하고 변화를 무력화 시킬 수 있는 내부 구조를 가지고 있기 때문이다.

시스템은 각 요소 간의 내부 관계를 빠르게 조정하여 각자가 자신의 목표를 계속 추구하고 외부에서 가해지는 작용을 함께 무력화함으로써 전체적으로 이를 달성한다.

1.9.3. 진동 시스템 Oscillating Systems

시스템이 진동하는 행태를 나타내려면 누적을 생성하는 시스템의 요인인 저량(Stock)이 두 개 이상 있어야 한다는 사례 연구를 뒷부분에서 살펴보겠다.

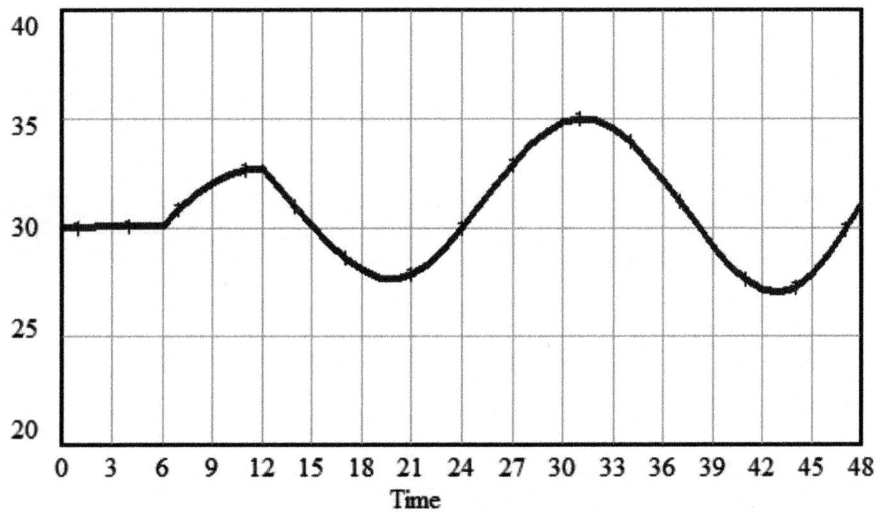

1.9.4. S-커브 시스템 Sigmoidal Systems

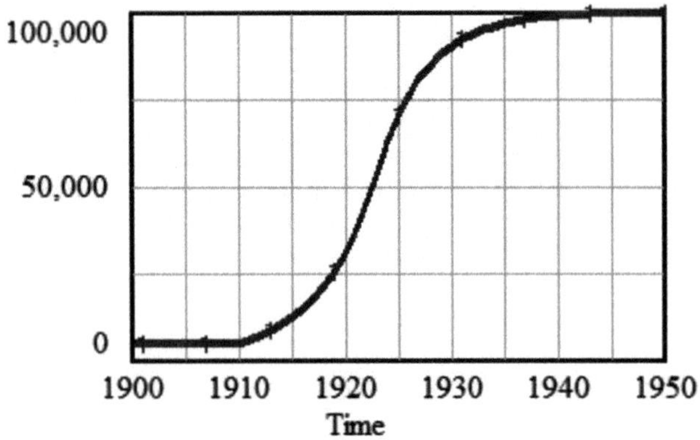

이러한 시스템은 초기에는 지배적인 양(+)의 루프가 작용하여 시스템이 기하급수적으로 급성장하게 한다. 이후에는 시스템의 제어가 음(-)의 루프에 의해 이루어지며, 이 음(-)의 루프가 초기의 양(+)의 루프의 효과를 상쇄하고 시스템에 안정성을 제공하여 특정 값에 점근적으로 수렴하게 한다.

이 경우 우리가 다루는 것은 항상 동일한 시스템이라는 점을 명심해야 한다. 특정 시기에는 시스템의 한 부분이 지배적 역할을 하고, 이후에는 다른 부분이 지배적 역할을 한다. 따라서 시스템의 행동을 조절하려면 우리가 관심 있는 시스템 부분을 강화하거나 약화시키는 방법을 찾아야 한다. 또한 중기적으로는 음(-) 루프가 시스템을 목표 값으로 안정화시킨다는 사실을 인식해야 한다. 우리가 할 수 있는 것은 시스템이 목표에 도달하는 시간과 방식을 조절하는 것이다.

1.10. 일반 구조 Generic Structures

복잡한 시스템에서 우리는 다양한 맥락에서도 반복적으로 동일한 구조, 즉, '목표 상태 - 실제 상태 - 차이 - 행동'을 관찰할 수 있다. 이러한 기본 구조 외에도 연구 대상에 관계없이 나타나는 일반적인 구조들이 식별되었다.

항상 실제 상태를 목표 상태에 가깝게 하려는 '지능적인' 구조가 존재한다.

1.10.1. 변화에 대한 저항 Resistance to Change

새로운 관리자가 회사에 합류할 때, 대개 새로운 목표를 가지고 오는데, 그들은 종종 직원들이 자신들이 제안하는 모든 것에 저항하는 모습을 목격하게 된다. "우리는 이미 그걸 시도해 봤다. 여기서는 효과가 없을 것이다. 고객들은 지금까지 해오던 방식을 좋아한다. 그 제안은 너무 위험하다." 요약하자면, 그 회사는 과거 수많은 경제 위기 속에서도 살아남은 시스템으로서, 내부나 외부에서 오는 변화를 다수의 구성원 간의 상호 관계로 인해 무력화할 수 있는 구조를 가지고 있다. 각 구성원은 서로 다른 목표를 추구하지만, 전체적으로 회사에 안정성을 확보하는 데 성공해 왔다. 그러나 이런 상황이 최적의 수준이 아닐 수 있다. 이러한 이유로 새로운 관리자는 새로운 목표를 달성하기 위해 일반 관리자의 지지를 얻어 힘을 모으고 회사의 다른 요소들을 이 목표에 맞춰 조정하는 방법을 구하는 것이 현명할 때가 많다.

많은 시스템은 상태를 개선하기 위한 새로운 정책(생산성 향상, 비용 절감 등)에 저항할 뿐만 아니라, 상황을 개선하려는 노력에도 불구하고 상태가 악화되는 경향을 보인다. 이러한 사례는 비즈니스 세계에 널리 퍼져 있으며, 생산성, 시장 점유율, 서비스 품질 등에서 찾아볼 수 있다. 개인적인 차원에서도, 우리는 반복적인 다이어트에도 불구하고 비만이 되는 사람들을 알고 있다.

1.10.2. 목표의 침식 Erosion of Objectives

실제 상태를 목표 상태로 이동시키기 위한 행동은 항상 노력, 즉, 시간, 에너지, 돈 등의 소비를 요구한다.

실제 상태가 원하는 상태를 '오염'시키는 것은 정상이다. 즉, 시스템이 어떠한 조치를 취하기 위해 필요한 에너지를 쓰지 않으려는 것이 정상이다. 목표상태는 처음에는 재검토되는데, 현재 상태가 목표와 일치한다면 아무런

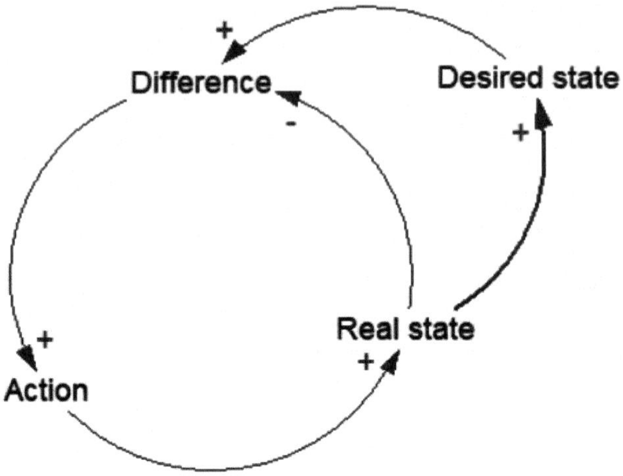

조치가 필요하지 않다. 아래의 다이어그램은 이러한 '오염'을 보여준다.

오염이 발생하면 목표를 수정하여 실제 상태와 같아질 때까지 바꾼다. 그러면 그 차이는 0이 되므로 더 이상 취할 조치가 없어지고, 그 결과 시스템의 실제 상태는 변하지 않는다.

이 과정을 피할 수 있는 방법은 두 가지뿐이다:

1. '영웅적인' 시스템을 찾는다. 즉, 목표 상태에 도달하는 데 필요한 노력이 아무리 많아도 목표 상태에 도달해야 한다는 확신을 시스템에 심어주는 것이다. (개인적으로, 나는 21세기에는 이 방법이 효과를 발휘하지 못할 수도 있다고 본다)

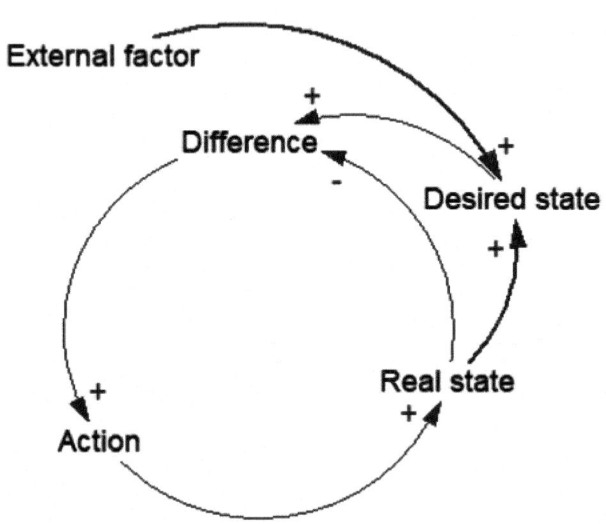

2. 목표 상태를 기준점으로 삼을 '외부 요인'를 찾아 시스템이 그 요인을 변화시키지 못하게 하고, 외부 요인에 의해 목표 상태가 고정되도록 한다.

스페인의 중등학교 학생들은 공립대학 진학을 고려할 때, 요구되는 최소 입학 점수 기준을 정확히 알고 있다. 이들이 설정한 목표 상태는 입학에 필요한 최소 성적이다. 이는 협상이 불가능하다. 초기 중등 교육 기간 동안 이들의 실제 상태는 목표 성적보다 낮은 경우가 많으므로, 이들은 차이를 인지하고 목표 성적을 맞추기 위해 더 열심히 공부한다. 학생들이 자신이 무엇을 공부하고 싶은지 알고 있다면, 가족이 강요할 것은 없다. 원하는 상태(최소 입학 점수)는 변경할 수 없으므로 시스템이 오염되지 않는다.

나중에 대학에 입학할 때 학생들에게 물어보면, 학생은 훌륭한 전문가가 되고 싶고 성적은 평균 10점을 받겠다고 말할 것이다. 그러나 첫번째 시험에서 목표 점수에 미달하게 된다면, 1) 평소보다 더 열심히 공부를 하게 되고, 2) 원하는 목표 점수를 10점에서 최소 협상 수준인 5점으로 낮추는 오염이 일어난다.

이 행동을 유발하는 구조는 시스템에 특정 목표(예: 목표 체중)가 포함되어 있으며, 현실(실제 체중)과 비교되고, 이 두 값 사이의 차이가 행동을 촉발하는 데 기초한다는 아이디어에 기반한다. 이는 일반적인 음(-)의 루프 패턴으로, 지금까지는 시스템이 어느 정도 불일치가 발생하면 점차 목표를 향해 나아가는 부정적인 루프로 여겨져 왔다. 그러나 때로는 실제 상태가 매우 오래 지속되거나, 취한 조치가 큰 노력을 필요로 하거나, 실제로 다른 이유로 인해 시스템의 상태가 원하는 목표를 조절하거나 수정할 수 있다. 초기 목표는 시스템의 실제 상태를 향해 이동한다.

이렇게 하면 시스템이 목표에 근접했기 때문이 아니라 목표가 실제 상태에 근접했기 때문에 불일치가 줄어들어 조치를 취할 필요성이 줄어든다. 결과적으로 취해야 할 조치가 더 작아진다.

비만인 사람의 경우, 처음 목표 체중이 너무 의욕적이었다고 받아들이고 더 현실적인 목표(더 높은 체중)가 더 나은 선택이라고 생각할 때 이 과정이 발생한다. 이 주장은 덜 엄격한 다이어트를 위한 변명으로 사용된다. 체중이 줄지 않으면, 그들은 최종 목표를 다시 재검토하고, 결국 현재의 체중이 가장 적절하다고 생각하게 되며, 더 이상 어떠한 식단 조절도 필요없다고 생각한다. 체중을 줄이기 위한 노력이 허사가 되었다.

이러한 병리학적 현상은 환경 오염, 법과 질서, 교통사고 등에서 많이 발견된다. 이 모든 분야에서 효과적인 일을 하기 위해 많은 노력을 기울였음에도 불구하고 저조한 성과가 표준이 된다.

현실에 기반한 목표만을 설정하고 이를 개선하는 것에 그치는 시스템은 지속적으로 나쁜 결과를 초래한다. 반면, 외부에서 목표를 설정한 시스템은 이러한 프로세스에 영향을 받지 않는다.

이는 역설적일 수 있지만, 어떤 학생이 반드시 7월에 모든 과목을 통과해야 한다고 확신하는 이유가 가족적인 배경에서 아버지가 이 목표를 절대적으로 정했기 때문이라면, 자신이 그 결정을 내렸을 때보다 더 쉬울 것이다. 개인적인 결정일 경우, 과목 중 일부가 너무 어려운 경우 목표를 재검토할 수 있고, 한두 과목을 다음 시험에 남겨두기로 결정할 수 있어 공부량이 줄어들게 된다. 그러나 목표가 협상 불가능하다면, 그러한 위험은 발생하지 않으며, 목표를 달성하기 위해 필요한 만큼 공부해야 한다.

경제학에서 이와 같은 예는 매우 많다. 스페인에서는 이제껏 이렇게 낮은 인플레이션율을 기억하는 사람이 거의 없다. 어떤 정부라도 낮은 인플레이션에 만족할 것이며, 공무원 임금 동결과 같은 매우 인기 없는 조치를 취하는 대신 인플레이션을 더 줄이려는 시도를 포기할 것이다. 인플레이션 목표가 정부의 손에 있었다면, 과거와 현재의 시정 조치는 덜 엄격했을 것이며, 이는 공공 지출을 줄이고 선거에서 표를 잃는 결과를 초래했을 것이다. 그러나 인플레이션 목표는 유로존 가입 조건으로 부과되었으며, 정부가 통제할 수 없는 것이었다. 그래서 정부는 기한이 명확히 정해진 협상 불가능한 목표를 달성하기 위해 국민에게 환영받지 못하는 모든 정책을 취해야 했다.

이 병리 현상에 대한 명백한 해법은 과거나 현재 상황에 기반하지 않는 절대적인 목표를 시스템에 설정하고, 그 차이에 따라 시정 조치를 취하는 것이다.

절대 목표는 높이거나 낮추면 신뢰성을 잃고 다시 회복하기 어렵다. 우리는 때때로 초기 목표가 달성되었다는 이유로 목표가 상향 조정되는 경우를 볼 수 있다. 이런 일이 발생하면, 모든 사람은 결과가 초기 목표보다 낮을 때 초기 목표가 다시 하향 조정되기를 기대한다.

1.10.3. 중독 Addiction

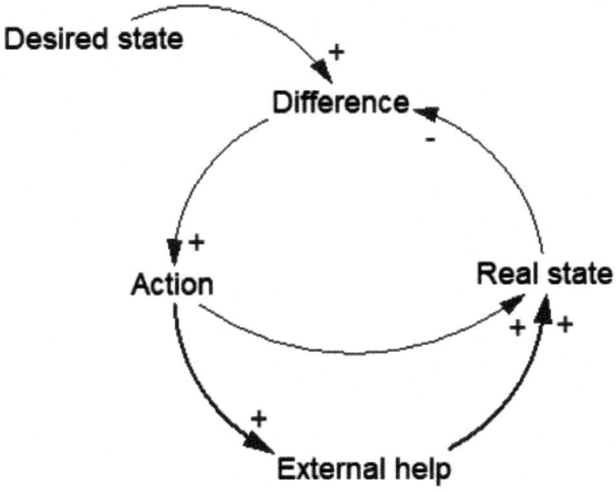

때로는 시스템의 실제 상태가 시스템의 행동이 아닌 외부 지원 덕분에 목표 상태와 일치하게 된다. 이 지원은 영구적일 수도, 그렇지 않을 수도 있으며, 이 지원이 시스템에 유익할 수도 있고 그렇지 않을 수도 있지만, 결과적으로는 실제 상태를 목표 상태와 일치시켜 차이를 0으로 만들고, 따라서 시스템이 추가적인 조치를 할 필요가 없게 된다.

이 현상은 시스템의 상태와 비교할 수 있는 목표가 있을 때 발생한다. 관찰된 불일치에 따라 그에 비례하여 시정 조치가 취해지지만, 이 경우 취해진 행동은 시스템의 실제 상태를 목표 상태에 가깝게 만들기보다는, 실제로는 그렇지 않음에도 불구하고 실제 상태가 목표 상태에 가깝다는 인식을 갖게 한다.

시스템의 실제 상태에 대한 명확한 인식이 부족하면, 시스템의 상태가 실제보다 목표에 더 가깝다고 인식되어 필요한 시정 조치를 취하지 않는 상황이 이어진다. 즉각적이거나 단기적인 효과가 사라지면, 문제(즉, 실제 상태와 목표 상태 간의 차이)가 종종 더 강한 강도로 다시 나타난다. 그 결과, 시스템은 이전 조치의 효과가 사라질 때마다 문제를 해결하는 듯한 조치를 반복하게 된다.

알코올, 니코틴, 카페인은 중독성 물질의 명백한 예다. 또 다른 사례는 살충제 사용인데, 살충제는 문제가 되는 해충과 함께 자연적 제어 메커니즘도 제거해 버린다. 그 결과, 살충제의 효과가 사라지면 해충이 다시 나타나지만, 이번에는 자연적 제어가 없는 상태다.

중독 시스템의 경우, 적절한 정책을 찾기가 어렵다. 단기적으로는 조치가 분명한 결과를 제공하지만, 일단 중독 과정이 시작되면 중단하기가 어렵다. 당연히 가장 좋은 접근 방식은 이러한 유형의 과정을 인식하는 것이다. 즉, 증상만을 공격하고 시스템을 악화시키는 조치를 피하는 것이 중요하다.

중독 과정이 시작되면, 이를 중단하려면 단기적으로 어려움을 겪을 것을 예상해야 한다. 약물을 복용하는 사람의 신체적 고통일 수도 있고, 환경 비용을 포함한 연료 가격 인상일 수도 있으며, 자연 포식자가 돌아오기 전까지 많은 해충과 낮은 품질의 식량을 감내해야 할 수도 있다.

때로는 중독에서 서서히 벗어나는 것이 좋을 수 있다. 그러나 중독 과정을 처음부터 피하는 것이 나중에 중단하는 것보다 항상 비용이 적게 든다.

1.10.4. 외부 요인으로 부담 전가 Shifting the Burden to the External Factor

나이가 들고 책을 읽는 시간이 늘어나면서 시력이 점점 나빠지는 사람들이 있다. 결국 칠판에 적힌 글씨를 읽을 수 없게 되고, 운전면허를 갱신할 수 없게 되면서 안경이나 콘택트렌즈를 착용하게 된다.

그 후 1년 만에 시력이 지난 30년 동안 나빠진 만큼 악화된다. 그 결과, 안경은 이제 먼 곳을 보기 위한 것뿐만 아니라 문서를 읽기 위한 필수품이 된다. 이는 몇 년 동안 눈 주위의 근육이 시력 저하를 보완하기 위해 긴장해 왔기 때문이며, 이러한 노력이 더 이상 필요하지 않게 되면 근육의 활동이 약화되어 시력이 떨어진다. 곧 더 강한 렌즈가 필요하게 된다.

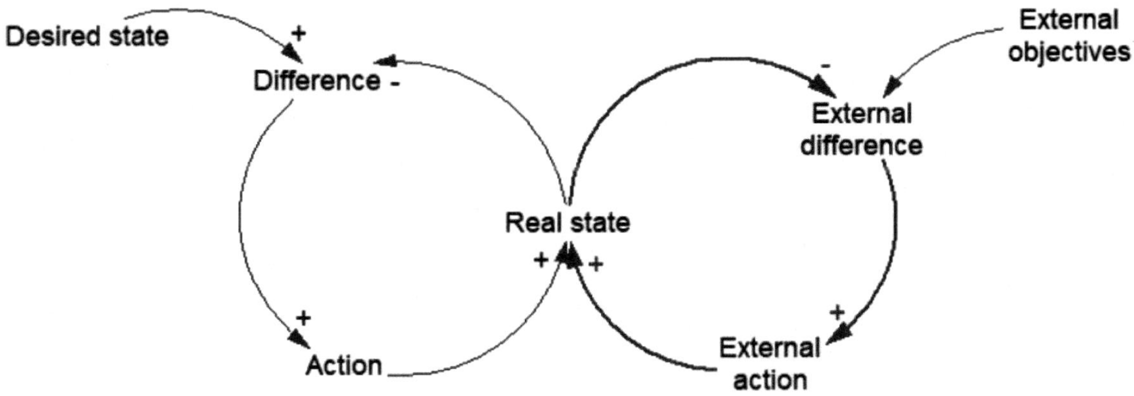

이것은 외부 요인에 책임을 전가하는 전형적인 예이다. 이런 종류의 시스템에서는 외부의 힘이 시스템을 원하는 상황으로 유지한다. 선의의, 그리고 매우 효과적인 외부의 힘이 우리가 원하는 방향으로 시스템을 유지하도록 돕기로 결정한다. 이 새로운 메커니즘은 매우 잘 작동한다.

하지만 이 과정에서 시스템을 원하는 위치로 유도하던 원래의 힘들이 공격적으로 파괴되거나 단순히 위축됨으로써 약화된다. 시스템이 목표 상태에서 멀어지면 외부 요인은 추가적인 노력을 기울이게 되고, 이는 원래의 힘을 더욱 약화시킨다. 결국, 시스템은 완전히 외부 요인에 의존하게 되고, 시스템을 수정하던 원래의 힘은 대부분 사라지고, 대개는 회복 불가능 상태가 된다.

부담을 외부 요인으로 전가하는 다른 예를 찾는 것은 쉽고 흥미롭다. 다음은 가능한 목록의 일부 예이다.

문제	시스템	외부요인
계산의 어려움	수학 능력	계산기
노인 돌보기	가족	사회보장
겨울철 목초지 부족	야생 사슴	사료 제공
감염	인체	항생제

외부 요인의 도움을 받아 시스템을 원하는 상태로 만드는 것은 그 자체로 나쁜 일이 아니다. 대개는 유익하며, 시스템이 목표를 더 잘 달성할 수 있게 해준다. 하지만 시스템의 역동성은 두 가지 이유로 문제를 일으킬 수 있다. 첫째, 개입한 외부 요인이 시스템 내부에서 원래 기능을 수행했던 요인에 미치는 결과를 인식하지 못하는 경향이 있다. 둘째, 시스템은 이 도움이 일시적이라는 사실을 고려하지 않고, 장기적인 관점을 잃어 외부 요인에 더 의존적이 되고 취약해진다.

인간의 신체, 생태적 가치가 있는 특정 지역, 또는 인간 공동체와 같이 도움을 받고 있는 시스템에서 도움을 철회하는 것은 쉽지 않으며, 종종 불가능하다. 시스템에 해를 끼치지 않고 도움을 철회하는 과정은 원래 문제를 수정하던 시스템의 내부 요인을 식별하고, 이러한 메커니즘을 강화하며, 그들이 제 역할을 하기 시작하면 점차적으로 도움을 철회하는 방식으로 이루어져야 한다.

1.10.5. 단기, 장기 효과 Short and Long-Term Effects

상황을 합성하고 상상력에 기반하여 당면한 문제를 이성적으로 분석하는 것은 핵심 요소를 찾는 방법으로 바람직하지 않다. 일반적으로 우리는 시스템의 구성 요인과 단기적인 행동에 주목하며, 불완전한 정보에 의존하는 경향이 있다. 그 결과, 기업들은 판매 부진이 보일 때 완제품 재고를 줄이고, 정부는 소규모 농가에 대한 세금 감면을 연장하며, 기업들이 기계를 제대로 유지하는 대신 교체를 장려하는 정책을 도입한다.

이러한 정책들은 매우 합리적으로 보인다. 그러나 고객들이 긴 배송 시간에 불만을 가지거나, 농부들이 지속적으로 생산량 증가에 대한 걱정을 하거나, 생산성이 좋은 기계를 교체하려는 생각이 어떤 의미를 내포하고 있다는 사실을 직감하지만, 우리는 그 의미를 올바르게 해석하지 못하는 경우가 많다.

마지막으로, 우리는 단순한 시스템뿐만 아니라 복잡한 시스템도 이해하고 핵심 요인을 찾아낼 수 있는 능력이 있다고 말하고 싶다. 문제는 우리가 자신이나 다른 사람을 설득할 수 있는 논리를 충분히 표현할 능력이 부족하다는 것이다. 우리는 해결책이 증상과 밀접하게 연관되어 있을 것이라고 기대한다. 단기적인 이익이 장기적인 이익으로 이어지길 기대하거나, 모든 이해관계자에게 만족스러운 전략을 기대한다. 그러나 우리는 복잡한 시스템이 그렇게 작동하지 않는다는 것을 알고 있다. 그래서 여전히 우리의 내면에서는 간단하고 효과적인 해결책이 최선이 아닐 수 있다는 생각이 남아 있다. 그리고 우리는 여전히 효과가 없는 정책을 제안하며, 사실 더 간단하고 효과적인 해결책을 부인하고 있는 것이다.

우리는 협력하기보다는 경쟁하려 하고, 환경의 수용 능력을 넘어서고 있다는 사실을 인정하는 대신, 그 한계까지 도달하려고 한다. 그 결과는 기근, 전쟁, 오염, 우울증이다. 하지만 우리가 이해할 수 있는 범위 내에, 균형 잡힌 국가 간 관계, 평화, 평등, 지속 가능한 발전이 자리하고 있다.

1.11. 학습 점검 Control Questionnaire

독자는 아래 질문에 대해 답하며 1장 학습 내용을 확인하고 검토해 볼 것을 권장한다.

a. 시스템의 예를 몇 가지 들어보세요. 시스템은 상호 관련된 요인들의 집합으로, 하나의 요소가 전체 집합의 행동에 영향을 미친다는 것을 기억하세요. 예: 도시.

답변:

b. 시스템의 몇 가지 요인을 적어보세요. 예: 사람, 자동차, 오염, 거리 등. (잘못된 예: 정부, 도시, 바르셀로나, 색상, 아스팔트 등.) 요인의 증가 또는 감소, 개선 또는 악화가 관찰될 수 있는 경우에만 요인이 될 수 있다.

답변:

c. 요인의 단위를 명명하세요. 예: 사람들: 인구 수, 오염: 공기 중 부유 입자 수/m^3, 거리: m.

답변:

d. 인과관계의 예를 몇 가지 제시하세요. 긍정적 관계인지 부정적 관계인지 표시하세요. 예: 비가 많이 오면 우산을 든 사람이 많아진다(긍정적).

답변:

e. 루프의 예를 들어보세요. 시스템의 두 개 이상의 요소 간에 '폐쇄 회로'가 있을 때 루프가 형성됩니다. 예: 따뜻할수록 옷을 덜 입는다(부정적), 옷을 더 많이 입을수록 따뜻해진다(긍정적).

답변:

f. 단일 목표를 가진 시스템의 예를 들어보세요. 목표를 명시하세요. 예: 잔디 깎는 기계; 목표: 잔디를 깎는 것.

답변:

g. 여러 목표를 가진 시스템의 예를 들어보세요. 예: 회사, 기업가는 최대 이익, 고객 수 증가, 제품 품질 향상을 목표로 한다.

답변:

h. 목표 침식을 보여주는 시스템의 예를 들어보세요. 목표가 실제 상황에 의해 오염되지 않도록 외부 요인에 고정시키는 방법을 명시하세요. 예: 학생들은 보통 좋은 성적을 받겠다는 초기 목표가 침식된다. 이 경우 목표 침식을 방지하는 외부 요인은 '경쟁 학생'의 성적일 수 있다.

답변:

i. 변화에 대한 저항을 나타내는 시스템의 예를 들어보세요. 예: 우리는 새 신발보다 편한 오래된 신발을 선호한다.

답변:

j. 행동을 방해하는 제한 요인을 나타내는 시스템의 예를 들어보세요. 예: 나무가 다 타서 불이 더 이상 번지지 않는다; 종이가 없어서 공부하지 않는다; 자동차는 연료가 떨어지면 멈춘다.

답변:

k. 시스템의 예를 들어보고, 핵심 요인을 명명하세요. 예: 음식에 소금을 너무 많이 넣으면 아무도 음식을 먹을 수 없기 때문에 음식에 들어가는 소금의 양은 식용이 가능한 핵심 요소이다.

답변:

CHAPTER

02

저량유량도

Stock and Flow Diagram

2.1. 저량유량도 Stock and Flow Diagram

Forrester 다이어그램이라고도 알려진 저량유량도(Stock and Flow Diagram, SFD)는 시스템 다이내믹스의 특징적인 다이어그램이다. 인과관계 다이어그램을 컴퓨터에서 방정식을 쉽게 작성할 수 있도록 하는 용어로 번역한 것이다. 기본적으로 이는 요인를 재분류하는 것이다.

이 변환을 수행하는 데 엄격한 규칙은 없지만, 일반적으로 받아들여지는 방식이 있다. 이 과정을 처리하기 위해 따라야 할 단계는 다음과 같다.

1. 시스템과 시스템에 포함된 요인들(사람, 평방 킬로미터, 리터, 동물 등)을 마음속에 그려본다. 이것은 저량(Stock)이라 읽고, 누적된 재고를 나타낸다.
2. '저량 변동'을 구성하는 요인들(인/일, 리터/시간 등)을 찾거나 작성한다. 이것을 유량(Flow)이라 읽고, 저량 상태의 흐름(입력, 출력)을 나타낸다.
3. 나머지 요인들은 보조변수이다.

이 단계를 일반적인 가이드로 사용할 것이다. 나중에 변경할 수 있으며 일정하게 유지되는 저량들(예: 방의 평방미터)은 다이어그램을 단순하게 만들기 위해 저량변수 대신 보조변수로 정의할 수 있다.

이것이 전체 절차이다. 이제 이러한 요인이 어떻게 표현되는지 자세히 살펴보자.

'저량'은 매 순간 모델의 상태를 보여주는 요인이다. 이는 누적을 나타내며 '유량'이라는 다른 요인의 함수에 의해서만 변화된다. 유량 다이어그램의 '

구름'은 내용물이 고갈되지 않는 재고이다. 저량은 직사각형으로 표시한다.

예 : 사람, 평방미터, 리터 등

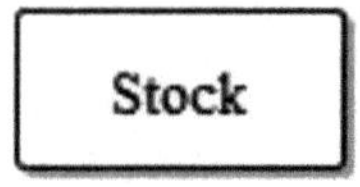

유량은 시간 함수로 정의할 수 있는 요인들이다. 이들은 시스템 내에서 저량의 변동을 결정하는 요인이다.

예 : 인/일, 평방미터/년 등

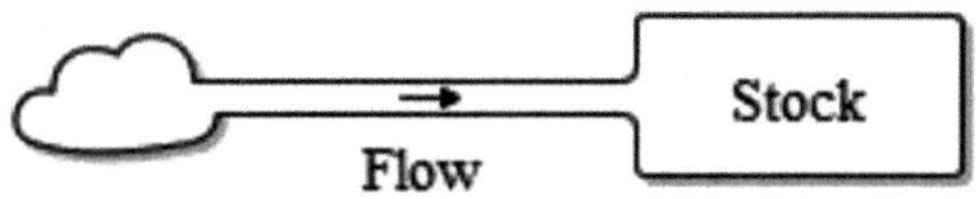

'보조변수'와 '상수'는 매개변수이며 유량 동작에 영향을 미치는 측면을 더 잘 시각화할 수 있도록 해준다. 예: 밀도, 무게, ... 등

유량과 저량 사이의 물리적 크기는 '물질 채널'이라고 불리는 것을 통해 전달된다. 이름에서 알 수 있듯이 본질적으로 저장되지 않는 정보를 전달하는 '정보 채널'도 있다.

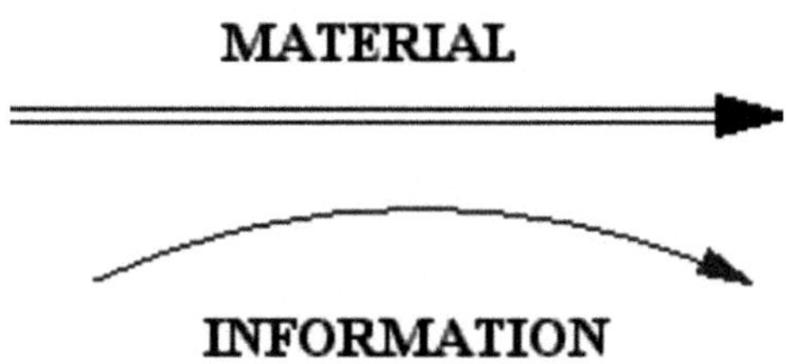

마지막으로, 물질이나 정보를 전달하는 데 걸리는 시간을 시뮬레이션하는 '지연'을 정의해야 한다. 사회경제적 시스템에서는 정보와 자료의 전송에 종종 지연이 발생하며, 이는 시스템의 동작에 중요한 영향을 미친다.

물질의 지연을 나타내기 위해 DELAY 1 및 SMOOTH 함수를 사용하며, 정보 지연을 위해서는 DELAY 3 및 SMOOTH 3을 사용한다. 스텝 입력에 대한 1차 지연은 지수적으로 점근하는 곡선을 생성하는 반면, 3차 지연은 S자 곡선을 생성한다. 어느 정도까지는 정보 지연이 입력 변수를 위한 스무딩(평활화) 필터 역할을 한다.

2.2. 컴퓨터 시뮬레이션 Computer Simulation

이 단계에서는 시스템에 대한 우리의 비전을 컴퓨터가 해석할 수 있도록 간결한 지침(즉, 방정식)을 작성한다. 예를 들어:

Food Generation Rate=(Food Capacity-Food)/Food Regeneration Time

시중에는 사용할 수 있는 여러 PC 호환 소프트웨어 패키지가 있으며, 사용자 수준의 지식만으로도 사용할 수 있고, 학생이나 전문가 등 다양한 사용자의 요구를 잘 충족시킨다. 가장 많이 사용되는 프로그램으로는 Vensim, Stella, Dynamo, Ithink, Powersim이 있다.

이러한 소프트웨어를 사용하면 표(Table)를 작성하여 비선형 관계를 수학적으로 공식화할 필요 없이 처리할 수 있다. 다음 사례는 Vensim 소프트웨어를 활용한 사슴 개체 수를 예측하는 모델링 예이다.

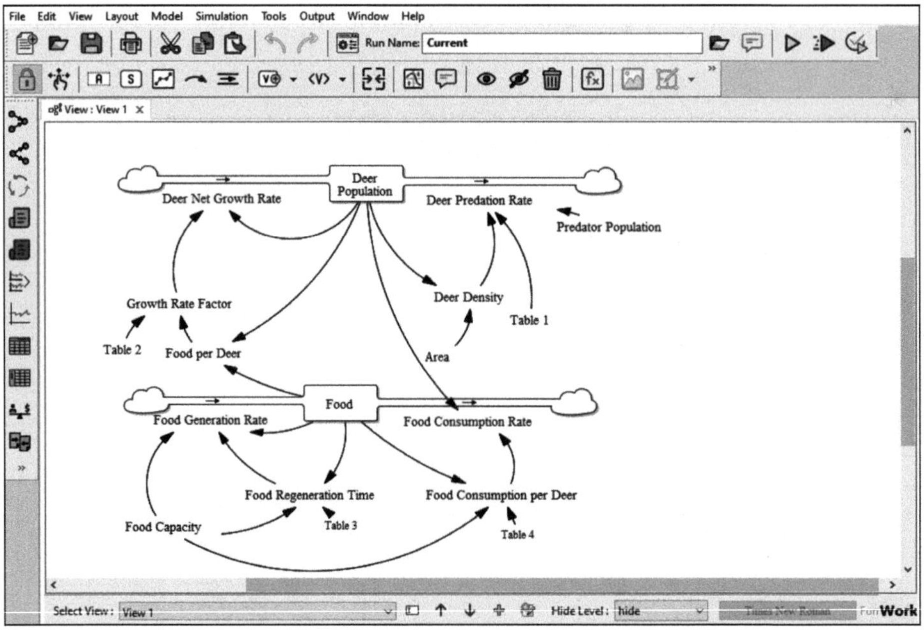

이 단계에서는 시스템 변수, 함수 및 수식에 숫자 값을 지정해야 한다. 이것은 시스템 다이내믹스가 기존 대부분의 전통적인 모델링 방법과 차별화되는 방법 중 하나이다. 예를 들어, 계량경제학에서는 연구의 대부분이 연구 대상 시스템을 특성화하는 매개변수의 정확한 값을 결정하는 데 집중한다.

그러나 시스템 다이내믹스에서는 모델이 그 목적을 충족시키기 위해 필요한 정도의 정확도로만 매개변수를 계산한다. 사회 시스템은 매개변수 값의 변화에 대해 상당히 민감한 경향이 있기 때문에, 이를 정확하게 계산하는 데 많은 시간을 할애할 필요는 없다.

우리는 대략적인 값의 집합을 사용하여 모델의 초기 동작을 파악할 수 있다. 이후에 민감도 분석을 통해 모델의 동작이나 다양한 정책에 대한 반응에 중요한 영향을 미치는 소수의 매개변수를 식별하게 된다. 이를 통해 어떤 매개변수를 정확히 계산해야 할지를 발견하게 된다.

이 방법이 시간과 노력을 절약하는 데 제공하는 이점이 있다는 점은 명백하다.

2.3. 모델 행태 Behaviour of the Model

방정식을 컴퓨터에 입력하면 우리가 설정한 매개변수의 시간에 따른 변화를 출력 형태로 얻을 수 있다.

또한, 모델의 동작을 현실과 비교할 수 있는데, 모델이 제공하는 출력은 우리의 가설이 타당한지를 검증할 수 있게 해준다. 모델과 현실 간의 차이를 바탕으로 초기 가설을 재검토하고, 모델에 필요한 조정을 해야 한다.

동적 시스템은 다음과 같은 여러 측면을 평가할 수 있다:

- 모델링된 시스템의 과거 데이터를 정상 및 극단적인 조건에서도 재현하는 능력

- 모델을 정의할 때 설정한 가정의 수용성
- 모델의 매개변수로 채택한 숫자 값의 타당성

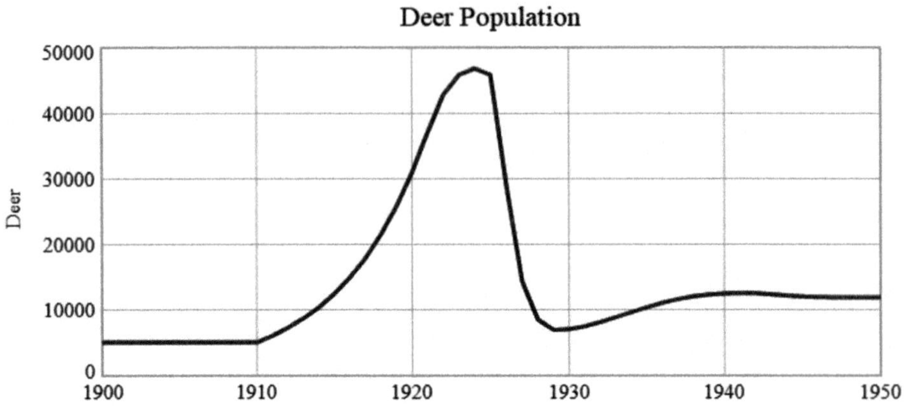

물론, 첫 번째 기준은 다른 조건들이 모두 검증되었을 때만 중요하다. 이는 시스템의 과거 데이터를 적절히 재현할 수 있는 모델이 무수히 많을 수 있으며, 이러한 모델이 시스템의 구조를 구성하는 메커니즘과 관련이 없을 수 있기 때문이다.

모델이 위의 기준을 충족하는지 판단할 때는 수량적 정보에만 의존하지 말아야 한다. 사회 시스템에 대한 대부분의 중요한 지식은 질적이며 해당 분야의 전문가들이 보유하고 있다.

모델이 모든 평가 테스트를 통과한다고 해서 그것이 현실을 논쟁의 여지 없이 설명하거나 유일한 모델이 되는 것은 아니다. 주어진 초기 조건을 바탕으로, 모델의 각 변수의 변화를 평가하기 위한 시간 범위를 결정하고, 이 변화를 그래프를 통해 기록한다. 이러한 그래프를 관련된 과거 데이터와 비교함으로써 실제 행동의 주요 특성이 충족되는지 확인할 수 있다.

이 평가는 모델을 개선하는 기초가 되며, 발견된 결함을 수정하고 적절하다고 여겨지는 개선 사항을 도입한다. 이로써 개정된 모델을 가지고 새로운 시뮬레이션을 수행하고 추가 분석과 평가를 진행한다. 이 과정은 모델이 설정된 목표를 충분히 만족하거나, 도입할 수 있는 변화의 결과가 노력을 들일 만큼의 가치가 없을 때까지 반복된다.

앞서 언급한 바와 같이, 첫 번째 시뮬레이션은 정확도를 요구하지 않는 매개변수 값과 초기 조건 집합으로 수행된다. 때로는 데이터가 부족한 경우, 이러한 값들은 연구 중인 시스템 분야의 전문가 의견에 기반할 수 있다. 결과적으로, 이 값들은 매우 정확하지 않을 수 있지만 종종 여전히 유용하다.

2.4. 시스템 분석 Analysis of the System

마지막으로, 모델이 과거와 현재 상황에 일관된 출력을 생성하면, 정책이나 결정을 시뮬레이션하여 문제의 해결책을 찾을 수 있다. 또한, 민감도 분석을 통해 핵심 요인(레버리지 포인트)을 파악할 수도 있다.

최종 모델은 비교적 단순해야 하므로, 수신자가 이해하기 쉽고 사용자가 관리하기 편하도록 필요한 부분을 추가하고 가능한 한 간단하게 만들어야 한다. 복잡한 모델을 얻기 위해서는 많은 시간과 노력이 필요할 뿐만 아니라, 그 모델이 현실만큼 복잡할 수 있기 때문에 의사소통에 방해가 되고 문제 해결에 거의 도움이 되지 않을 수 있다.

시스템 다이내믹스 모델이 복잡한 수학적 방정식 세트처럼 보일 수 있지만, 미래를 완벽하게 예측하는 것이 목적이 아니라는 점을 강조해야 한다. 우리가 목표로 하는 것은 우리가 연구하는 시스템에 대한 지식을 증가시키고 정책 분석에 유용한 도구를 만드는 것이며, 이 도구로 생성되는 전반적인 추세를 바탕으로 평가해야 한다.

모델의 외관과 의도 사이의 이러한 차이는 사용자가 종종 다른 도구를 다루고 있다고 생각하게 만든다. 이러한 생각은 모델이 실제로는 멘탈 모델의 명시적 표현이라는 관점에서 볼 때 줄어든다. 이 인식은 모델 개발자가 접근 불가능한 기호의 사용을 최소화하고, 비전문가가 쉽게 이해할 수 있는 그래픽으로 수학적 방정식을 명확히 하며, 일관된 설명을 제공할 때 더욱 쉽게 이해될 수 있다. 즉, 투명성이 모델 생성의 전제 조건 중 하나일 때 이 인식을 명확히 할 수 있다.

모델의 한계도 명확히 해야 하며, 특히 다양한 정책이 시스템에 미칠 영향을 예측할 때는 더욱 그렇다. 모델의 행동 변화를 얻는 과정은 시스템의 현재 구조와 그 환경을 구성하는 상황에 대한 특정 가정에 기반한다는 점을 잊지 말아야 한다. 따라서 도출된 결론은 시스템의 기본 구조나 민감한 부분에 영향을 미칠 외부 환경이 변경되지 않는 한 유효하며, 모델이 현재의 정확한 표현이라고 가정할 수 있을 때만 유효하다.

따라서 모델이 시간이 지나도 유용성을 유지하려면 주기적으로 점검해야 한다. 이렇게 하면 모델이 시스템상에서 발생하는 중요한 변화를 반영할 수 있다.

또한, 모델 사용에는 일정한 주관성이 포함된다는 점도 염두에 두어야 한다. 시스템 다이내믹스의 경우, 변수 간의 다양한 상호작용을 나타내는 인과관계 다이어그램의 작성이 가장 주관적인 단계 중 하나지만, 유일한 단계는 아니다. 주관성은 데이터를 정량화하고 사용하는 과정, 결과를 해석하는 과정 등에서도 존재할 수 있다.

모델링 과정의 본질적인 주관성은 실제로 부정적인 요인이 아니다. 사회 시스템을 완전히 객관적으로 연구하는 것은 불가능하기 때문이다.

2.5. 모델의 약점 Weaknesses of Models

1971년 초에 Van der Gritten은 시스템 다이내믹스 방법론을 활용하여 개발한 모델의 여러 가지 약점을 지적했다. 이러한 비판은 다음과 같이 요약될 수 있다.

- 실증적 내용이 부족하다. 즉, 모델의 결과는 실제 데이터와 비교할 수 있어야 한다.
- 기능적 관계에는 이론, 증거 또는 경험의 배경이 충분하지 않은 아이디어와 기준이 포함되어 있다.
- 결과는 특정 입력값과 매개변수의 변동에 민감하다.
- 많은 모델이 미래의 예상 변화에 대한 반응을 포함하지 않는 결정론적 성격을 가지고 있다.

물론, 이 외에도 몇 가지 비판을 추가할 수 있지만, 기본적으로 이 유형의 모델에 대한 주요 비판은 위와 같다.

분명히, 이러한 방법론은 다루는 문제의 성격 때문에 항상 비판을 받을 수밖에 없다. 특히, 시스템 다이내믹스 모델이 예측 모델이 아니며, 정확한 값을 찾기 위해 설계된 것이 아니라 비교할 수 있는 값을 찾기 위한 것임을 먼저 명확히 해야 한다. 즉, 이러한 모델은 서로 다른 정책 대안을 비교하고, 각 대안이 설정한 시나리오를 바탕으로 비교할 수 있게 해준다.

2.6. 저자의 5가지 경험 Five of the Auther's Experiences

시스템 다이내믹스는 프로젝트 관리와 같은 회사 운영에서 사용된다. 전통적인 프로젝트 관리 도구는 작업을 선형적으로 수행할 수 있지만, 예기치 않은 사건, 계획의 갑작스런 변경, 또는 작업에서 발생한 오류를 관리하는 데는 어려움을 겪는다.

시스템 다이내믹스는 프로젝트를 구성하는 작업의 순서를 정리하는 데 있어 고전적인 PERT나 프로젝트 관리 도구를 대체하려고 하지 않지만, 프로젝트 구현에서 흔히 발생하는 문제들을—예를 들어, 납기 지연, 제품 품질

저하, 예산 대비 실제 비용 증가— 이해하고 예방하는 데 도움을 줄 수 있다.

시스템 다이내믹스는 댐이나 도로와 같은 대형 인프라 프로젝트 설계뿐만 아니라, 공장 위치 변경이나 신제품 출시와 같은 작은 프로젝트 관리에도 사용된다.

생산 관리 분야에서 시스템 다이내믹스는 생산 지연이나 완제품 창고의 재고 변동과 같은 문제의 원인을 더 잘 이해하고, 다양한 생산 조직 방식의 영향을 투명하게 시뮬레이션할 수 있게 해준다.

이 분야에서 시스템 다이내믹스는 생산에 관련된 측면들을 동적으로 파악할 수 있게 해주며, 모델에 대한 시뮬레이션을 수행하여 핵심 요소들을 식별할 수 있게 한다.

생산 관리 모델은 많은 다양한 요인을 통합해야 하므로 겉보기에는 매우 복잡해 보이지만, 실제로는 요인 간의 관계가 잘 확립된 규칙과 기준을 따르기 때문에 시뮬레이션 모델을 만드는 작업이 쉬워진다.

공정 관리 분야에서 시스템 다이내믹스 모델을 사용하면 각 프로세스의 구조를 시뮬레이션하고 다양한 단계에 대한 민감도 분석을 수행할 수 있다. 새로운 프로세스의 시작에는 많은 예기치 않은 사건들이 발생할 수 있으며, 프로세스가 이미 가동 중일 때 이러한 문제를 정리하는 것은 어려울 수 있다. 왜냐하면 변화가 프로세스의 다른 부분에 영향을 미치기 때문이다. 동적 시스템 시뮬레이션 모델은 프로세스의 일반적인 진화에 대한 작은 무작위 변동의 영향을 식별하는 데 도움을 줄 수 있다. 또한, 프로세스에서 지연이 발생하는 구역을 식별하여 전체 생산 프로세스에서 지연을 고려하여 조직하고, 이들로 인한 잘못된 경고를 방지할 수 있다.

인적자원관리 분야에서도 시스템 다이내믹스는 매우 유용하게 활용된다. 이는 동기 부여, 기업 목표 정책, 직원 교육 수준과 같은 비정량적인 요인이 기업 발전에 미치는 영향을 분석할 수 있게 해준다. 예를 들어, 저자의 경험에 따르면, 시스템 다이내믹스를 사용하여 작업 사고의 수와 같은 구체적인 문제 분석을 수행하는 데 유용하다.

시스템 다이내믹스 방법론을 활용하면 정량화할 수 없는 정성적인 자료도 시뮬레이션 모델 개발이 가능하고, 기업 경영진은 이러한 모델이 실제 적용 가능하다는 결론을 내 릴 수 있다.

신제품 개발을 위한 연구 및 개발 관리에서 시스템 다이내믹스 시뮬레이션 모델은 실험실 실험보다 훨씬 효율적이고 경제적인 도구다. 따라서 실제 실험에 앞서 항상 필수적인 단계로 고려되어야 한다. 두 가지 중요한 이유가 있다. 첫째는 비용 문제로, 실험실 실험에서 발생한 오류를 해결하는 데 상당한 경제적 비용이 들 수 있다. 둘째는 사람과 시설의 물리적 안전 문제다. 따라서 실제 실험은 시뮬레이션 모델의 결과를 확인하는 데 사용해야 한다.

마지막으로 경영학 및 경영학 분야의 응용 분야를 간단히 언급할 수 있는데, 이 분야는 부동산 또는 재무 투자 관리, 조직 변화 관리, 지식 관리 및 신기술 구현에서부터 품질 관리 정책 설계에 이르기까지 다양하다.

시스템 다이내믹스는 비즈니스 게임을 통해 경영 능력 향상에도 적용된다. 잘 알려진 '비어 게임'과 같은 게임을 통해 참가자들은 정보 전송에서 지연의 중요성과 자신의 멘탈 모델이 상황 인식에 어떻게 영향을 미치는지를 이해할 수 있다.

시스템 다이내믹스로 작성된 모델은 기업에서 널리 적용된다. 저자가 수행한 다섯 가지 작업은 아래에 간략히 설명되어 있다. 기업이 외부 프로젝트를 수행할 때 컨설턴트에게 부과하는 보안 유지 계약으로 인해 해당 회사의 이름과 수행된 프로젝트의 주요 세부 사항은 생략한다.

A. 가스 회사의 공급망 관리 모델

가스 탐사, 수입, 유통 및 수출에 관여하는 한 회사는 비용과 상대적인 제품 가격, 그리고 정부 규제를 모두 통합한 관리 모델이 필요했다.

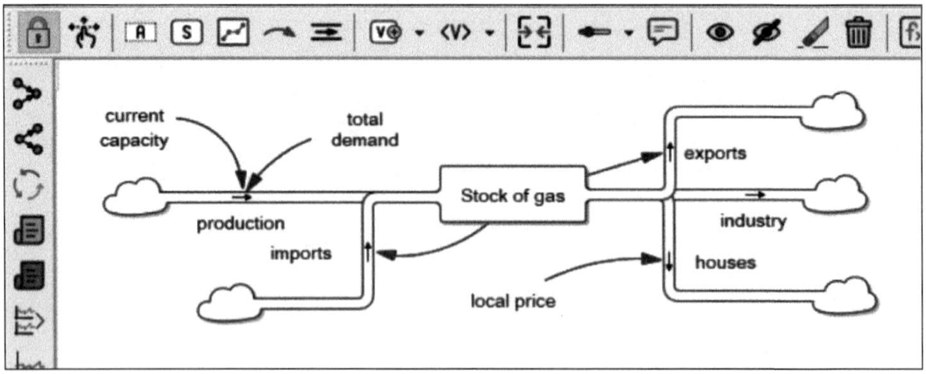

이 관리 모델은 경제적 결과를 최적화하는 정책을 식별하고, 정부 규제의 영향을 평가하며, 공급 원천의 갑작스러운 변화가 있을 때 구현할 정책을 결정하기 위한 시뮬레이션을 수행해야 했다.

이 작업을 통해 계획 부서의 직원들은 시스템 다이내믹스를 사용하여 시뮬레이션 모델을 생성하고, 특정 목적을 처리하는 모델의 초안을 만들 수 있었다.

구체적으로, 이 모델은 자체 탐사와 수입과 공급을 분석할 수 있었으며, 운송 능력과 같은 제한 사항을 고려했다. 또한, 모델은 가계, 기업, 운송 부문, 수출 등 구성 요인의 세부 사항을 고려하여 수요를 평가할 수 있었으며, 각 시장의 기존 가격과 미래 추세, 그리고 특정 부문에 대한 공급을 우선시하는 정부 규제의 영향을 반영했다.

결과적으로, 이 모델은 수입 감소의 가능성을 시뮬레이션하고 그로 인한 결과와 최상의 대안을 미리 결정하는 데 훌륭한 정보를 제공하였다.

B. 석유회사의 시장 분석과 가격 예측 모델

다국적 화학 회사의 주요 제품 중 A의 판매 가격은 국제 가격에 크게 좌우된다. 이 가격은 최근 몇 년간 상당한 변동을 겪어왔다. 이 제품은 저장할 수 있는 시간이 짧기 때문에 회사는 가격이 높을 때 최대 생산을 하도록 조절하고, 가격이 낮을 때는 생산을 줄여야 한다. 가격이 낮을 때는 손실이 발생할 수도 있기 때문이다.

생산 계획을 위해 회사는 가격 예측을 수행하는 국제 컨설팅 회사의 서비스를 이용하고 있다. 그런데도 회사는 국제 가격 형성의 역학을 이해하고 생산계획을 보다 정확하게 수립하기 위해 자체 시뮬레이션 모델을 개발하고자 한다.

가격 변동은 구매자와 판매자가 가격 예측에 기반하여 생산을 계획하기 때문에 발생한다. 구매자는 가격이 오를 것으로 생각할 때 선 구매하고, 이로 인해 가격이 상승한다. 반면 판매자는 가격이 떨어질 것으로 생각할 때 할인된 가격으로 선 판매하며, 이로 인해 가격이 하락한다. 따라서 가격의 작은 일시적인 변화는 점점 더 큰 변동으로 증폭된다.

회사는 직원 교육을 일주일 진행한 후, 생성한 초기 모델이 정기 외부 컨설턴트가 제공한 모델보다 과거 가격 예측에서 더 신뢰할 수 있음을 발견했다.

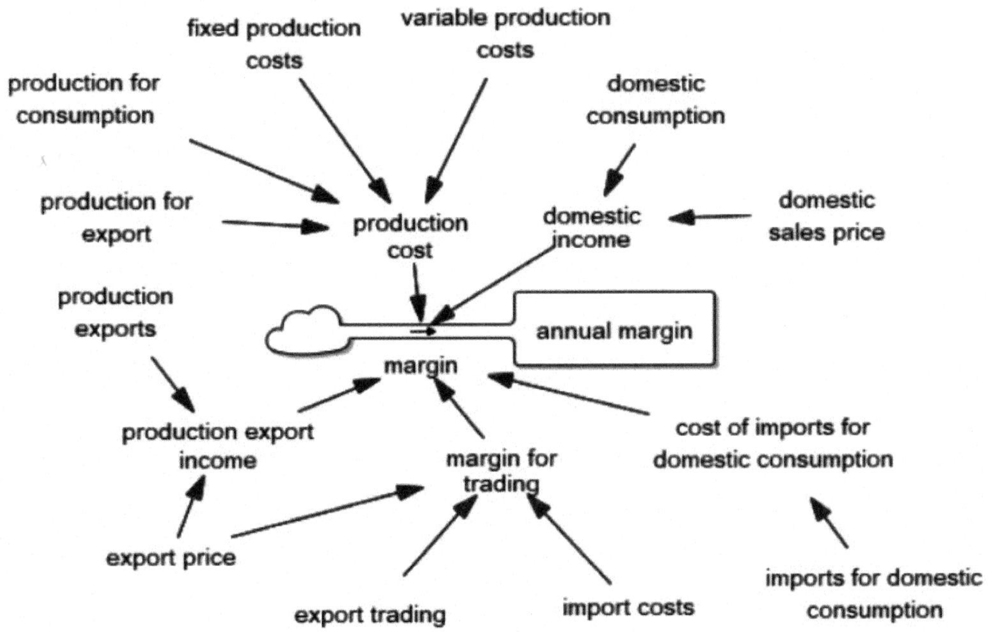

C. 회계법인의 인적자원 조직 모델

회계 감사 회사는 최근 몇 년간 고객 수와 이를 담당할 수 있는 감사인 수 사이에 지속적인 큰 차이를 발견했다. 이로 인해 감사인이 부족해 고객을 대응하지 못하는 기간이 있었고, 반대로 고객이 부족해 감사인이 유휴 상태가 되는 기간도 있었다.

회사의 직원들은 주니어 감사인과 시니어 감사인으로 나뉜다. 필수 전문 감사인은 전문 감사인 교육을 의무적으로 이수해야 하기 때문에 장기간 연수 기간이 요구되나, 이 기간 동안 주니어 감사인은 고객을 직접 담당할 수 없고 시니어 감사인과 협력만 할 수 있다.

시스템 사고(System Thinking)와 시스템 다이내믹스 개념에 대한 일주일간의 교육 과정을 마친 관리팀은 문제에 영향을 미치는 주요 요인들을 단일 인과관계 다이어그램으로 통합할 수 있었다. 각 요인이 기여한 바에 따라 이 인과관계 다이어그램은 문제에 대한 의사소통을 촉진하고 직원 교육 과

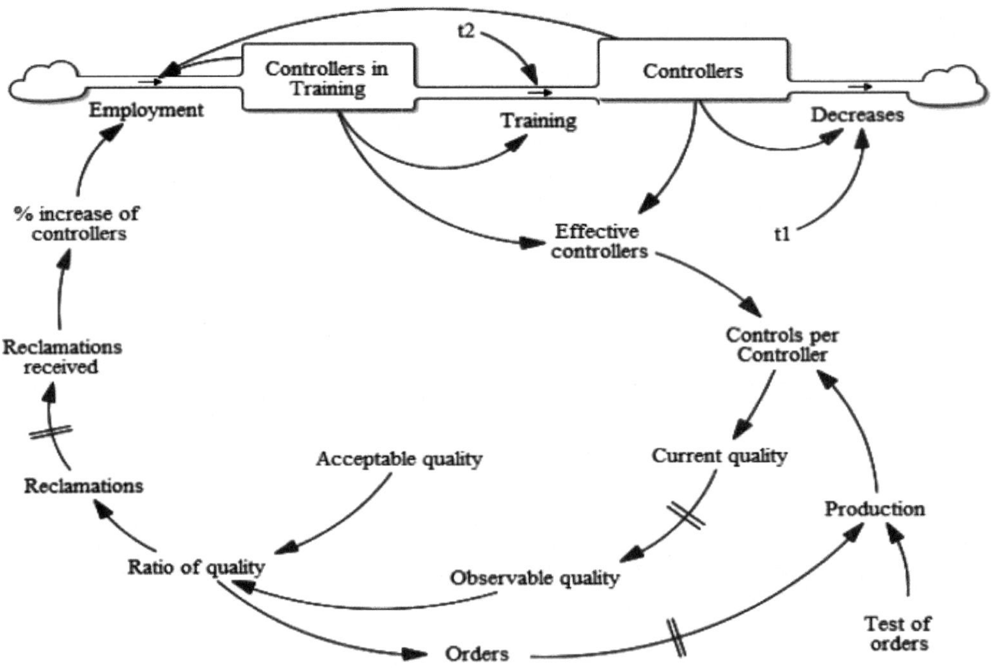

정의 한계를 명확히 설명하며, 개입한 부서 간의 관계를 분석하고 새로운 채용 및 인사 정책의 가능성을 제기하는 데 도움이 되었다. 또한, 관찰된 행동을 설명하는 전형적인 시스템 사고 행동 패턴이 식별되었으며, 문제 해결을 위한 기업 정책의 주요 초점이 무엇인지도 파악되었다.

D. 비용정책 관리 모델

회사는 새로운 전력 발전소를 건설하는 데 있어 비용 절감이 증가하는 성과를 자랑스럽게 여겼다. 이는 집중적인 비용 분석 정책과 건설 과정 최적화의 결과였다. 그러나 새로운 전력 발전소의 총 건설 비용은 건설로 피해를 본 사람들에 대한 보상금으로 인해 증가했다. 이 보상 비용은 기하급수적으로 증가하며, 결국 최종 발전소 건설비용을 초과하게 된다.

보상 비용에 영향을 미치는 대부분의 요인을 정량화할 수 없기 때문에, 경영진은 시스템 사고(System Thinking)를 기반으로 보상 비용을 안정화하거나 줄이는 정책을 연구할 것을 제안했다.

이 분석을 수행하기 위해, 회사의 다양한 분야에서 중간 관리자들로 구성된 대규모 그룹이 시스템 사고와 시스템 다이내믹스 교육 과정을 수료했

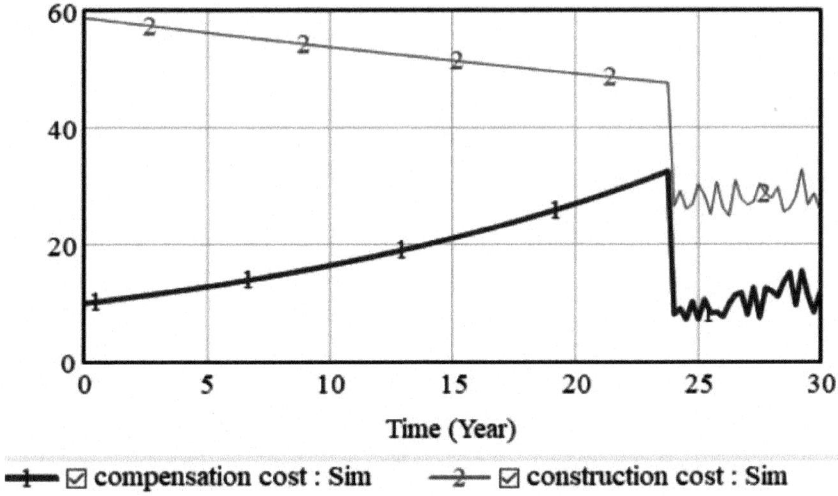

다. 교육이 완료된 후, 보상 비용의 기하급수적 증가 문제를 분석했다. 이 문제는 복잡했지만, 결국 보상 비용을 통제하기 위해 회사 정책이 일치해야 하는 핵심 요인에 대한 합의가 도출되었다.

E. 산업재해 감소 관리 모델

회사는 최근 몇 년 동안 작업 사고 감소를 위한 강도 높은 캠페인을 진행했으며, 경제적 인센티브 정책과 함께 이를 통해 단기간 내에 심각한 사고를 극적으로 줄일 수 있었다. 그러나 이 지표의 분기별 추적 결과, 지난해에 추세가 변화했으며 심각한 사고가 점진적으로 증가하는 경향이 나타났다.

이 지표는 작업 사고의 심각도를 평가하며, 100만 hours/man hours 기준으로 병원 치료가 필요했던 상황을 고려한다. 이 지표는 분기별로 추적되며, 3년 전에는 5였던 값이 지난 해에는 0.2로 감소했다. 그러나 이후에는 점진적으로 증가하여 연구가 진행될 당시에는 0.8에 이르렀다. 이 증가는 직원 교육과 경제적 인센티브를 포함한 캠페인을 지속적으로 진행해온 기업 관리자들을 당황하게 했다.

이 문제에 대한 다양한 요인을 고려하고, 관련 부서의 의견을 반영하기 위해, 많은 기술 및 관리 직원들을 대상으로 시스템 사고와 시스템 다이내믹스에 대한 집중 교육 과정이 진행되었다. 이후에는 문제의 주요 측면을 포함

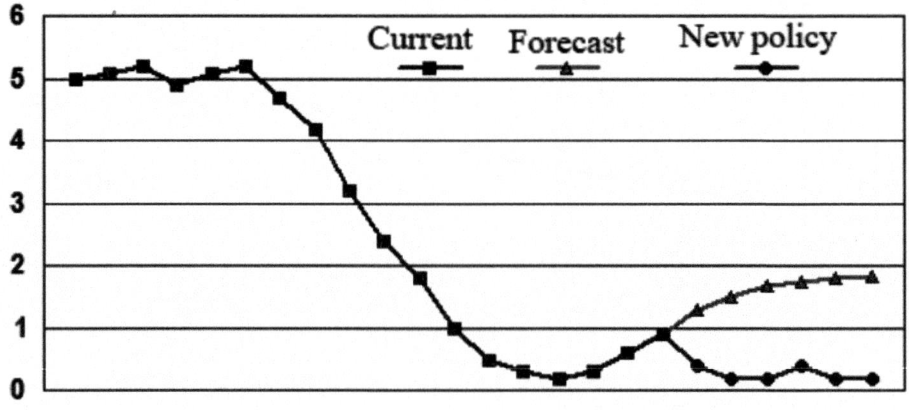

한 인과관계 다이어그램의 구축이 완료되었다. 이 과정에서 관련 부서의 기여를 하나의 도식으로 통합하여 최근 사고 증가의 구조적 원인과 향후 작업 사고 정책을 정의하는 데 고려해야 할 필수 요인에 대한 관점을 명확하게 파악할 수 있었다.

2.7. 학습 점검 Control Questionnaire

a. 저량의 몇 가지 예를 들어보시오. 사람 수, 가축 수, 책 권수 등과 같이 축적되는 요인이다.

답변:

b. 유량의 몇 가지 예를 들어보시오. 이러한 요인들은 저량을 다양하게 만드는 요인이다. 단위는 항상 리터/년, 사람/시간 등과 같은 시간 구성 요인을 갖는다. 참고: 유량은 사람/헥타르 또는 가격/킬로와 같은 비율이 아니다.

답변:

c. 저량이나 유량이 아닌 모든 요인인 보조변수(예: 1kg의 빵 가격이나 에이커당 가축 수)의 몇 가지 예를 들어 보세요.

답변:

CHAPTER

03

실습 예제

Practical Exercises

항목을 찾기 위한 색인 (항목을 찾을 수 있는 예제 번호)

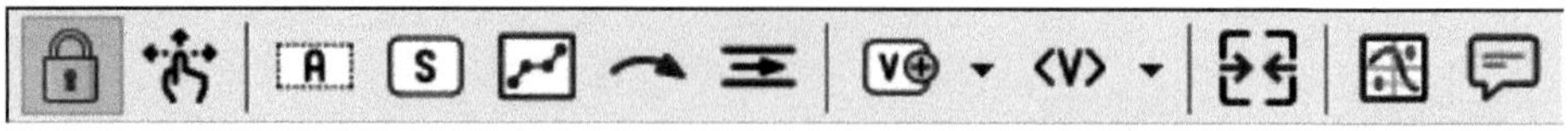

Settings
INITIAL TIME not 0: 2, 8, 11, 19, 20, 27
Units Check: 2, 3, 4, 6, 8, 10, 19, 23
TIME STEP not 1: 14, 24, 25,26
Integration Method: 26

Stock and Flow Diagram
Draw a bi-flow: 4
Merge models: 6
Shadow variables: 7, 9, 14, 15, 21
Variable <Time>: 7, 8, 14, 27
Multiple views: 9
Add comments: 9, 11
Initial value of a Stock: 9, 14
Qualitative variables: 12, 16, 17, 20
Causal Diagram: 12, 15, 18, 20, 22, 23
Curved flows: 21
Delay mark: 16

Functions
STEP: 2, 10, 12, 13, 16, 20
MIN-MAX: 3, 5, 8, 14, 27
PULSE: 5, 6, 7, 8, 19
IF THEN ELSE: 4, 7, 8, 14, 15, 24, 27
RANDOM: 4, 17, 24
RAMP: 4, 24, 27
ABS: 4,
EXP: 7, 25
XIDZ: 14
:AND: 8
DELAY-SMOOTH: 6, 8, 10, 12, 15, 16

Tables
Internal table: 2, 6, 13, 16, 18
External: 5, 8, 10, 14, 20

Simulations
Compare simulations: 18, 23
Reference Mode: 13
Simulate Setup: 8
SyntheSim: 21
Integration method: 26

Outputs
Output graphs: 1, 2, 8, 10, 14, 23, 26
Output tables: 9, 22
Causes-strip tool: 1

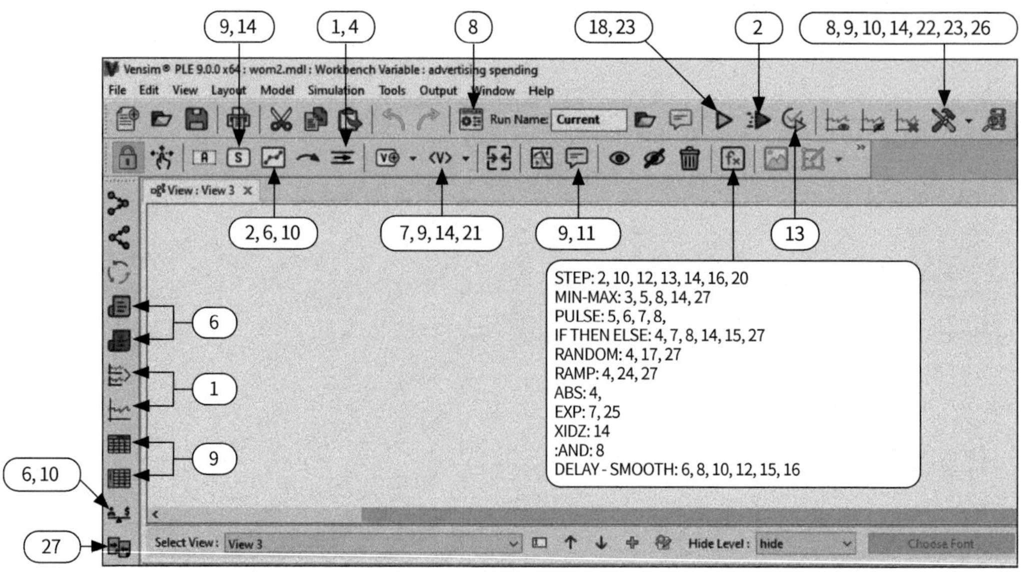

환경 분야

Environmental Area

3.1. 인구 성장 Population Growth

이 장에서는 인구 증가 모델을 개발하고 시뮬레이션 실행 및 결과를 검토하는 메커니즘에 중점을 둔다.

이 장은 다음과 같은 방법으로 시작할 수 있도록 도와준다:

- 예제를 따라 단계별로 학습한다.
- 많은 핵심 기능과 활동을 자세히 설명한다.
- 추가 학습 및 탐색을 위한 출발점을 제공한다.

이 장에서는 간단한 모델을 개발하고 분석하는 일련의 단계를 설명하며, 이를 통해 Vensim의 가장 중요한 기능 중 일부를 직접 체험해 볼 수 있다.

The Problem

문제는 성장에 제한이 없는 상황에서 개체 수 증가 모델을 개발하는 것이다.

이는 포식자가 없고 서식지, 식량 공급 또는 물 공급에 대한 공급 제한이 없을 때 종 개체군의 자연적 성장률을 나타내는 모델이다.

모델의 기본 개념은 간단하다. 출생과 사망은 인구에 비례하며, 인구는 출생에서 사망을 뺀 숫자를 누적한 것이다. 당연히 이 모델은 개발하고 이해하기 쉬운 모델이다.

The Model

이 모델은 토끼 개체군을 시뮬레이션한 모델이다. 모델링 프로세스는 모델을 스케치한 다음 방정식을 작성하고 수치 수량을 지정하는 것으로 시작한다. 다음으로 모델을 시뮬레이션하고 시뮬레이션 결과를 데이터 세트에 저장한다. 마지막으로, 분석 도구를 사용하여 시뮬레이션 데이터를 검토하여 모델에서 변수의 동적 행태를 발견할 수 있다.

시스템 다이내믹스 시뮬레이션 모델은 다양한 변수 간의 관계를 규정하는 방정식에 의해 결정된다. 전체 방정식 목록이 Vensim 모델을 완벽하게 설명한다. 모델의 구조 다이어그램은 변수 간의 관계를 나타내는 그림이다.

모델 개발, 분석 및 프리젠테이션을 용이하게 하기 위해 모델 구조 다이어그램이 명확하게 제시되어야 한다.

Software Download and Install

www.vensim.com으로 이동하여, Download – Free Downloads를 클릭하고, 안내에 따라 컴퓨터에 Vensim PLE를 다운로드하고 설치한다.

Start

Click the New Model button, 또는 메뉴바에서 File - New Model을 선택한다.

Time Bounds 대화 상자에서 INITIAL TIME을 0과 FINAL TIME에 100

을 입력한다. Time 단위 드롭다운 화살표를 클릭하고 'Month'을 선택한다. OK 또는 Enter를 클릭한다.

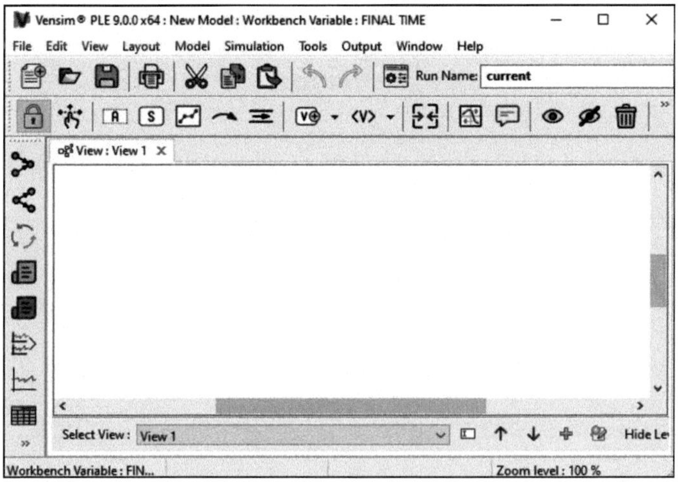

The Sketch

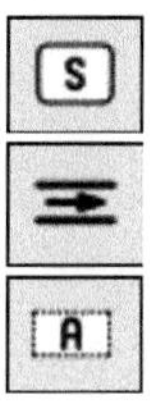

저량 스케치 도구를 사용하여 저량을 입력한다. 유량은 유량 스케치 도구를 사용하여 입력한다. Vensim에서는 흐름의 방향을 나타내기 위해 화살표 머리가 하나 달린 선을 그린다. 상수(Constants)와 보조변수(Auxiliary)는 모양이 첨부되지 않은 채 단어처럼 보조 스케치 도구를 사용하여 입력한다.

저량 도구를 선택하고 스케치 화면 중간 지점을 클릭하면, 편집 도구 상자가 나타난다. **Population** 단어를 입력하고 **Enter** 키를 클릭한다.

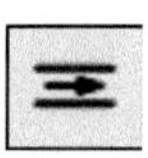

유량 스케치 도구를 선택하고 저량 **Population**의 왼쪽 약 5cm 떨어진 지점에 한 번 클릭(마우스 버튼을 한 번 클릭하고 놓음)하고, **Population** 위로 마우스를 이동한 후 다시 클릭한다. **Births** 단어를 입력하고 Enter를 클릭한다.

저량 **Population**을 한 번 클릭한 다음(마우스 버튼을 한 번 클릭하고 놓음), 마우스를 오른쪽 약 5cm 떨어진 지점으로 이동 후 한 번 클릭한다. Deaths 단어를 입력하고 Enter를 클릭한다.

보조 스케치 도구(Auxiliary)를 선택한다. Births 아래 왼쪽 3cm 지점의 화면을 클릭하고 Birth rate를 입력한 후 Enter를 클릭한다.

Deaths 아래 오른쪽 3cm 지점의 스케치 화면을 클릭하고 Average lifetime을 입력한 후 Enter를 클릭한다.

화살표 스케치 도구를 선택하고 Birth rate를 한 번 클릭한 다음(마우스 버튼을 한 번 클릭하고 놓음), 마우스를 Births로 이동 후 한 번 클릭한다. Average lifetime을 한 번 클릭한 다음(마우스 버튼을 한 번 클릭하고 놓음), 마우스를 Deaths로 이동 후 한 번 클릭한다.

Population을 한 번 클릭한 다음(마우스 버튼을 한 번 클릭하고 놓음), Population의 약간 아래 오른쪽에 있는 스케치 화면을 한 번 클릭하고(마우스 버튼을 한 번 클릭하고 놓음), Deaths 변수를 한 번 클릭한다.

화살표 선을 원형으로 구부리려면 스케치 툴인 이동/크기 아이콘을 선택하면 화살표 선상에 작은 원이 나타나며, 마우스로 작은 원을 클릭한 후 움직이면 원하는 화살표 곡선을 나타낼 수 있다.

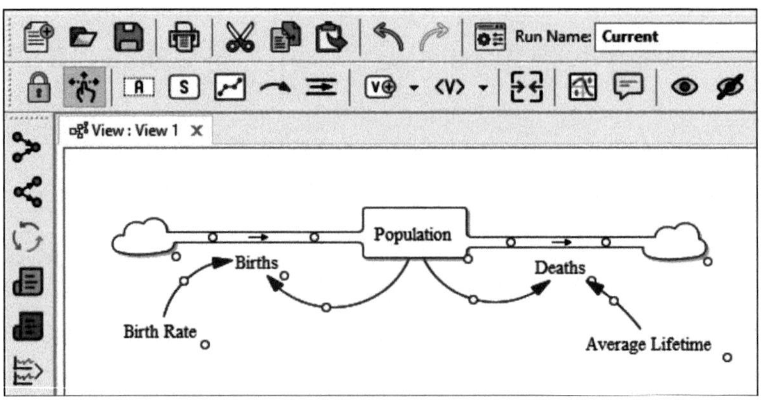

저장 버튼을 클릭하고 원하는 디렉터리에 모델을 저장할 수 있으며 모델 이름을 Population.mdl로 저장한다.

삭제하려는 항목을 모두 삭제하려면 삭제 아이콘을 선택한다.

이제 Population 모델의 구조가 완성되었다. Population에서 Births로 이어지는 양(+) 피드백 루프는 Population을 증가시키고, Deaths로 이어지는 음(-) 피드백 루프는 Population을 감소시킨다.

Equations

시뮬레이션하려면 모델의 변수 간 관계를 설명하는 방정식 설정이 필요하다. 이러한 방정식은 인과적으로 연결된 다른 변수의 관점에서 하나의 변수를 정의하는 간단한 대수식이다. 예를 들어:

$$\text{Births} = \text{Population} * \text{Birth rate}$$

스케치 뷰를 보면 Birth rate에는 원인이 되는 연결된 변수가 없는데 이를 모델에서 상수라고 한다. 이 상수는 나중에 입력할 숫자 값이 필요하다.

방정식 스케치 도구를 클릭한다. 

모델의 모든 변수가 검은색으로 바뀐다. 하이라이트가 표시된 변수는 아직 방정식이 입력되지 않았음을 나타내며 시뮬레이션을 위해 입력을 해야 한다.

Births 변수를 선택한다.

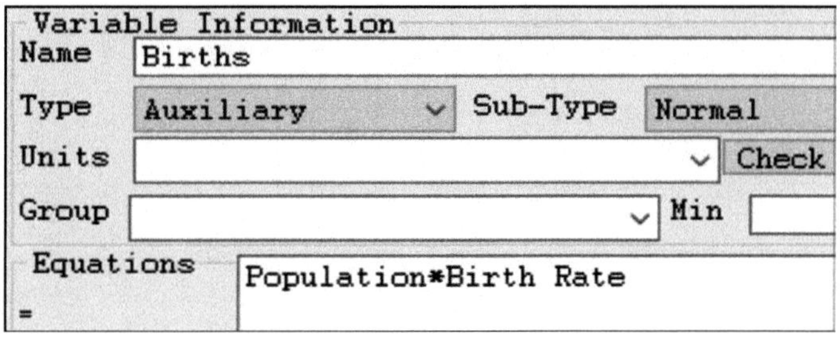

방정식 편집기 화면이 나타나고, 편집기 상단에는 클릭한 변수 이름인 **Births**가 표시된다. 드롭다운 목록 박스 왼쪽에 변수 유형(Type)이 'Auxiliary'로 표시된다.

Vensim 소프트웨어는 'Rates'와 'Auxiliaries'를 동일한 유형의 변수로 간주한다. 커서는 방정식 편집 박스(= 기호 옆)에 위치하며, 아래와 같이 편집 박스에서 **Births** 방정식을 입력하여 완성한다.

변수 목록(수식 편집기 중간)에서 **Population** 변수를 클릭한 다음 * 기호를 입력하고, 변수 목록에서 **Birth rate**를 클릭한다. OK를 클릭한다.

Population을 클릭한다.

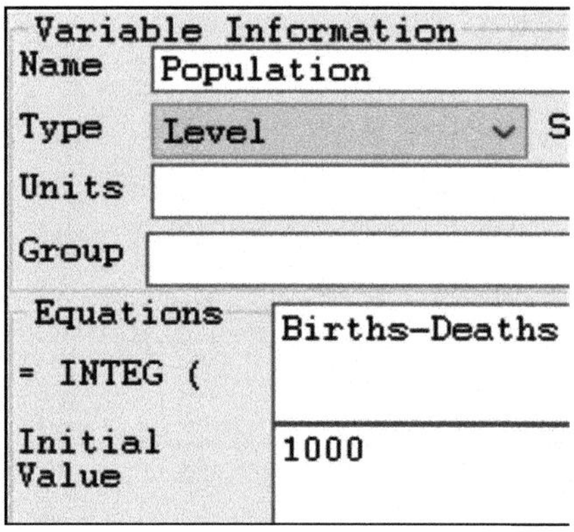

방정식 편집기가 열리면 변수 **Births**에서 본 것과 편집기 형태가 약간 다르며, 드롭다운 목록 박스 왼쪽에 변수 유형(Type)이 'Level'로 표시된다.

방정식 편집 박스에 이미 방정식이 입력되어 있다. **Births**와 **Deaths**라는 변수는 증감을 나타내는 Rates로 Level 변수인 Population에 화살표로 이미 연결되었기 때문에 Vensim은 자동으로 Level 방정식에 Rates를 입력한다.

Level의 방정식 편집기에는 시작 값 또는 초깃값을 설정하는 추가 편집 박스가 있으며, 이미 커서가 위치하여 입력 대기상태에 있다. 초깃값 편집 박스에 1,000을 입력한다. 이 값은 시뮬레이션을 시작할 때의 초기 토끼 개체 수이다.

Birth rate를 클릭하고, 편집 박스에 숫자 0.04를 입력한다.

아래 방정식 목록에 표시된 대로 나머지 두 개의 방정식을 완성한다.

Average lifetime = 50

Birth rate = 0.04

Births = Population * Birth rate

Deaths = Population / Average lifetime

Population = Births - Deaths

Initial value: 1000

Save the Model

모델 저장 아이콘을 클릭하고 Population이라고 입력하면, 모델은 Population.mdl 파일명으로 저장된다.

Questions

모델을 사용하지 않고 다음 질문에 대한 답을 간단히 작성하시오.

1. 양의 루프(인구-출생)가 지배적일 때 인구의 변화는 어떻게 될까요?
2. 음의 루프(인구-사망)가 지배적일 때 인구의 변화는 어떻게 될까요?

나중에 당신의 답변을 모델의 동적 행태와 비교할 수 있다.

Simulate

시뮬레이션 버튼을 클릭합니다. 모델이 시뮬레이션을 수행하여 완료될 때까지 작업 진행 중인 창이 표시된다.

The Results

이 모델은 토끼 개체 수의 진화를 보여주기 위해 설계되었다. 이동/크기 아이콘을 선택한 다음 스케치 화면에서 Level 변수인 Population을 두 번 클릭한다. 그러면 Workbench Variable로 선택된다. Vensim 창의 맨 위에 있는 제목 표시줄에서 Popul-ation이 선택되었는지 확인한다.

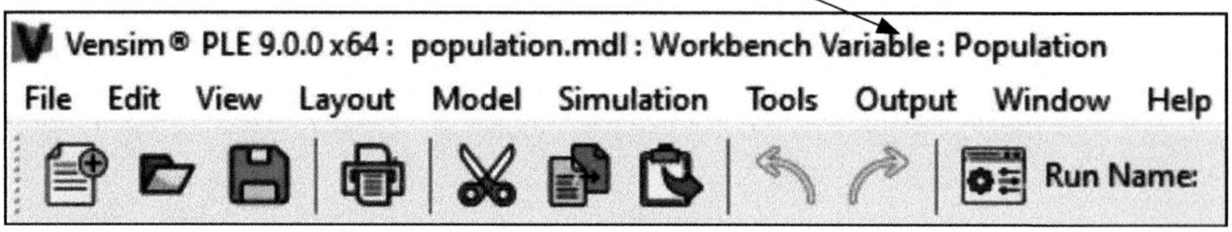

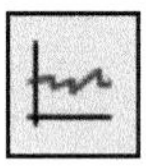

그래프 아이콘을 클릭하면, Population 그래프가 생성된다.

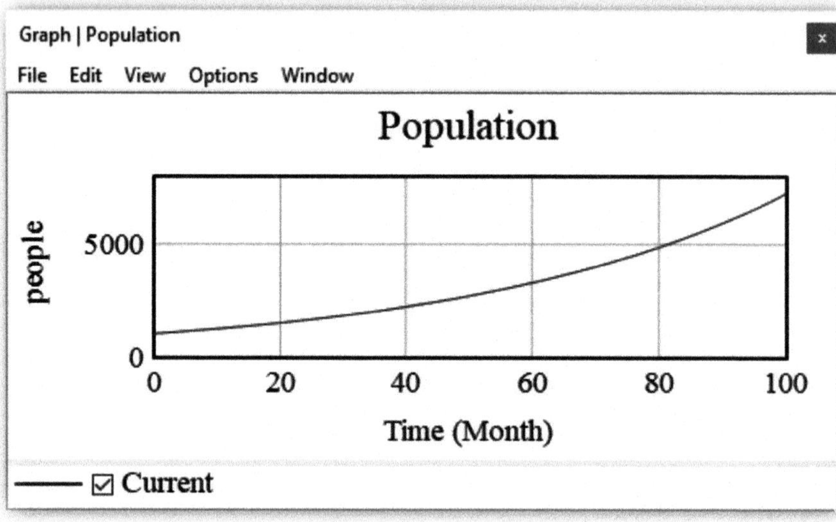

이제 Cause Strip 도구를 클릭한다. Population 그래프와 관련된 Births와 Deaths 등의 스트립 그래프가 생성된다.

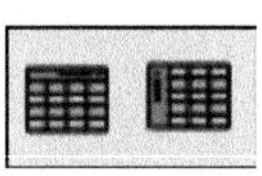

Table 아이콘을 클릭하면 시뮬레이션 결과를 숫자로 표시할 수 있다.

3.2. 자연 보호구역의 생태 모델링 Modeling the Ecology of a Natural Reserve

카이밥 고원(Kaibab Plateau)은 그랜드 캐니언의 북쪽 가장자리에 위치한 넓고 평평한 지역으로, 약 1,000,000에이커의 면적을 가지고 있다. 1907년 시어도어 루즈벨트(Theodore Roosevelt) 대통령은 카이밥 고원(Kaibab Plateau)을 포함하는 지역을 그랜드 캐니언 국립 수렵 보호구역 (Grand Canyon National Game Preserve) 으로 지정하였다. 이로 인해 사슴 사냥은 금지되었고, 동시에 퓨마와 기타 천연 사슴 포식자의 사냥을 장려하기 위해 현상금 제도가 도입되었다. 1910년에는 거의 500마리의 퓨마가 포획되거나 사살되었다. 카이밥 고원의 퓨마와 사슴의 다른 천적 수가 감소한 결과, 사슴 개체 수는 매우 빠르게 증가하기 시작하였다. 사슴 개체 수는 1907년 약 5,000마리에서 15년 만에 거의 50,000마리로 증가하였다.

사슴 개체 수가 증가함에 따라 산림청 관계자들과 다른 관찰자들은 사슴들이 고원의 식량 공급을 고갈시킬 것이라고 경고하기 시작하였다. 1924년과 1925년 겨울 동안, 이 고원에 있던 사슴 개체 수의 거의 60%가 죽었다. 카이밥의 사슴 개체 수는 그 후 15년 동안 계속 감소하다가 1940년에 마침내 약 10,000마리에서 안정화되었다.

당신이 1930년에 국립 산림청 공무원이었고 카이밥 고원의 사슴 개체 수의 운명에 관심이 있다고 가정해 보자. 당신은 문제에 대한 몇 가지 대안적 접근법을 검토하기 위해 시뮬레이션 모델을 구축하기로 결정하였다.

당신의 주요 관심사는 1900년부터 1930년까지 관찰된 사슴 개체 수의 증가와 급격한 감소, 그리고 1930년부터 1950년까지의 미래 개체 수의 변화이다. 따라서 구축할 모델의 시간 범위는 1900년부터 1950년까지 50년이며, 문제 행태(참고 모드)는 사슴 개체 수의 동적 변화이다.

적절한 모델을 개발한 후에는 이 모델을 사용하여 고원에 있는 사슴 개체 수 크기를 조절하는 몇 가지 대안적인 방법을 검토할 수 있다.

※논의된 모델은 부분적으로 Dartmouth College의 Donella Meadows 교수와 Pugh-Roberts Associates, Inc.의 Michael Goodman의 연구에 기반을 두고 있다. 카이밥 고원에 대한 과거 정보는 부분적으로 Edward J. Kormondy, 생태학 개념(Englewood Cliffs, N.J.: Prentice-Hall)을 기반으로 한다.

모델을 구축할 때 간단한 모델로 시작한 다음 여러 단계로 확장하는 것이 도움이 될 수 있다. 우리는 카이밥 고원의 사슴 개체 수 크기에 영향을 미친 몇 가지 요인에 초점을 맞춘 작은 모델부터 시작하고자 한다. 나중에 모델은 고원 생태계의 추가 요인을 포함하도록 확대되고 최종적으로 개체 수의 동적 변화를 생성하는 모델로 발전될 수 있다.

이 문제를 해결하기 위해 우리는 Deer 1, 2, 3이라고 부르는 세 가지 모델(각 모델은 이전 모델과 관련됨)을 구축할 것이다. 그 이유는 1907년까지 사슴 개체 수의 안정성, 1924년까지 성장, 1930년에 붕괴되는 행태를 재현하는 모델을 한 번에 만들기가 매우 어렵기 때문이다.

Next steps:

- **모델 1**은 1907년까지 존재했던 사슴의 개체 수의 안정 상태를 재현하는 모델이다.
- **모델 2**는 모델 1과 동일하지만 1907년에 퓨마가 몇 년 만에 제거된 상황을 재현하고 다른 측면에서 개선될 것이다.

- **모델** 3은 모델 2와 동일하지만, 사슴들이 굶주림으로 죽기 시작했다는 정보를 추가할 것이다. 이 모델은 퓨마의 재도입, 동물에게 먹이 제공, 사냥꾼의 배치 등 다양한 대안을 시뮬레이션할 수 있는 기본 모델이 될 것이다.

Model 1

목표: 우리가 가지고 있는 제한된 데이터를 사용하여 사슴 개체 수의 안정적인 초기 조건을 재현한다.

어떤 문제에 대한 설명에서는 불필요한 데이터가 많고(우리의 분석에는 필요하지 않은), 반대로 매우 유용한 정보가 부족한 경우가 자주 있다. 만약 우리가 현장에서 데이터를 수집하기 위해 그랜드 캐니언으로 가야 한다면, 이는 많은 시간과 비용을 소비하게 될 것이다. 따라서 합리적인 가정을 세워서 작업을 진행하도록 한다. 나중에 이러한 가정이 제안된 조치에 크게 영향을 미칠 수 있다고 판단되면, 전문가와 함께 이를 더 깊이 연구할 것이다. 이 연구의 목표는 세부 사항에 집중하는 것이 아니라, 궁극적으로 어떤 조치를 제안하는 것이다.

따라서 우리가 연구하고 있는 주제에 대한 깊은 지식 없이도, 그리고 시뮬레이션과 최종 제안에 영향을 미치지 않는 데이터를 검색하는 데 시간을 낭비하지 않고 합리적인 초깃값을 찾아본다.

설명에 따르면 백인들이 도착하기 전에 사슴 개체 수는 균형을 이루고 있었으며, 이는 노령에 의한 사망을 제외한 출생 수(이를 우리는 자연 증가라고 부른다)가 퓨마에 의해 사냥된 사슴의 수와 동일했다는 것을 의미한다.

합리적인 자연 증가율을 살펴보자.

전체 개체 수 중에서, 오직 암컷 사슴만이 새끼를 낳는다. 만약 모든 암컷이 새끼를 낳는다면 출생률은 0.5가 되겠지만, 새끼를 낳기에는 너무 늙거나 어린 암컷들도 있기 때문에 이 비율은 0.3으로 줄일 수 있다.

사망률과 관련해서는, 이 종류의 동물의 평균 기대 수명은 정확히 알 수 없지만, 약 10년일 것으로 추정할 수 있다(사망률은 0.1로 설정). 따라서 우리는 자연 증가율을 0.2(즉, 0.3-0.1)로 가정할 수 있다.

즉, 약 5,000마리의 사슴 개체 수가 있다면, 매년 5,000 * (0.3 – 0.1) = 1,000마리씩 증가하게 되고,

따라서 매년 사냥된 사슴의 수는 1,000마리이다.

퓨마의 수는 몇 마리였을까? 우리는 알 수 없지만, 퓨마들이 주로 작고 사냥하기 쉬운 동물을 먹이로 삼는다고 가정한다면, 각 퓨마가 1년에 사슴 2마리를 사냥하는 것이 적절한 수치라고 할 수 있다(아마도 조금 높은 수치일 수도 있다). 따라서, 1,000마리를 2로 나누면 초기에는 500마리의 퓨마가 존재한다고 추정할 수 있다.

모델은 시뮬레이션 소프트웨어의 설명서에 따라 구축되어야 하며, 사용자는 모델의 동작을 이해하려고 노력해야 한다.

Vensim 소프트웨어를 열고 File - New Model로 이동한다. 

정의:

INITIAL TIME = 1900

FINAL TIME =1950

TIME STEP = 1

Units = year

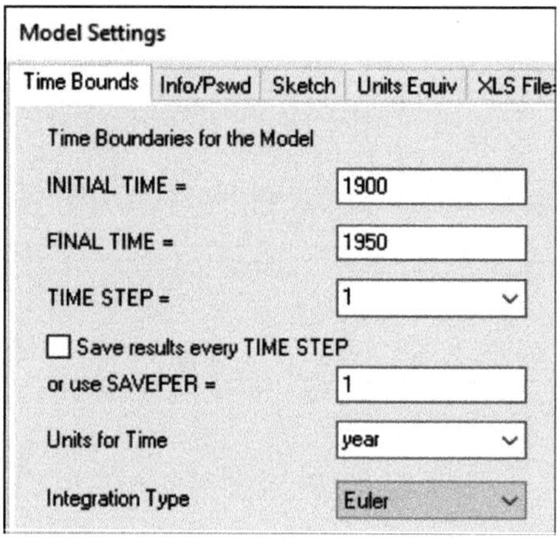

Stock을 그린 다음 Flow를 추가한다.

Model 1

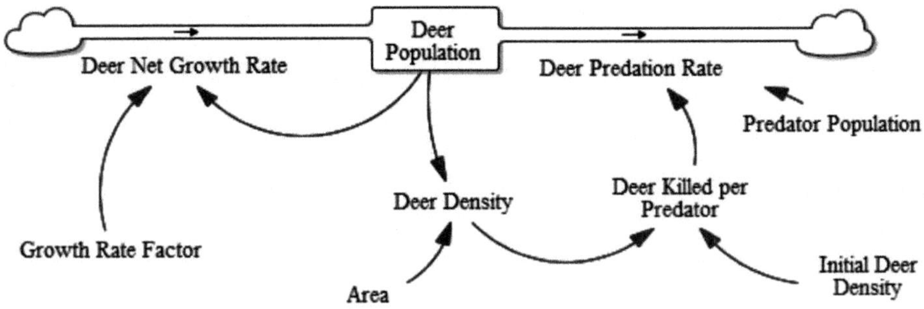

Equations

(01) Area= 1000000

Units: acre

(02) Deer Killed per Predator = Deer Density/Initial Deer Density

Lookup : (0,0),(1,2),(2,4),(4,6),(20,6)

Units : Deer/(year*puma)

(0,0)이라는 점은 만약 사슴이 없다면, 각 포식자는 0마리의 사슴을 사냥할 것이라는 의미이다. 이는 자명한 사실이다. (1,2)라는 점은 안정적인 시나리오(사슴 밀도 = 초기 사슴 밀도)에서 5,000마리의 사슴이 있을 때, 출생률이 0.2라면 자연 증가 수치는 5,000 * 0.2 = 1,000마리의 사슴이 된다. 따라서 500마리의 포식자가 있다면, 각 포식자는 1,000/500 = 매년 2마리의 사슴을 사냥하게 된다. (2,4)라는 점은 사슴 개체 수가 두 배로 증가하면, 각 포식자가 사냥하는 사슴의 수도 두 배로 증가할 것이라는 가정을 기반으로 한다. (x, 6)이라는 점에서는 포

식자가 그들의 작은 크기 때문에 2개월에 한 마리, 즉, 매년 6마리의 사슴만을 사냥하고 먹을 수 있다는 것을 가정한다.

(03) Deer Net Growth Rate=Deer Population*Growth Rate Factor

Units : Deer/year

(04) Deer Population= +Deer Net Growth

Rate-Deer Predation Rate

Initial value: 5000

Units: Deer

사슴의 초깃값은 5,000이다.

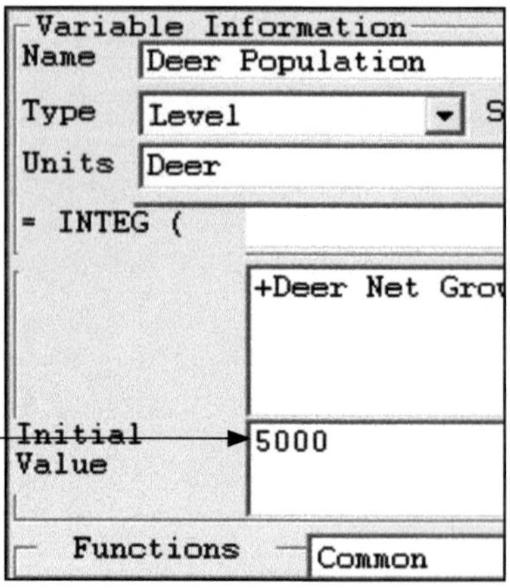

이 변수를 정의하려면, Type을 “Auxiliary”(보조변수)로 설정하고, Sub-Type을 “with Lookup”으로 설정한 다음, As Graph를 선택하여 표에 값을 입력한다(아래 이미지 참조).

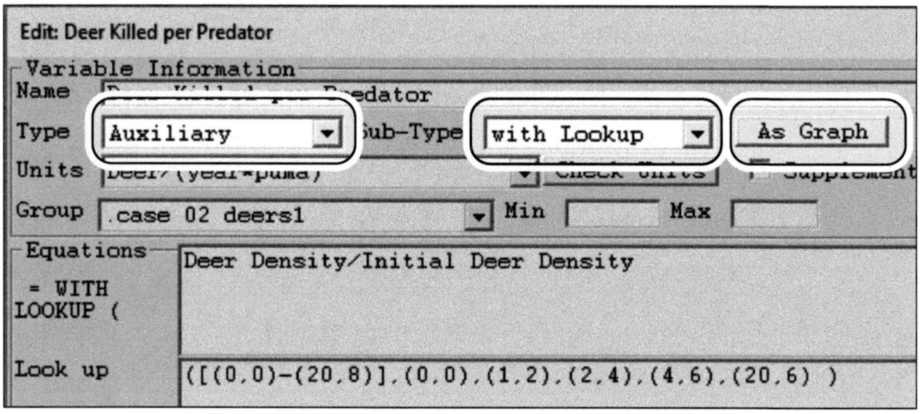

괄호 안의 숫자는 모형 계산에 영향을 주지 않는다.

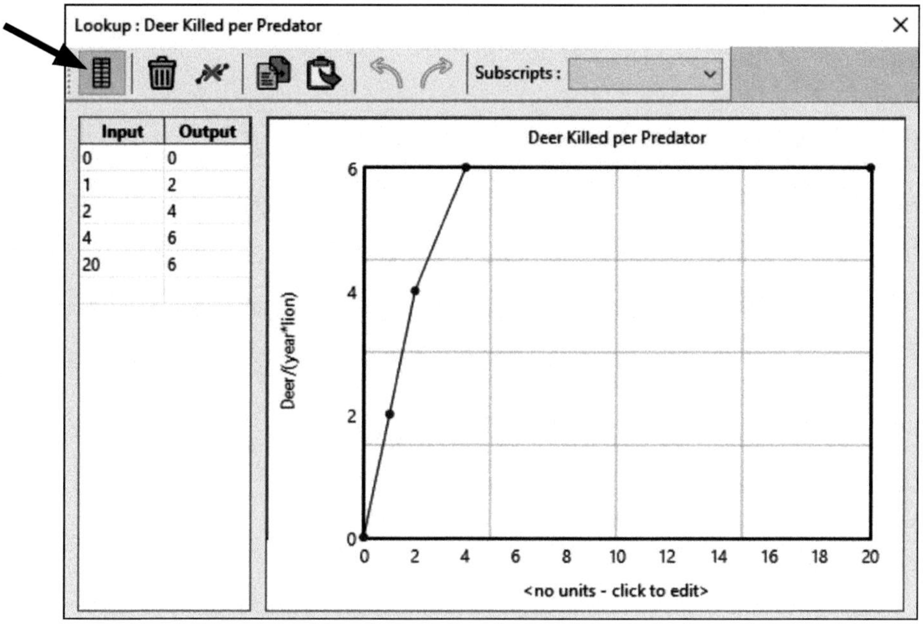

(05) Growth Rate Factor = 0.2

Units : 1/year

여기에서는 사슴 개체군의 순 성장률을 다룬다. 이는 출생률에서 사망률을 뺀 값이다. 만약 모든 암컷이 새끼를 낳는다면, 이 비율은 0.50가 된다. 그러나 너무 나이가 너무 많거나 너무 어려서 새끼를 낳을 수 없는 암컷들이 있기 때문에 이 값을 0.30로 줄인다. 이제 평균 수명, 예를 들어 10년을 고려해야 한다. 이는 사망으로 인해 -0.10가 된다. 그래서 우리는 순 성장률 계수를 0.20로 가정한다.

(06) Deer Predation Rate = Deer Killed per Predator*Predator Population

Units : Deer/year

(07) Initial Deer Density = 0.005

Units : Deer/acre

5,000 deer / 1,000,000 acres

(08) Predator Population = 500

Units: puma

순 성장률을 1000마리의 사슴으로 가정하면, 사슴 포식률도 1000마리의 사슴이 되어야 한다. 검색에서 우리는 0.005마리의 사슴/에이커의 밀도로 포식자당 2마리의 사슴이 죽는다고 정의하므로, 1000(사슴) / 2(사슴/포식자) = 500마리의 포식자가 필요하다.

(09) Deer Density = Deer Population / Area

Units : Deer/acre

이것은 사슴 한 마리당 차지하는 면적이다.

시뮬레이션 실행

시뮬레이션 결과가 표시된다. 모든 변수는 일정하게 유지된다.

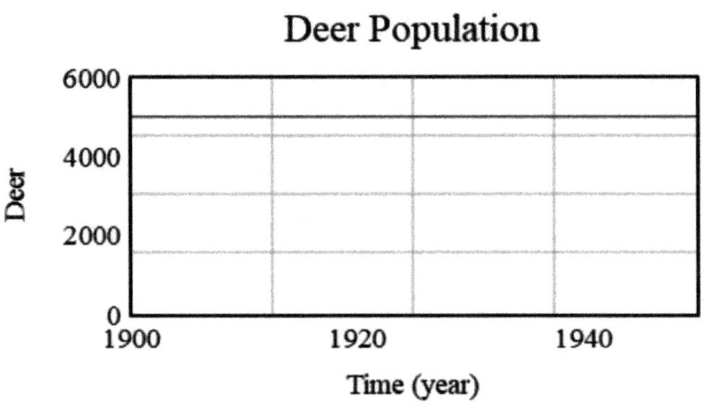

계속 진행하기 전에 단위 체크 아이콘을 클릭하여 에러 유무를 확인한다.

Model 2

이제 우리는 몇 년 후에 퓨마가 제거되는 상황을 재현할 것이다. 모델 설명서에서 STEP 함수 기능으로 구현된 것을 확인할 수 있다(일부 방정식에서 RAMP 및 PULSE와 같은 함수 기능 및 사용을 보려면 부록 II로 이동한다).

또한 0.2로 일정했던 성장률 계수를 수정하여 사슴 한 마리당 먹이의 양에 따라 성장률이 달라지도록 하여 먹이가 충분하지 않을 경우 성장률이 더 감소할 것이다. 이를 구현하기 위해 Table을 사용한다. 풀의 양은 일정하다고 가정한다. 시뮬레이션 소프트웨어의 설명서에 설명된 대로 모델을 구축해야 하며 사용자는 그 변화 행태를 이해하려고 노력해야 한다.

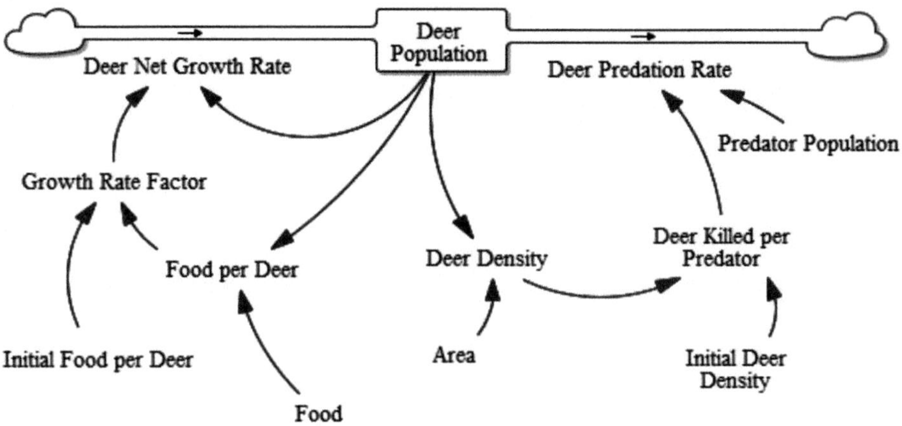

(01) Area= 1000000

Units: acre

(02) Deer Density=Deer Population / Area

Units: Deer/acre

(03) Deer Killed per Predator = Deer Density/Initial Deer Density

Lookup: (0,0),(1,2),(2,4),(4,6),(20,6)

Units: Deer/(Year*puma)

밀도가 0일 때 사망한 사슴은 0 마리이며, 점 (0,0)이다. 사슴 밀도가 초기 사슴 밀도와 같을 때 각 포식자는 매년 2마리의 사슴을 사냥하고, 점 (1,2)로 표시한다.

(04) Deer Net Growth Rate=Deer Population*Growth Rate Factor

Units: Deer/Year

(05) Deer Population=+Deer Net Growth Rate-Deer Predation Rate

Initial value: 5000

Units: Deer

(06) Deer Predation Rate=Deer Killed per Predator*Predator Population

Units: Deer/Year

(07) Food= 100000

Units: ton

이 시뮬레이션에서 우리는 이 변수를 상수처럼 사용할 것이다.

(08) Food per Deer= Food / Deer Population

Units: ton/Deer

초기에는 사슴 한 마리당 먹이는 100,000/5,000=20톤이다.

(09) Growth Rate Factor = Food per Deer/Initial Food per Deer

Lookup: (0,-0.6),(0.05,0),(0.1,0.2),(1,0.2),(2,0.2)

Units: 1/Year

점 (1, 0.2)는 평형점이다 (즉, 사슴당 먹이 = 초기 사슴당 먹이). 이 지점에서 증가율을 0.2로 설정한다 (카이밥 Model 1과 동일하다). 점 (2,

0.2)에서는 먹이가 더 많아도 증가율이 증가하지 않을 것으로 가정한다. 점 (0, -0.6)에서는 극단적인 시나리오를 분석한다. 사슴당 먹이가 0일 때, 즉, 먹이가 없을 때, 60%의 사슴이 죽을 것으로 가정하며, 모든 사슴이 죽는다고 가정할 수도 있다. 나머지 점들은 일정한 논리에 따라 배치할 수 있는 값이지만, 추가적인 정보에 반응하지는 않는다.

(10) Initial Deer Density= 0.005
Units: Deer/acre
5,000 deer / 1,000,000 acres

(11) Initial Food per Deer= 20
Units: ton/Deer

(12) Predator Population= 500-STEP(500,1910)
Units: puma
여기에서는 1910년 동안 퓨마의 사냥 또는 멸종을 재현하고 있다.

Behaviour

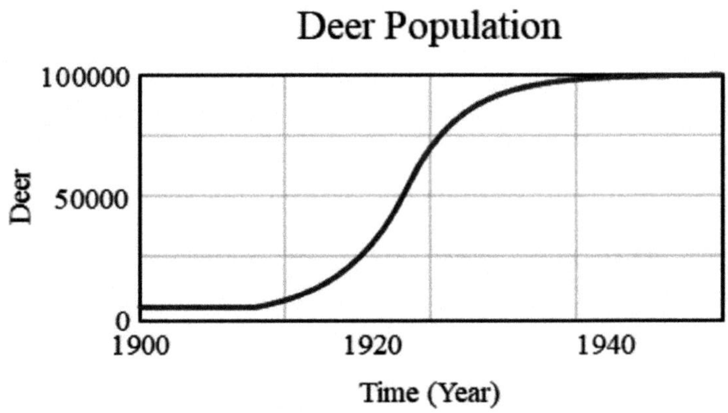

Model 3

이 모델에서는 1924년 이후 사슴 수의 감소를 포함한 관찰된 행동이 재현되었다. 이는 풀의 성장이 일정하다고 가정하고, 모델이 존재했던 사슴의 수를 기반으로 하였기 때문이다.

모델은 시뮬레이션 소프트웨어 설명서에 설명된 대로 구축되어야 하며 사용자는 모델의 동작을 이해하려고 노력해야 한다.

참고: 이전에 사용했던 보조변수 "Food"를 제거하고 모델을 확장한다.

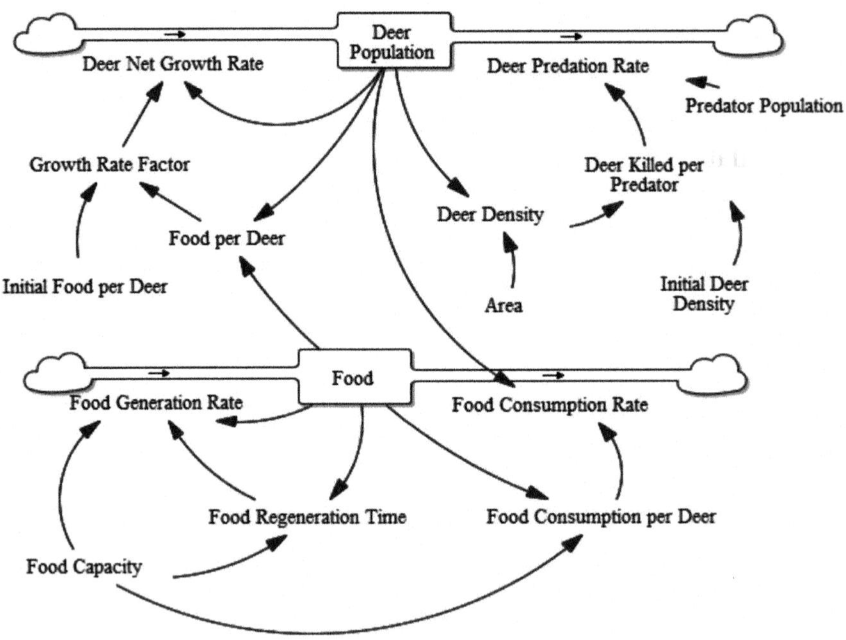

(01) Area= 1000000

Units: acre

(02) Deer Density= Deer Population / Area

Units: Deer/acre

이것은 사슴 한 마리당 차지하는 면적이다.

(03) Deer Killed per Predator = Deer Density/Initial Deer Density
Lookup (0,0),(1,2),(2,4),(4,6),(20,6)
Units: Deer/(year*puma)

(04) Deer Net Growth Rate= Deer Population*Growth Rate Factor
Units: Deer/year

(05) Deer Population=+Deer Net Growth Rate-Deer Predation Rate
Initial value: 5000
Units: Deer

(06) Deer Predation Rate= Deer Killed per Predator*Predator Population
Units: Deer/year

(07) Food= Food Generation Rate-Food Consumption Rate
Initial value: 100000
Units: ton
이제 먹이는 먹이 소비율과 먹이 생산율에 따라 달라진다.

(08) Food Capacity= 100000
Units: ton

(09) Food Consumption per Deer = Food/Food Capacity
Lookup: (0,0),(0.2,0.4),(0.4,0.8),(1,1)
Units: ton/Deer/year
사슴당 먹이 소비는 먹이 용량과 현재 먹이에 따라 달라진다. 먹이와 먹이 용량의 비율이 사슴당 먹이 소비를 결정하는 최선의 방법이라고 가정하며, 이를 Table을 사용하여 구현한다. 먹이 = 먹이 용량일 때, 사슴당 먹이 소비를 1톤으로 가정한다. 비율이 낮을수록 사슴당 먹이 소비는 낮아진다.

(10) Food Consumption Rate= Deer Population*Food Consumption per Deer
Units: ton/year

(11) Food Generation Rate=(Food Capacity-Food)/Food Regeneration Time
Units: ton/year

(12) Food per Deer=Food/Deer Population
Units: ton/Deer

(13) Food Regeneration Time = Food/Food Capacity
Lookup: (0,40),(0.5,1.5),(1,1)
Units: year
먹이 재생산 시간은 먹이 용량과 현재 먹이에 따라 달라진다. 먹이와 먹이 용량의 비율이 먹이 재생산 시간을 결정하는 최선의 방법이라고 가정하며, 이를 Table을 사용하여 구현한다. 먹이 = 먹이 용량일 때, 먹이 재생산 시간을 1년으로 가정한다. 비율이 낮을수록 먹이 재생산 시간은 길어진다.

(14) Growth Rate Factor = Food per Deer/Initial Food per Deer
Lookup: (0,-0.6),(0.05,0),(0.1,0.2),(1,0.2),(2,0.2)
Units: 1/year

(15) Initial Deer Density= 0.005
Units: Deer/acre

5,000 deer / 1,000,000 acres

(16) initial Food per Deer= 20

Units: ton/Deer

(17) Predator Population= 500-STEP(500,1910)

Units: puma

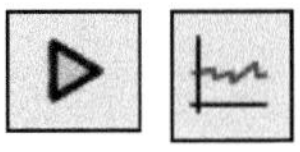

시뮬레이션 아이콘을 클릭하여 시뮬레이션을 실행하고 그래프 아이콘을 클릭하여 사슴 개체 수 변화를 살펴본다.

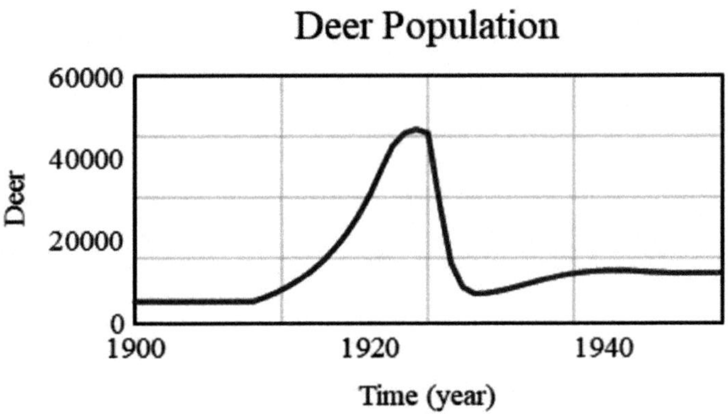

이제 이 모델을 사용하여 1930년 이후 카이밥 고원의 사슴 개체 수 크기를 조절하는 몇 가지 대안적인 방법을 검토할 수 있다.

예측 모델은 성공 가능성을 높이기 위해 과거 데이터를 기반으로 모델을 많이 '조정'해야 한다.

여기서 우리는 다양한 대안이나 정책을 비교하기 위해 '비교 모델'을 사용하고 있다. 모델을 조정하는 데 더 많은 시간과 자원을 투자하면 연구의 결과를 바뀔 것이라고 생각하는가?

동일한 화면에서 두 개 이상의 변수를 함께 보려면 Control Panel 아이콘을 클릭한 다음, Custom Graphs – New 옵션을 선택한다. 원하는 변수를 선택하고 OK 클릭하고 Display를 선택한다.

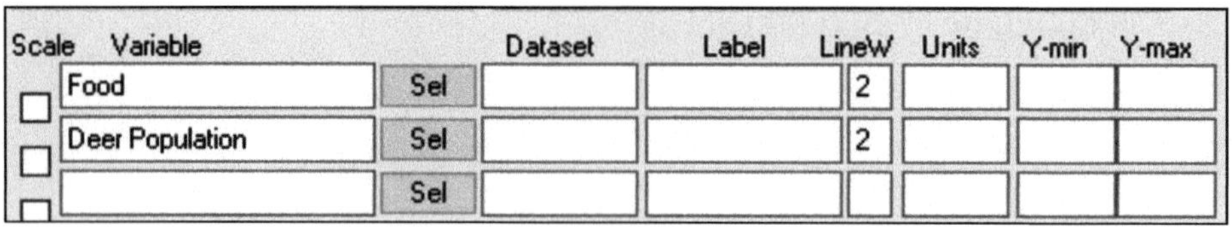

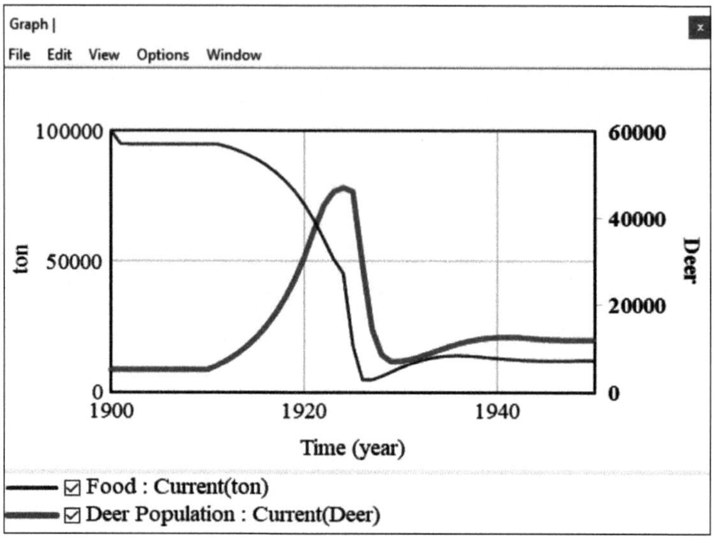

민감도 분석 Sensitivity Analysis

시뮬레이션 모델을 만드는 목적은 우리가 분석하고 있는 문제를 해결하기 위한 최적의 선택지를 찾아낼 수 있게 하는 것이다. 모델 개발에 많은 시간과 노력을 기울인 결과, 시스템을 효과적으로 수정하는 데 도움이 되는 정보를 얻을 수 있다.

문제를 해결하는 가장 효율적인 방법을 결정하기 위해서는 문제에 가장 큰 영향을 미치는 시스템 요인을 식별하는 것이 필수적이다. 이를 통해 문제에 실질적으로 영향을 미치는 변수에 우리의 행동을 집중할 수 있으며, 문제에 대한 영향이 낮은 요인에 자원을 낭비하지 않게 된다.

복잡한 시스템의 경우, 다수의 상호 연결된 요인으로 구성된 경우가 많기 때문에 핵심 변수를 식별하여 조치하는 것이 큰 도전 과제가 된다. 이때 민감도 분석이 중요한 역할을 한다. 민감도 분석은 이러한 중요한 변수를 식별하는 데 도움을 준다.

결정론적 민감도 분석은 입력 매개변수의 고정된 값 집합을 기반으로 한다. 분석은 다른 변수를 일정하게 유지하면서 한 입력 변수를 한 번에 변경하고, 모델의 출력에서 결과 변화를 관찰하는 과정으로 진행된다. 결정론적 민감도 분석은 개별 변수의 변화가 모델의 동작에 미치는 영향을 파악하는 데 도움을 준다.

다음은 이 도구를 사용하여 수행할 수 있는 4가지 분석 접근 방식이다:

1. 평균절대편차 Mean Absolute Deviation(MAD)

입력 변수의 변화가 모델 출력에 미치는 영향을 평가하는 데 사용된다. 다른 변수는 일정하게 유지하면서 한 입력 변수씩 체계적으로 변경한다. 각 변화에 대해 모델 출력과 기준 값 간의 절대 차이를 계산한 다음, 이러한 절대 차이의 평균을 구하여 평균 절대 편차를 계산한다. 이는 각 입력 변수의 변화에 대한 출력의 평균 민감도를 나타낸다. 평균 절대 편차가 클수록 해당 입력 변수의 변화에 대해 모델 출력이 더 민감하다는 것을 의미한다.

2. 제곱합 오차 Sum of Squares Errors(SSE)

모델의 예측값과 실제 관측 데이터 간의 적합도를 평가한다. 주로 회귀 분석에서 사용되며, 모델이 데이터 포인트에 곡선이나 선을 맞추려고 한다. SSE는 모델이 예측한 값과 실제 관측 값 간의 제곱 차이를 계산하고, 이 제곱 차이들을 합산한다. SSE가 낮을수록 모델이 데이터에 잘 맞는다는 것을 의미한다.

3. 분산 차이 Difference in Variance

입력 변수가 변경됨에 따라 모델 출력의 변동성을 측정한다. 다양한 시나리오나 조건에서 모델 출력의 분산(분포 또는 변동성의 척도)을 비교한다. 특정 입력 변수에 대한 분산 차이가 클수록 해당 변수가 변경될 때 모델 출력에서 더 큰 변동이 발생함을 의미한다.

4. 보상 비율 Payoff Percentage

입력 변수의 변화(예: 이자율, 시장 조건, 프로젝트 비용)가 투자 또는 사업 결정의 전반적인 수익성에 미치는 영향을 평가한다. 보상 비율은 입력 변수의 변화로 인한 순수익 또는 이익의 백분율 변화를 계산하여 구한다. 보상 비율이 높을수록 투자 수익성이 해당 입력 변수의 변동에 더 민감하다는 것을 의미한다.

변수 Deer Population을 선택하고 Sensitivity2All 아이콘을 클릭한다. 새로 열리는 화면에서 Run을 클릭한다.

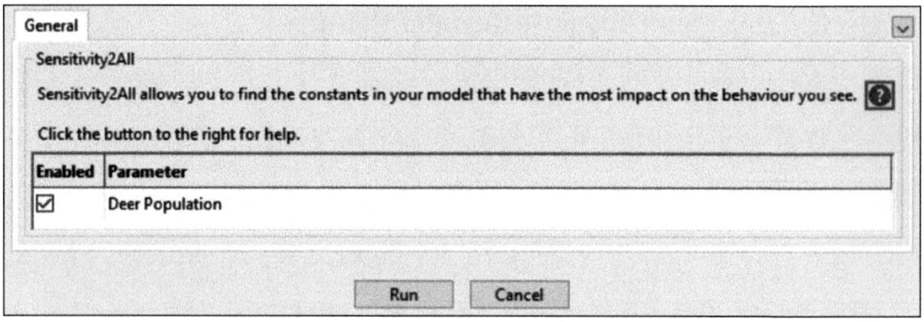

창이 열리면 사슴 개체군의 변동에 큰 영향을 미치는 상수들이 표시된다. 이를 위해 상단에 명시된 MAD 방법론이 사용된다. 따라서 전체 시뮬레이션 기간 동안 사슴 수를 증가시키기 위해서는 면적과 먹이 용량 변수를 관리해야 하며, 즉, 보호 구역의 면적과 먹이의 양을 증가시키는 노력이 필요하다.

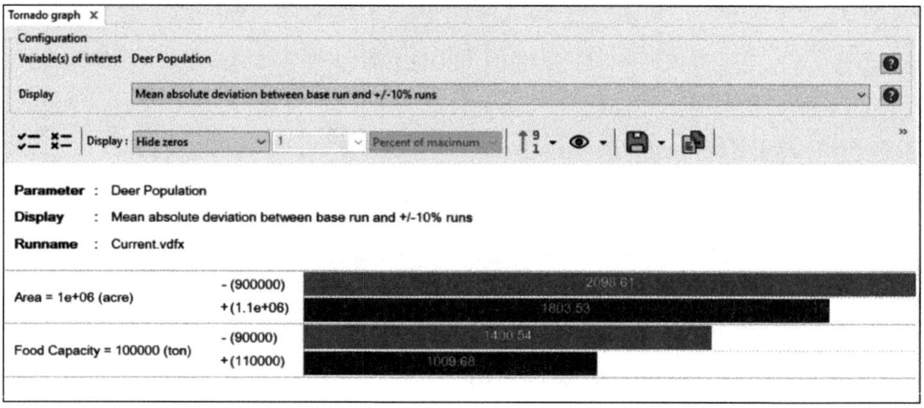

하지만 이 연습에서는 시뮬레이션의 최종 기간 동안 사슴 수를 증가시키는 것이 요구된다. 이를 위해 Display 메뉴에서 Payoff Percentage (FINAL TIME에서 계산됨) 옵션을 선택한다. 이 경우 결과가 훨씬 더 명확해지며, 사슴이 더 많은 먹이를 필요로 한다는 것을 알 수 있다.

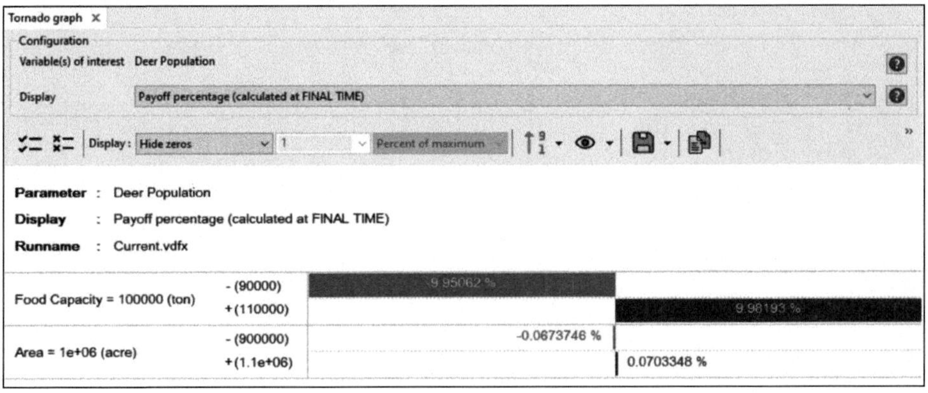

이러한 통찰력은 클라이언트(모델을 만들기 위해 우리에게 비용을 지불하는 사람들)가 기대하고 필요로 하는 결과물일 것이다.

3.3. 집중 농업의 영향 Effects of the Intensive Farming

모델 개요

인류 역사에서 가장 큰 미스터리 중 하나는 중앙 아메리카의 마야 문명 중심지 중 하나가 A.D. 800년경 문화, 건축, 인구가 절정에 달했을 때 갑자기 붕괴한 것이다.

이 수백만 명의 사회가 정확히 왜 붕괴되었는지 아무도 모른다. 그러나 새로운 연구는 인구와 환경 사이의 점진적인 압박이 붕괴에 결정적일 수 있었음을 보여준다.

열대 환경은 취약하기로 악명이 높다. 마야 사람들이 어떻게 이 환경을 다루었는지 이해함으로써 현대인들은 오늘날 열대 환경을 다루는 데 유용한 지침을 얻을 수 있다.

새로운 연구에 따르면 최종 대재앙이 일어나기 직전에, 한 지역의 인구밀도는 제곱킬로미터당 약 200에서 500명이었다. 이 인구 밀도는 거의 확실히 선진 농업 기법이나 대규모 무역을 필요로 했다.

2세대에서 4세대 동안, 즉, 약 100년이 채 되지 않는 기간에, 인구는 거의 2,000년 전 수준으로 감소했으며, 인구 밀도는 제곱킬로미터당 20명 이하로 떨어졌고, 때로는 그보다 훨씬 낮은 밀도를 기록했다. 게다가 붕괴 후 전체 지역이 거의 천 년 동안, 사실상 1970년대까지 거의 사람이 살지 않는 상태로 남아 있었다.

일부 환경 변화는 인구 감소만큼이나 오래 지속된 것으로 보인다. 마야 시대에 정착지의 중심지였던 곳으로 추정되는 호수들은 1,000여 년 전 호숫가를 살기 좋은 장소로 제공했던 비옥한 토지를 아직까지도 회복하지 못하고 있다.

플로리다 주립대학교와 시카고 대학교의 과학자들은 8년간의 연구를 통해 이러한 과거에 대한 단서를 발견했다. 여전히 진행 중인 그들의 연구에 따르면, 현재 과테말라의 열대 저지대에서 최소 1,700년 동안 마야 인구가 기하급수적으로 증가했다는 사실을 보여주고 있다.

새로운 추정에 따르면, 인간의 수는 408년마다 두 배로 증가했다. 이 추세는 마야 사람들을 기묘한 함정에 빠지게 했을 수 있다. 인구는 꾸준히 증가했지만, 수 세기 동안 증가 속도가 너무 느려서 어느 한 세대도 그 변화가 일어나는 것을 체감하지 못했을 것이다.

세월이 흐르면서 환경에 의한 압박이 유지하기 어려울 정도로 커졌을 수 있다. 그러나 압박은 최종 인구가 급증하기 전까지는 감지되지 않았을 수 있다. 일부 전문가들은 북부 지역에서 마야 문명의 질이 이렇게 큰 인구 감소 없이도 저하되었을 가능성이 있다고 믿고 있다.

남부 저지대에 대한 새로운 추정치는 대체로 수 세기에 걸쳐 건설되고, 거주되었다가, 버려진 주거 구조물의 흔적을 상세히 조사한 결과에 기반을 두고 있다.

연구는 과테말라 북부의 페텐(Peten) 호수 지역에 있는 두 개의 인접 호수, 현재 Yaxha와 Sacnab이라고 불리는 지역에 중점을 두었다. 이 지역은 3,000년 전부터 사람이 거주했으며, 기원전 1,000년경에 최초의 농업 경작지가 그곳에서 시작되었다. 이 땅은 서기 250년에 대부분 삼림이 벌채되었다.

점진적으로 집약된 농업은 원래 울창했던 환경에 심각한 누적 피해를 초래한 것으로 보인다. 여기에 인간의 거주지 증가와 다른 주요 건축물 공사의 영향이 더해졌다. 농업에 필요한 필수 영양소는 씻기고 떠내려가 호수에서 소실되고, 농업 토지의 비옥도가 감소하게 되었다.

농업과 인간의 배설물로 인해 호수의 인산염이 증가했으며, 이는 오염이 환경 피해를 악화시켰음을 보여준다. 과학자들은 인구수가 증가함에 따라 호수로 유입되는 인산염을 추정하여 인구 증가율을 추정하고 인구 추세를 확인하였다.

연구의 저자들은 (자신들의 연구가) 마야 인구의 성장 패턴에 대한 문서화된 추정치를 제공하고 이 성장이 환경에 미친 피해와 상관관계를 밝힌 최초의 보고서라고 믿고 있다.

저자들은 마야 문명의 붕괴라는 오랜 미스터리를 해결했다고 주장하지 않는다. 그들은 연구가 제시하는 환경 압박이 여러 중요한 요인 중 하나일 수 있다고 말한다. 연구자들은 이 연구가 실질적인 함의가 있을 수 있다고 믿는다.

시카고 대학 고고학 조교수이자 대학 박물관 고고학 보조 큐레이터인

Don S. Rice 박사는 '우리는 상당한 관련성을 지닌 고고학적 연구를 하고 있다고 믿는다.'고 주장한다.

연구팀의 리더인 Dr. Edward S. Deevey는 마야가 저지대 열대 숲에서 번성한 몇 안 되는 고대 문명 중 하나였으며, 이 고대 중앙 아메리카인들이 직면한 문제들이 현재와 미래에 교훈을 제공할 수 있다고 언급했다. Dr. Deevey는 플로리다 주립 박물관의 고생태학 연구 큐레이터이다. 다른 저자들로는 Prof. Rice 외에 플로리다 대학교의 H.H. Vaughan, Mark Brenner, M.S. Flannery와 플로리다 대학교의 보조 큐레이터이자 조교수인 Prudence M. Rice가 있다.

Don Rice 교수는 지금까지의 연구가 마야 문명에 대한 전통적인 인식이 수정될 필요가 있음을 시사한다고 말했다. '확실히, 인구 밀도는 전통적인 모델이 제시하는 것보다 높았다'고 주장한다. 그렇게 많은 인구는 선진 농업과 무역을 필요로 했을 것이며, 그 둘 모두 존재했다는 증거가 드러나고 있다.

'이 연구는 마야가 평화롭고 신권적이며, 쾌락을 추구하는 열대 집단이 아니었다는 믿음을 뒷받침한다'고 그는 말했다. 대신, 축적된 증거는 마야가

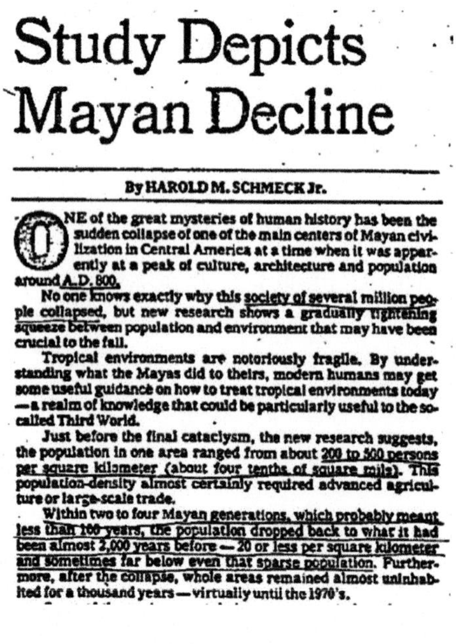

Study Depicts Mayan Decline

By HAROLD M. SCHMECK Jr.

ONE of the great mysteries of human history has been the sudden collapse of one of the main centers of Mayan civilization in Central America at a time when it was apparently at a peak of culture, architecture and population around A.D. 800.

No one knows exactly why this society of several million people collapsed, but new research shows a gradually tightening squeeze between population and environment that may have been crucial to the fall.

Tropical environments are notoriously fragile. By understanding what the Mayas did to theirs, modern humans may get some useful guidance on how to treat tropical environments today —a realm of knowledge that could be particularly useful to the so-called Third World.

Just before the final cataclysm, the new research suggests, the population in one area ranged from about 200 to 500 persons per square kilometer (about four tenths of square mile). This population-density almost certainly required advanced agriculture or large-scale trade.

Within two to four Mayan generations, which probably meant less than 100 years, the population dropped back to what it had been almost 2,000 years before — 20 or less per square kilometer and sometimes far below even that sparse population. Furthermore, after the collapse, whole areas remained almost uninhabited for a thousand years — virtually until the 1970's.

마야의 쇠퇴를 묘사한 연구
- Harold M. Schmeck Jr. -
뉴욕 타임스, 1979년 10월 23일

선진 농업 기술과 관리 엘리트 계층을 갖춘 복잡한 사회가 되었으며, 이러한 규모와 복잡성에 수반되는 스트레스, 긴장, 갈등을 겪었다고 제시한다. 그들의 생활 방식이 붕괴되면서 심각하게 훼손된 환경과 수세기 동안 지속된 문화적 공백이 생겼다.

새 모델을 작성하기 위해서 File - New model을 클릭하고 다음과 같이 설정한다:

INITIAL TIME=-1,000   FINAL TIME= 1,000

TIME STEP=1   Units for time=Year

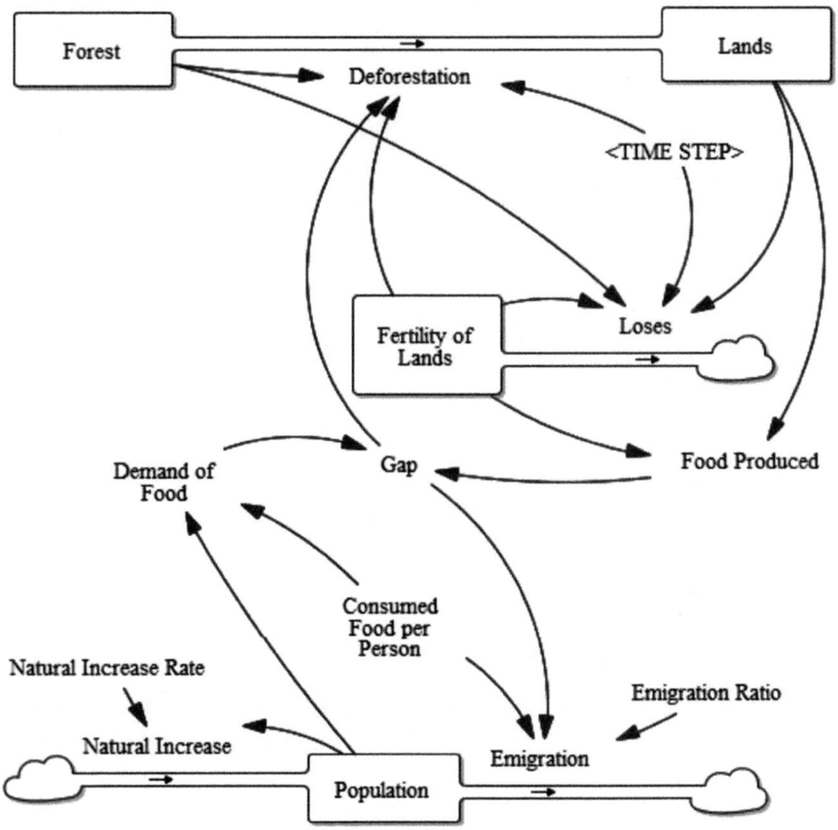

저량(Stock)과 유량(Flow)를 그려 모델 구축을 시작한다.

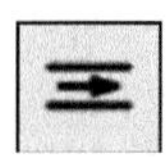

Equations

(01) Deforestation=MIN(Gap / MAX(Fertility of Lands, 1) ,Forest/4)/ Intensity

Units: km^2/Year

기본적으로 그들은 식량 부족분(kg)을 해소하기 위해 토지 비옥도(kg/km^2)를 고려하여 필요한 km^2만큼의 숲을 벌채한다. 모델이 0으로 나누는 오류를 방지하기 위해 MAX 함수를 사용한다. 모델의 반응을 완화하기 위해 MIN 함수를 사용한다. Intensity는 모델의 속도를 조절하는 방법을 제공한다. 따라서, Intensity = 1은 매년 필요한 모든 숲을 벌채한다는 의미이다.

(02) Consumed Food per Person= 400

Units: kg/(person*Year)

우리는 인당 필요한 식량을 하루에 1kg이 조금 넘는 양으로 가정한다.

(03) Demand of Food=Consumed Food per Person*Population

Units: kg/Year

(04) Emigration=(Gap/Consumed Food per Person)*Emigration Ratio

Units: person/Year

우리는 식량의 부족분(kg/year)과 인당 연간 소비량(kg/person/year)을 알고 있다면, 식량이 없는 사람들의 수(people/year)를 구할 수 있다고 가정한다. 그 후, 이 값을 수정하기 위해 이주 비율(5%)을 적용한다. 이는 이주를 하는 사람은 소수에 불과하며, 나머지 사람들은 기존의 식량을 재분배한다고 가정한다.

(05) Emigration Ratio= 0.05

Units: 1/Year

(06) Fertility of Lands= -Loses initial value: 5000000

Units: kg/(km^2*Year)

초깃값이 5,000,000 kg/km^2일 때, 8 km^2의 토지가 있으면 40,000,000 kg을 얻을 수 있다. 이는 연간 400 kg의 식량을 소비하는 100,000명의 주민에게 필요한 초기 식량과 같다.

(07) Food Produced= Fertility of Lands*Lands

Units: kg/Year

(08) Forest= -Deforestation Initial value: 5000

Units: km^2

초깃값은 400명/km^2의 인구 밀도와 최종 주민 수 2,000,000명을 가정하여 얻어진다. 따라서 2,000,000 ÷ 400 = 5,000 km^2가 된다.

(09) Gap= Demand of Food-Food Produced

Units: kg/Year

(10) Intensity = 1

Units: Year

동일한 변수가 다음을 조절하는 데 사용된다:

1. 인구가 필요한 식량 부족을 해소하기로 결정하고 필요한 모든 숲을 벌채하는 기간.

2. 토지의 비옥도가 변화하는 속도.

(11) Natural Increase Rate=0.0017

Units: 1/Year

인구가 408년마다 두 배가 된다고 가정할 때, 비율은 0.170%이어야 한다. 이는 다음과 같이 확인할 수 있다:

(1+0.0017)^408=2

(12) Lands= Deforestation

Initial value: 8

Units: km^2

초깃값은 다음과 같이 얻어진다: 매년 40,000,000kg의 식량을 소비하는 100,000명의 주민을 가정하고, 초기 토지 비옥도는 5,000,000 kg/km^2/year이다. 따라서, 40,000,000/5,000,000=8

(13) Loses=Fertility of Lands*MIN(2,(Lands/Forest)^1.9)/Intensity

Units: kg/(km^2*Year)/Year

토지 비옥도의 손실은 현재 비옥도에 비례하며, 토지와 숲의 차이에 대해 제곱 관계를 가진다고 가정할 수 있다 (표 사용을 피하고자 함). 800년에 붕괴를 가정하면 지수로 1.9를 사용해야 한다. 텍스트에서 설명된 대로, 지수를 2로 사용할 경우 붕괴는 1000년에 발생한다.

(14) Natural Increase=Population*Natural Increase Rate

Units: person/Year

계산된 0.17% 값은 출생과 사망을 고려한 순수 성장률이다. 이 비율을 사용하면 인구가 100,000명에서 1,800년 동안 2,000,000명으로 증가한다.

(15) Population= Natural Increase-Emigration

Initial value: 100000

Units: person

만약 붕괴 시점 (+800 A.D.)에 2,000,000명의 주민이 있었다고 가정하면, B.C.1,000 년의 초깃값을 0.17%의 비율을 사용하여 얻을 수 있다. 이 경우, 초기 인구 수는 약 100,000명이었다.

시뮬레이션을 실행하고 결과 그래프를 확인한다.

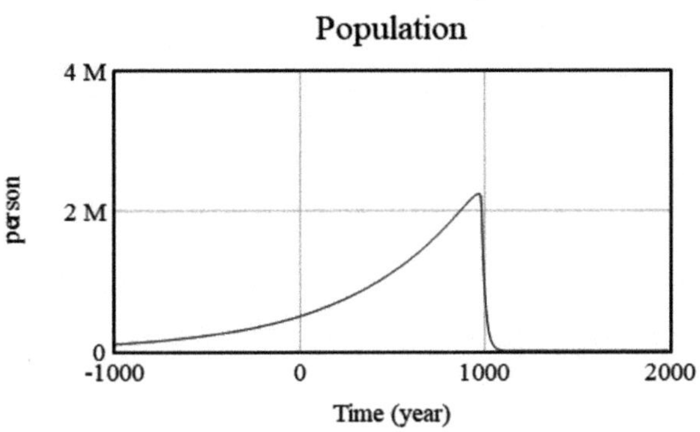

3.4. 새우 어업 The Fishery of Shrimp

멕시코의 새우 어업은 멕시코만 연안의 모하라(주로 미국 열대 해양 어류의 여러 종 중 하나)와 굴에 이어 세 번째로 중요한 어업이다. 태평양 연안에서는 참치와 정어리만이 이보다 중요하다.

새우 어획량의 경제적 가치는 멕시코 전체 어업 수입의 40%를 차지한다. 현재 어선의 66%가 새우잡이 어선으로 구성되어 있으며, 1970년대에는 82%를 차지했다.

멕시코만 남부의 캄페체 만에서는 분홍 새우가 가장 중요한 어종이다. 1970년대에는 연간 20,000톤 이상이 잡혔으나, 지속적으로 감소하여 현재는 연간 4,000톤으로 감소했다.

어민들은 국영석유회사인 PEMEX가 자신들의 어업지역을 침해하고 오염시켜 어업이 붕괴되었다고 비난하고 있다. 하지만 어업은 주로 북쪽에서

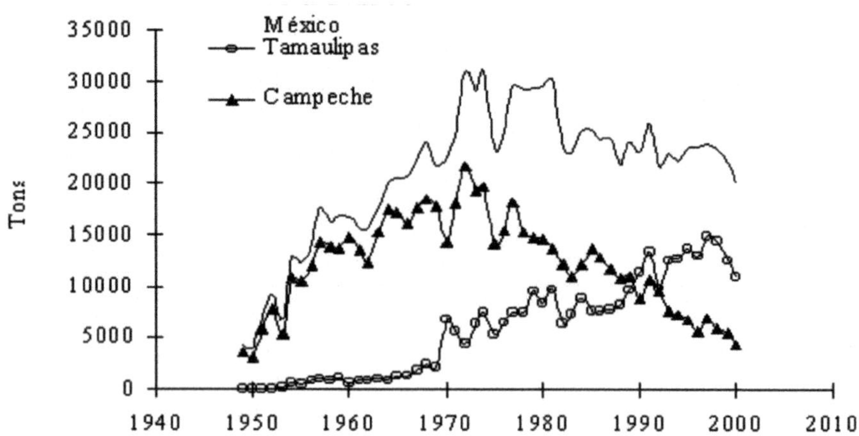

이루어지며 해류의 영향으로 오염은 남쪽에 집중되고 있다.

그래프의 추정치는 분명히 초과 어획량을 나타내지만, 연구자들 사이에서 흥미로운 논쟁이 발생했다. 멕시코에서 가장 뛰어난 연구자 중 한 명은 어선의 수가 감소했다면 어업에 의한 어획량도 감소해야 한다고 주장했다. 그리고 어획량이 증가하지 않았다면, 새우 개체 수가 어딘가에 숨겨져 있거나, 정말로 개체 수가 줄어들었다면 그것은 다른 원인 때문이어야 한다고 주장했다.

그는 자신의 주장을 Schaeffer 모델로 뒷받침했는데, 이 모델은 Verhulst-Pearl 모델과 동일하지만 개체 수 대신 어획량을 적용하고 어업 활동을 포함한 것이다. 이 모델은 어장이 균형상태에 있다는 가정하에(어획량이 개체 수 증가와 동일한 경우) 성립된다. 이 모델에서, 포획 활동(어선 수로 측정)이 줄어들면 새우의 개체 수는 증가한다. (아래 모델 1 참조)

그럼에도 불구하고, 현재 사용되는 어선이 1970년대 중반에 사용된 것보다 성능이 더 우수하고, 어망은 더 크며, 항해 기간이 더 길어졌다고 반박할 수 있다(현재 60일, 당시 15일). 현재 새우 개체 수는 더 좁은 지역에 집중되어 있어 어선에 더 취약해졌다. 과거 최대 어선 수의 4분의 1만이 현재 조업을 하고 있다. 그럼에도 불구하고, 쉐이퍼 모델은 일반적으로 사용된다. 모델 자체보다는 이 경우의 사용이 문제일 수 있다. 이 모델의 공식은 다음과 같다.

$$\frac{dB}{dt} = rB(1 - \frac{B}{K}) - C$$

$$C = f^* q^* B$$

여기에서 각 기호가 의미하는 바는 다음과 같다:

- B (Biomass of the population): 개체군의 바이오매스, 즉, 특정 생태계 내의 생물체들이 가지고 있는 생물량을 의미한다.
- r (Percentage of growth of the biomass): 바이오매스의 성장률을 나타내며, 이는 바이오매스가 시간에 따라 증가하는 비율을 의미한다.
- K (Greatest Biomass of population): 개체군이 환경에서 유지할 수 있는 최대 바이오매스를 나타낸다. 이는 환경의 자원과 공간이 허용하는 최대 생물량을 뜻한다.
- C (Fishing): 어획량을 의미하며, 톤(tons 또는 tonnes) 단위로 측정된다.
- f (Fishing Effort): 어획 활동의 강도를 나타내며, 보통 어업에 동원된 배의 수로 측정된다.
- q (Coefficient): 어업 효율을 나타내는 계수로, 단위 어획 노력이 포획하는 바이오매스의 비율을 의미한다.

이 모델은 특정 생태계 내에서 어획 활동이 바이오매스에 미치는 영향을 설명하며, 주어진 조건에서 어업이 지속 가능한지를 분석하는 데 사용된다.

이 모델을 사용하는 것은 관측된 어획량이 개체군 성장과 동일하다고 가정하는 것과 같다. 이 가정은 컴퓨터가 보편화되기 이전부터 사용한 것으로, 이를 사용하면 매개변수를 결정하는 과정이 단순화되어 회귀 분석을 완성하는 것이 용이했다. 하지만 현재는 많은 연구자들이 이 가정을 포기하고, 균형에 기반하지 않은 방법(즉, 어획량이 개체군 성장과 다를 수 있음을 수용하는 방법)을 사용하는 것을 권장한다.

두 번째 문제는 이 모델이 어획량(톤 단위)의 변화에 대해 어업 선단이 어떻게 반응하는지에 대해 아무런 언급도 하지 않는다는 점이다. 힐본(Hilborn)과 월터스(Walters)(1992)는 수익(순수익)과 상관관계에 있는 어업 노력이 변화하는 방식을 포함하는 수정안을 제안했다.

$$\frac{df}{dt} = k(cp - cf)$$

상수 k는 노력의 변화 속도(즉, 새로운 어선의 수)를 결정한다. p는 생산된 어류의 가격이고, c는 노력 단위(어선)에 따른 운영 비용이다.

총 수익이 양수일 때, 새로운 어선들이 어업에 진출한다. 만약 음수일 경우, 어선들이 어업을 포기하게 된다. 이는 모두 상수 k에 의해 결정된 속도로 이루어진다. 어선의 수가 감소하면 새우의 개체 수가 증가하고, 반대로 증가하면 새우의 개체 수는 감소한다. 이러한 상호작용은 새우 개체 수, 어업, 그리고 노력에 있어 파동을 초래할 수 있다. Model 2와 Model 3에서 이러한 과정을 볼 수 있다.

참고 문헌:

Hilborn, R., & Walters, C.J. (1992). *Quantitative Fisheries Stock Assessment: Choice,* Dynamics, and Uncertainty. Chapman & Hall, New York.

Hoppensteadt, F.C. (1982). *Mathematical Methods of Population Biology*. Cambridge University Press, London.

Model 1

이 모델은 간단한 개체 수 모델로, '출생률'을 나타내는 '% 바이오매스 증가량'을 통해 증가가 이루어지며, 감소는 '어획량'(Captures)에 의해 나타난다.

개체 수 증가를 위한 방정식은 현재 개체 수와 최대 도달 가능한 개체 수의 비율을 곱하는 형태로, 이는 시스템 다이내믹스(SD) 모델에서 자주 사용되는 방법이다. 이 변수의 값이 한계에 도달하면 곱셈값은 0이 된다.

이 모델에서 개체 수는 균형 상태에 있다. 시스템을 균형 상태로 설정하는 것은 모델 구축의 반복 과정을 시작하는 좋은 출발점으로 여겨진다. 이 모델에서 포획 계수 k(어선의 수를 나타냄)가 바이오매스 증가량에 접근하면 어획량과 개체 수는 급격히 감소하지만, 시간이 지나면서 어느 정도 균형을 유지하며 진행된다. 반대로 어선의 수가 줄어들면(k<0.1), 개체 수는 자연적으로 최대 지속 가능한 '최대 개체 수'를 향해 증가하게 된다.

Model - Settings

INITIAL TIME=1950 FINAL TIME= 2000 TIME STEP= 1 Units for time=Year

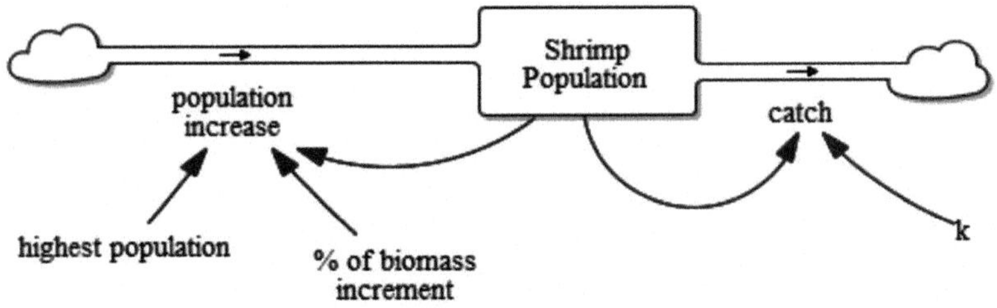

(01) Shrimp Population= +population increase-catch

Initial value: 30000

Units: Tons

(02) % of biomass increment = 0.5

Units: 1/Year

(03) catch = k*Shrimp Population

Units: Tons/Year

(04) highest population=37500

Units: Tons

(05) population increase= % of biomass increment*Shrimp Population*(1-(Shrimp Population/highest population))

Units: Tons/Year

(06) k= 0.1

Units: 1/Year

Model 2

모델 2는 단순한 Schaeffer 모델을 확장하여 오늘날의 어선들이 과거보다 더 효율적으로 어획량을 확보하는 개념 모델을 표현한다. 또한, 어선 규모 변화가 어업 수익성에 어떻게 연관되는지를 표현한다.

(01) % of biomass increment=0.5

Units: 1/Year

(02) captures= catch capacity

Units: Tons/Year

(03) catch capacity = Fleet* boat efficiency

Units: Tons/Year

(04) changes in the fleet=IFTHEN ELSE(margin>0.2, Fleet*percentage change, 0)

Units: boat/Year

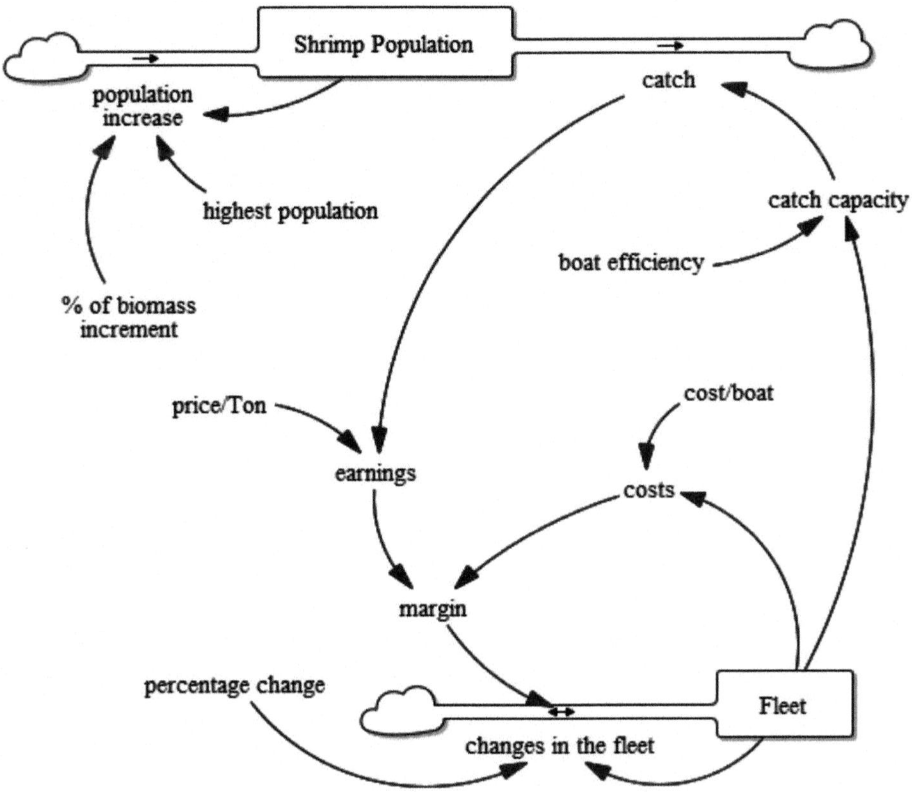

이익률이 20%를 초과하면 어선 수가 증가한다.

(05) cost/boat= 1

Units: $/boat/Year

백만 달러/년/어선은 매년 어선의 감각상각과 유지보수 비용을 나타낸다.

(06) costs= Fleet*cost/boat

Units: $/Year

(07) earnings= catch*price/Ton

Units: $/Year

(08) boat efficiency = 60

Units: Tons/boat/Year

초깃값은 3,000톤의 어획량을 50척의 어선 수로 나눈 값으로, 1척당 60톤이다.

(09) Fleet= changes in the fleet

Initial value: 50

Units: boat

어선의 수

(10) highest population=37500

Units: Tons

(11) population increase=% of biomass increment*Shrimp Population *(1-(Shrimp Population / highest population))

Units: Tons/Year

(12) margin= (earnings-costs)/costs

Units: Dmnl

(13) percentage change= 0.05

Units: 1/Year

마진을 기준으로 한 어선 수의 연간 변동 비율이다.

(14) Shrimp Population = population increase – catch

Initial value: 30,000

Units: Tons

(15) price/Ton=0.02

Units: $/Tons

새우 값은 톤당 백만 달러이다.

주석 1: 초깃값으로 50척의 배와 3,000톤의 어획량이 설정된 경우, 시스템은 균형 상태에 있다. 새우 가격과 어선당 비용이 고정되어 있기 때문에, 이익 '마진'은 0이 되어 어선이 추가로 진입하거나 퇴출되지 않는다. 또한 이 모델에서는 어선이 조업이 가능한 만큼 포획을 하게 되며, 개체 수가 안정적인 상태이기 때문에 이 어획량은 지속 가능해 보인다.

주석 2: 어선의 효율이 약간 증가하면(예: 60톤/어선 대신 60.5톤/어선으로 하루를 더 어획하는 경우), 어획량이 증가하고, 따라서 이익도 증가하며 마진도 상승한다. 그러나 이에 따라 어선 수가 증가하고, 따라서 어선의 수와 선단 비용이 거의 동시에 증가한다. 결과적으로 마진은 실제로 동일하게 유지된다. 이러한 현상은 기본적인 거시경제학에 해당하며, 마진 변화와 새로운 어선의 선단 진입 사이에는 현실적인 지연이 없다.

하지만 선단의 수가 증가함에 따라, 이후에는 새우 개체 수가 급격히 감소하며 약 20년 후에는 0에 도달한다. 따라서 모델은 실제 캄페체 상황을 정확하게 반영한다.

이는 이 모델이 어획량과 개체 수 간, 개체 수와 장기적으로 선단 효율 및 비용 간의 연결이 없음을 나타낸다. 선단의 규모와 그에 따른 어획량은 순전히 단기적인 이익 관심에 의해 결정된다. 따라서 모델 2는 자원 관리나 산업 관리에 적합하지 않다.

또한, 예를 들어, 어선 효율성의 감소(예: 어류 개체 수 감소로 인해 조업일 수가 더 늘어나는 경우)로 인해 어획량이 감소하더라도, 이는 'Changes in tho fleet IF THEN ELSE' 공식에 반영되지 않는다는 점도 유의해야 한다.

Model 3

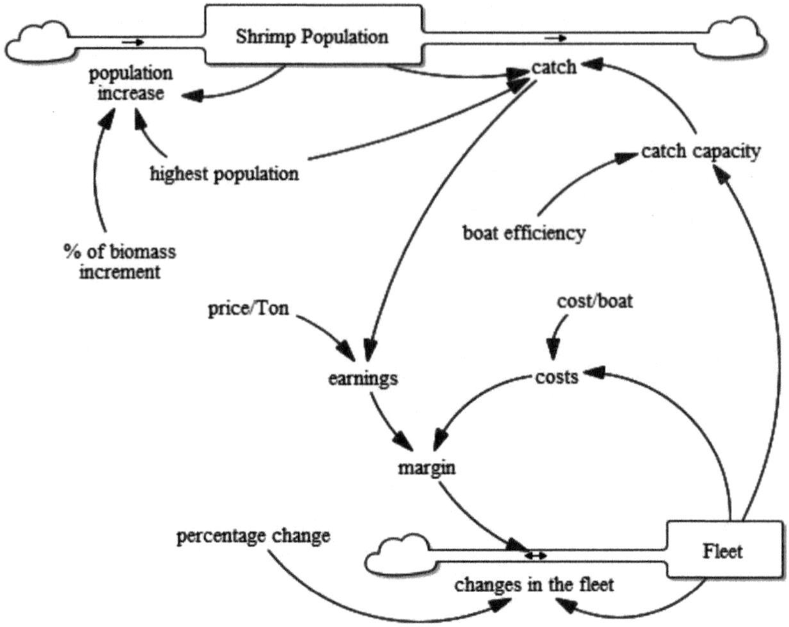

(01) % of biomass increment=0.5

Units: 1/Year

(02) catch= catch capacity*(Shrimp Population/highest population)*RANDOM NORMAL(0.8,1.2,1,0.1,5)

Units: Tons/Year

어획량과 새우 개체 수 간의 동적 관계를 보다 잘 반영하고, 현실에서 발생할 수 있는 예기치 않은 변동성을 포함시킨다.

(03) catch capacity = Fleet*boat efficiency

Units: Tons/Year

(04) changes in the fleet= IF THEN ELSE(margin>0.2, Fleet*percentage change*margin, -Fleet*percentage

change*ABS(margin))

Units: boat/Year

마진이 20%를 초과할 때, 어선 수의 증가가 나타난다. 선단의 변화는 마진에 비례한다.

(05) cost/boat=1

Units: $/boat/Year

백만 달러/년/어선. 어선의 감가상각 및 유지관리 비용.

(06) costs= Fleet*cost/boat

Units: $/Year

(07) earnings=catch*price/Ton

Units: $/Year

(08) boat efficiency =60+RAMP(3,1950,2050)

Units: Tons/boat/Year

초깃값은 50척의 어선에 잡힌 3,000톤의 새우를 기준으로 하여, 어선당 60톤으로 설정된다. 여기서 효율성의 증가를 포함하여 텍스트에 설명된 측면을 고려한다.

(09) Fleet= changes in the fleet

Initial value: 50

Units: boat

어선의 수

(10) highest population= 37500

Units: Tons

(11) population increase=% of biomass increment*Shrimp

Population *(1-(Shrimp Population/highest population))

Units: Tons/Year

(12) margin= (earnings-costs)/costs

Units: Dmnl

(13) percentage change= 0.05

Units: 1/Year

연간 마진에 따른 어선 수의 변동 비율을 계산한다.

(14) Shrimp Population = population increase-catch

Initial value: 30000

Units: Tons

(15) price/Ton=0.02

Units: $/Tons

톤당 새우 가격은 백만 달러

▷ 시뮬레이션을 실행하고 그래프 결과를 나타낸다.

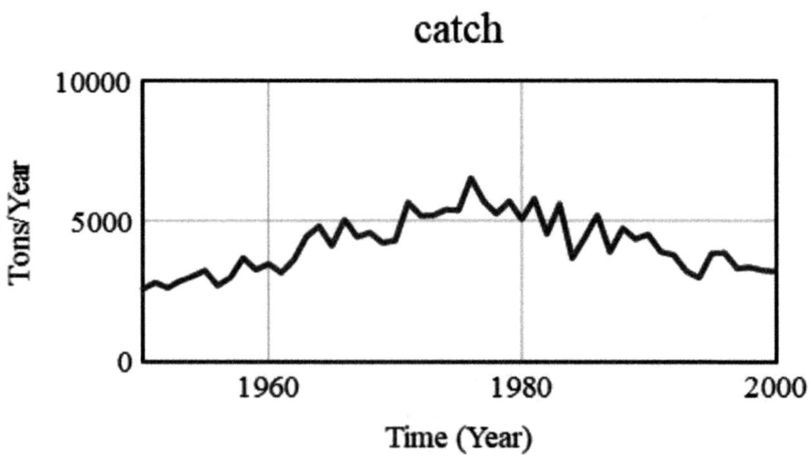

출력 결과는 앞서 주석에서 언급한 시나리오 1을 더욱 극적으로 재현한다. 어선 효율이 증가함에 따라 (RAMP 함수 사용) 어획량도 증가하고, 마진이 충분히 커져서 더 많은 어선을 유인하게 된다(~1960년경). 그러면 선단이 급격히 증가하여 어획량이 균형 수준을 초과하게 된다.

그 후, 약 1975년경에는 지속가능성 요인인 '새우 대 최대 개체군' 비율이 훨씬 낮아짐에 따라 어획량이 감소했다.

어획량에 무작위 변동성을 도입함으로써, 어쩌면 선단 용량, 폭풍, 연료 가격(1967년 및 1973년 참조)과 최고 개체군 수용력의 계절적 변동성에 영향을 미치는 요인들로 인해 결과가 실제 데이터와 신뢰성 있게 일치하게 되어 모델에 대한 신뢰를 높일 수 있다.

3.5. 토끼와 여우 Rabbits and Foxes

이 모델은 두 가지 전형적인 먹이사슬의 동태성울 포함한다. 이 예를 사용하여 인과관계 다이어그램을 그리지 않고 모델을 생성할 수 있는지 확인해 보고자 한다. 이를 위해 '토끼 개체군이 중요한 변동을 보이며 이를 줄이고자 한다'는 문제 유형에서 시작할 수 있다. 후속 조사에 따르면 여우가 이러한 변동의 원인임을 밝혀졌다. 다음은 이러한 유형의 문제와 관련될 수 있는 요인 목록이다:

- population of rabbits
- populations of foxes
- birth of rabbits
- death rate of foxes
- birth rate of rabbits
- birth of foxes
- decrease in the number of foxes
    - life expectancy of foxes
- birth rate of foxes
- sustainable population of rabbits

시스템의 저량(stocks)을 식별하는 좋은 방법은 그 시스템을 머릿속으로 사진 찍듯이 떠올린 다음, 그 이미지에서 보이는 요소들에 특정한 값을 부여하는 것이다. 이 경우, 여우와 토끼의 개체 수가 저량이 된다. 유량(flows)은 저량의 일시적인 변화를 나타내며, 여기에서는 여우와 토끼의 개체군에서의 출생과 감소를 고려한다. 나머지 요인들은 보조변수(auxiliary variables)이다.

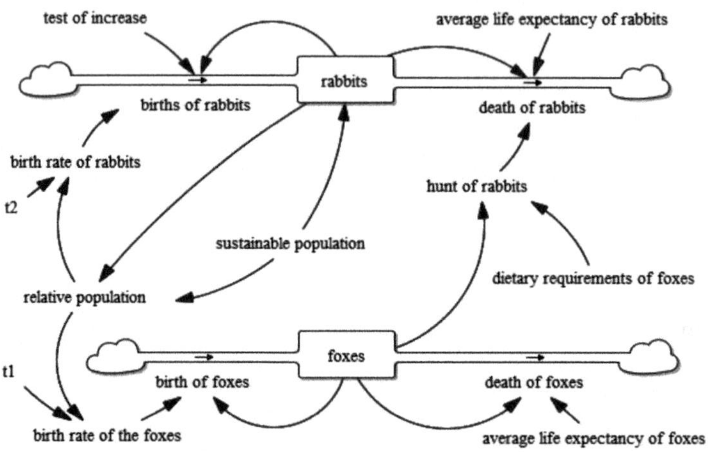

우리는 모델을 설계하여 여우와 토끼 개체군의 균형적인 상황을 재현한 다음, 토끼의 출생이라는 변수 중 하나에 작은 변화를 시뮬레이션할 것이다. 이렇게 하면 시스템의 구조가 이 작은 변화를 감소시키거나 증가시키는지, 또는 파동을 생성하는지를 명확하게 볼 수 있다.

Model - Settings

INITIAL TIME= 0 FINAL TIME= 100 TIME STEP = 1

Units for time=Month

Equations

(01) average life expectancy of foxes = 4

(02) average life expectancy of rabbits= 2

(03) birth of foxes=foxes*birth rate of the foxes

(04) birth rate of rabbits= t2(relative population)

(05) birth rate of the foxes= t1(relative population)

(06) births of rabbits=(rabbits*birth rate of rabbits)+test of increase

(07) death of foxes= foxes/average life expectancy of foxes

(08) death of rabbits=MAX(rabbits/average life expectancy of rabbits, hunt of rabbits)

(09) dietary requirements of foxes = 25

(10) foxes= +birth of foxes-death of foxes

initial value = 40

(11) hunt of rabbits=foxes*dietary requirements of foxes

(12) rabbits= +births of rabbits-death of rabbits

initial value = sustainable population

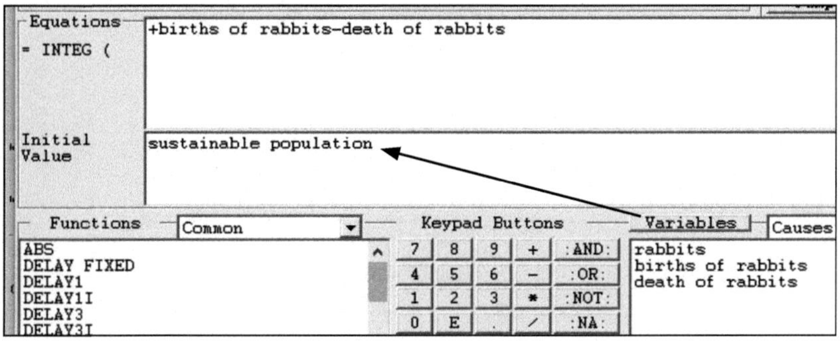

(13) relative population = rabbits/sustainable population

(14) sustainable population= 500

(15) t1 = (0,-0.12),(0.5,0.12),(1,0.25),(1.5,0.27),(2,0.3)

참고: 균형 값은 상대 개체군이 1일 때 0.25이다.

괄호 안의 숫자는 모델 계산에 영향을 미치지 않는다.

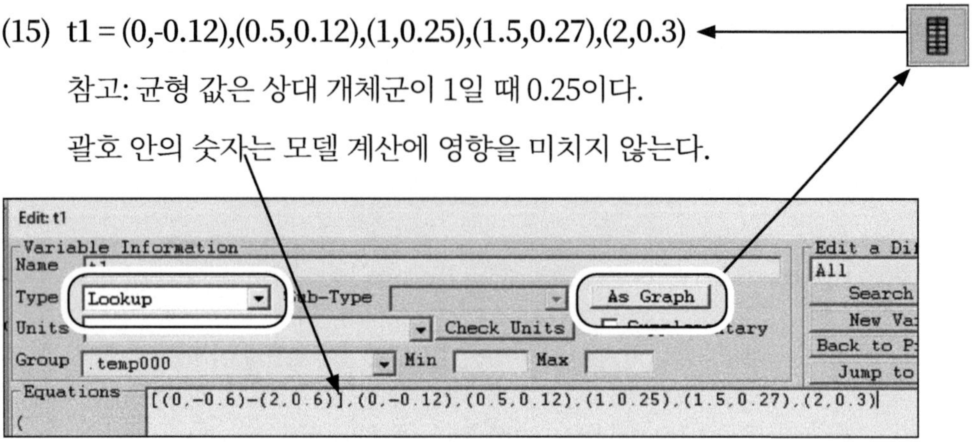

(16) t2 = (0,4),(0.5,3.5),(1,2),(1.5,1.25),(2,1)

참고: 값 2는 상대 개체군이 1일 때의 균형점이다.

(17) test of increase= PULSE(10,1)*100

시뮬레이션을 수행하고 행태를 나타낸다.

이 시스템은 작은 교란에 대해 일정한 진폭의 파동 시스템으로 반응하는 것을 관찰할 수 있다.

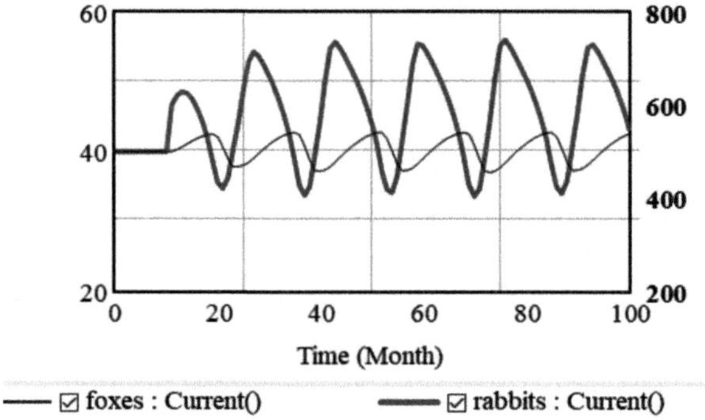

이 그래프는 Control Panel – Custom Graph – New를 사용하여 생성되었다.

3.6. 돼지에 관한 연구 A study of Hogs

많은 시스템은 외부 자극에 반응하여 파동하는 경향이 있다. 예를 들어, 국가 경제는 국내총생산과 고용의 높은 주기와 낮은 주기를 보여준다. 동물 개체군(예: 토끼와 여우)은 종종 파동을 보인다.

이 실습에서는 스페인의 돼지고기 제품의 생산과 소비의 주기적인 행동의 예를 살펴볼 것이다. 돼지고기 예시는 그 자체로 흥미롭지만, 파동의 본질과 자극에 대한 시스템의 안정성에 관한 일반적인 질문들에 초점을 맞추기 때문에 중요하다.

돼지고기 제품의 생산과 소비에는 농부, 정육점 주인, 소비자라는 세 그룹이 관여된다. 정육점 주인은 농부에게서 돼지를 구입하고, 돼지를 도축하여 돼지고기 제품을 얻은 후, 이 제품을 소비자에게 판매한다.

돼지고기 제품의 생산과 소비에서 발생하는 주기를 이해하기 위해, 두 가지 모델을 구축하는 것이 도움이 될 것이다. 하나는 농장에서 돼지를 번식하고 기르는 과정을 집중적으로 모델링하고, 다른 하나는 돼지고기 제품의 판매를 집중적으로 모델링한다. 이 두 모델을 결합하면 주기적인 행동을 생성할 수 있다. 처음에는 돼지고기 제품 판매 모델을 시작하고, 이후에 돼지 번식 모델로 넘어가며, 마지막으로 두 모델을 결합하여 생성되는 행동을 분석하는 것이 더 쉽다.

Model 1: The Sale and Consumption of Pork

모델의 주요 요인은 정육점 주인들이 유지하는 돼지고기 재고이다. 농장에서 돼지가 도축되면, 생산된 돼지고기 제품이 정육점 주인들이 보유한 재고에 추가된다. 돼지고기가 판매되면, 재고에서 차감된다. 사람들이 돼지고기를 구매하는 양은 돼지고기 가격에 따라 달라진다. 돼지고기 가격은 돼지고기 재고의 크기에 따라 결정된다. 재고가 많으면 가격이 하락하고, 재고가 적으면 가격이 상승한다.

매달 도축되는 돼지의 수를 상수로 가정하자 - 매달 750,000마리. 돼지 한 마리의 무게는 약 100킬로그램이며, '도축 후 수율'은 약 80%이다(즉, 돼지 한 마리에서 0.80*100 = 80킬로그램의 돼지고기가 생산된다). 따라서 매달 750,000마리의 돼지가 도축되고 매달 60백만 킬로그램의 돼지고기가 생산된다.

평균적으로 스페인 사람들은 매달 약 1.5킬로그램의 돼지고기를 소비한다. 인구가 4천만 명인 스페인에서는 매달 총 1.5*4천만 =6천만 킬로그램의 돼지고기가 정상적으로 소비된다. 그러나 가격이 정상 가격에 비해 높을 때는 사람들은 보통 1.5킬로그램보다 적게 소비하며, 가격이 낮을 때는 조금 더 많이 소비한다.

돼지고기 가격은 도살 전 돼지의 가격에 따라 달라지며, 돼지의 가격은 공급과 수요에 따라 결정된다. 정육점 주인들이 보통 판매하는 돼지고기 양의 약 2주 분량을 보유하려고 한다고 가정하자(이를 '커버리지'라고 부른다). 돼지고기의 가용 재고가 정상 재고에 비해 적을 때, 정육점 주인들은 돼지를 구하기 위해 더 높은 가격을 지불하려 한다. 반면, 돼지고기 재고가 많을 때는 정육점 주인들이 돼지를 구매할 의향이 줄어들고, 돼지의 가격이 하락한다.

도살 시 정상적인 돼지 가격이 킬로그램당 3유로라고 가정하고, 정육점이 소비자에게는 돼지 가격에 킬로그램당 7유로를 추가로 부과하여 소비자

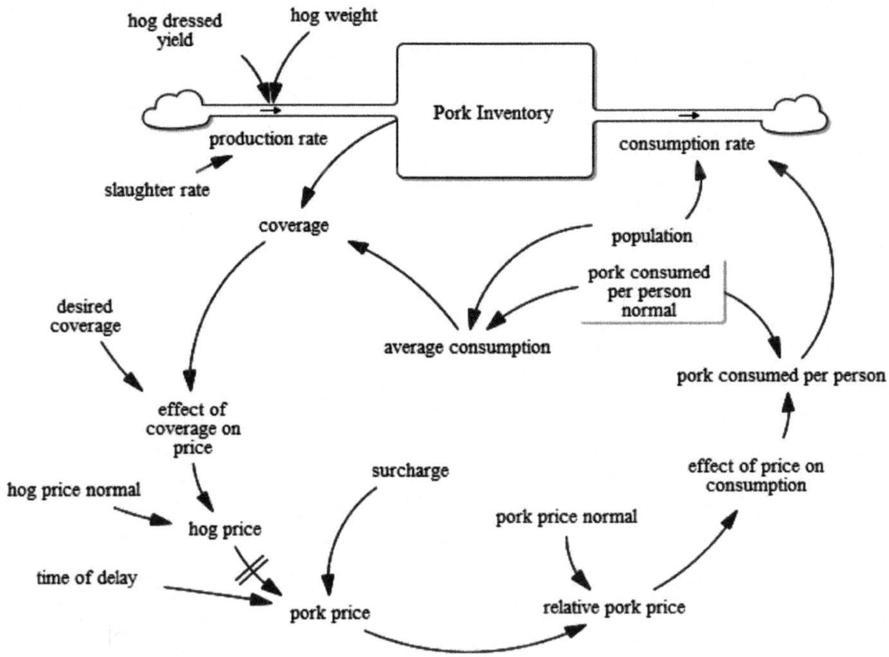

에게는 돼지고기 판매 가격이 킬로그램당 10유로라고 가정한다.

다음으로 돼지고기의 판매와 소비의 저량유량도를 작성한 후 모델의 방정식을 입력한다. 도축 두수(slaughter rate)를 750,000으로 입력한 뒤 모델이 균형상태인지 확인해야 한다.

균형 상태에서 작동하는 모델을 확인한 후, 외부 변화에 대한 모델의 반응을 테스트한다. 예를 들어, 6개월 동안 도축 두수가 10,000 증가하는 경우 시스템이 어떻게 반응하는지 확인한다. 이는 도축 두수 방정식에 PULSE(6,6)*10,000 함수를 추가하여 수행할 수 있다.

시뮬레이션을 48개월 동안 수행한다. File – New Model을 클릭하고 설정을 다음과 같이 정의한다:

INITIAL TIME=0 FINAL TIME= 48 TIME STEP=1 Units for time=Month

Equations

(01) average consumption= population*pork consumed per person normal

Units: kg/Month

(02) consumption rate= population*pork consumed per person

Units: kg/Month

(03) coverage= Pork Inventory/average consumption

Units: Month

(04) desired coverage= 0.5

Units: Month

(05) effect of coverage on price = coverage/desired coverage

Lookup: (0.4,1.5),(0.9,1.2),(1,1),(1.6,0.9),(1.8,0.8),(2,0.5)

Units: Dmnl

(06) effect of price on consumption = relative pork price

Lookup: (0.5,1.5),(1,1),(1.5,0.9),(2,0.75)

Units: Dmnl

(07) hog dressed yield= 0.8

Units: Dmnl

(08) hog price= effect of coverage on price*hog price normal

Units: Euro/kg

괄호 안의 숫자는 모델 계산에 영향을 미치지 않는다.

(09) hog price normal= 3

Units: Euro/kg

(10) hog weight=100

Units: kg/hog

(11) population=40000000

Units: person

(12) pork consumed per person = pork consumed per person normal*effect of price on consumption

Units: kg/(person*Month)

(13) pork consumed per person normal= 1.5

Units: kg/person/Month

(14) pork price= SMOOTH(hog price+surcharge, time of delay)

Units: Euro/kg

(15) Pork Inventory= +production rate-consumption rate

Initial value: 30000000

Units: kg

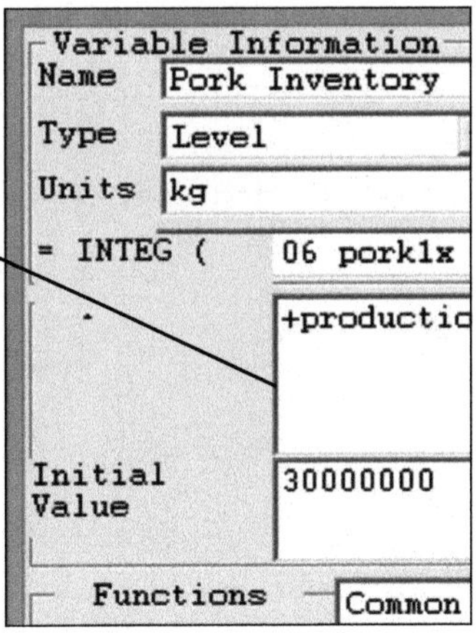

(16) pork price normal= 10

Units: Euro/kg

(17) relative pork price= pork price/pork price normal

Units: Dmnl

(18) slaughter rate=750,000+PULSE(6,6)*10000
Units: hog/Month

(19) surcharge= 7
Units: Euro/kg

(20) time of delay= 3
Units: Month

(21) production rate= slaughter rate*hog weight*hog dressed yield
Units: kg/Month

부록 장에서 PULSE 및 SMOOTH 함수들을 참조하라.

▷ 모델을 시뮬레이션하고 "Pork1"로 저장한다.

Model 2: The Breeding and Maturation of Hogs

모델 1에서는 돼지 도축 두수가 외생변수(상수)라고 가정했다. 이제는 돼지의 번식과 성숙을 모델링하여 도축 비율을 시뮬레이션하자. 이 모델에서는 돼지의 가격이 외생적인 상수라고 가정한다. 모델 3에서는 두 모델을 결합하여 돼지 가격과 도축 비율 모두를 시뮬레이션할 것이다.

농부들은 육돈용과 번식용으로 구분된 두 가지 종류의 돼지를 구분한다. 시장용 돼지(수컷이나 암컷 모두 포함)는 태어난 후 약 6개월 동안 비육한 뒤 도축된다. 시장용 암컷은 번식하지 않는다. 번식용 암컷('종모돈'이라 부름)은 별도로 번식용으로 길러지며, 번식에만 사용된다. 이들은 도축되지 않는다고 가정한다.

농부들은 번식용 종모돈의 수를 조정하여 돼지 사육수의 크기를 변경한다. 농부들은 돼지 가격이 정상보다 높을 때 번식용 종모돈의 수를 늘리고, 가격이 낮을 때는 줄인다.

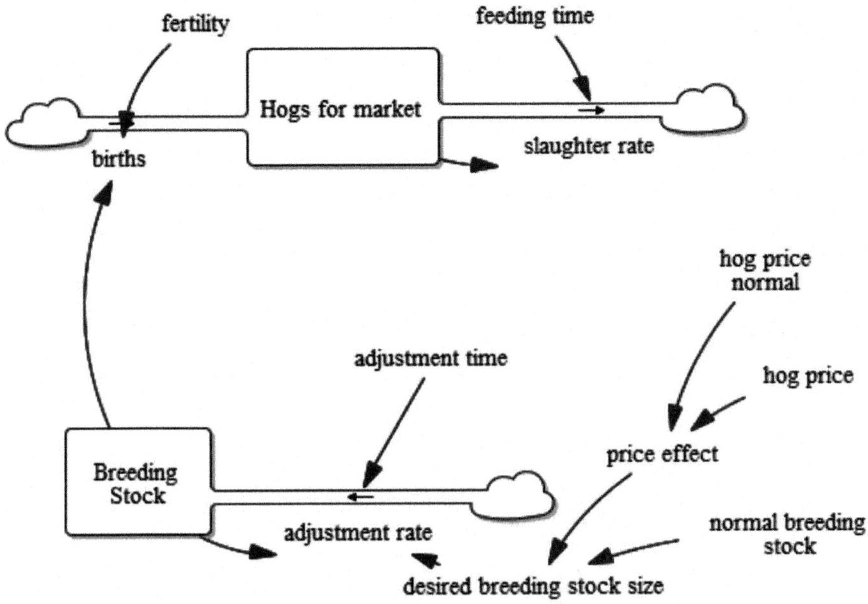

모델의 흐름도와 방정식을 작성한다. 이 모델은 돼지의 번식과 성장을 가정한다. 각 암돼지는 매년 18마리의 새끼를 낳으며 (매월 1.5마리), 돼지는 시장에 나오기 전에 6개월 동안 살찌워야 한다. 가장 어려운 부분은 '번식용 사육두수 조정률'이다. 이 속도는 돼지 가격을 함수로 하는 '원하는 번식용 사육 두수량'을 사용하여 수식화한다. 이 조정은 현재 번식용 사육 두수량의 백분율로 표현하는 것이 가장 쉽다. 번식용 사육 두수량은 '원하는 사육 두수'와 '현재 사육 두수'의 차이를 조정 시간으로 나눈 값으로 공식화할 수 있다. 돼지 가격을 3유로/킬로그램으로 설정한다. 우리는 번식용 사육 두수와 돼지의 수를 선택하여 월 750,000마리의 도살 비율을 균형 상태로 만든다 (모델 1에서 가정한 값).

File – New Model을 클릭하고 다음과 같이 정의한다.

INITIAL TIME=0 FINAL TIME=48 TIME STEP=1 Units for time=Month

(01) adjustment rate=(desired breeding stock size-Breeding Stock)/adjustment time

Units: hog/Month

우리는 농부가 매 기간마다 현재 번식용 사육 두수와 원하는 번식용 사육 두수를 비교하고, 이 차이를 즉시 조정하지 않고 점진적으로 조정한다고 가정한다. 이 점진적인 조정을 시뮬레이션하기 위해 조정 시간을 사용한다.

(02) Hogs for market=births-slaughter rate

Initial value: 4500000

Units: hog

(03) (births=Breeding Stock*fertility

Units: hog/Month

(04) Breeding Stock= adjustment rate

Initial value: 500000

Units: hog

(05) desired breeding stock size= normal breeding stock*price effect

Units: hog

(06) normal breeding stock= 500000

Units: hog

(07) feeding time=6

Units: Month

(08) ertility=1.5

Units: 1/Month

(09) hog price=3

Units: Euro/kg

(10) hog price normal=3

Units: Euro/kg

(11) adjustment time=3

Units: Month

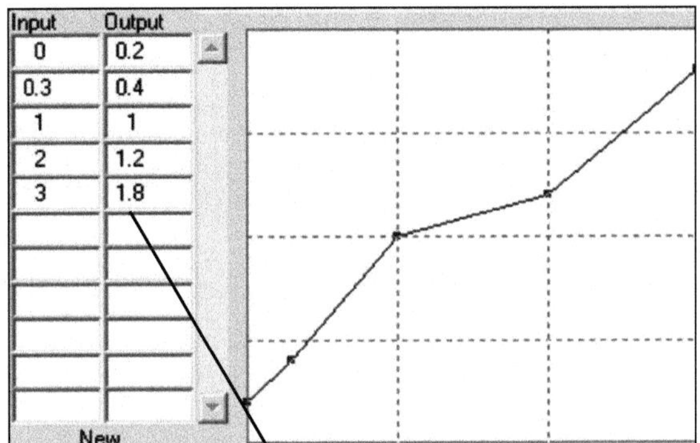

(12) price effect=hog price/hog price normal

Lookup: (0,0.2),(0.3,0.4),(1,1),(2,1.2),(3,1.8)

Units: Dmnl

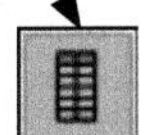

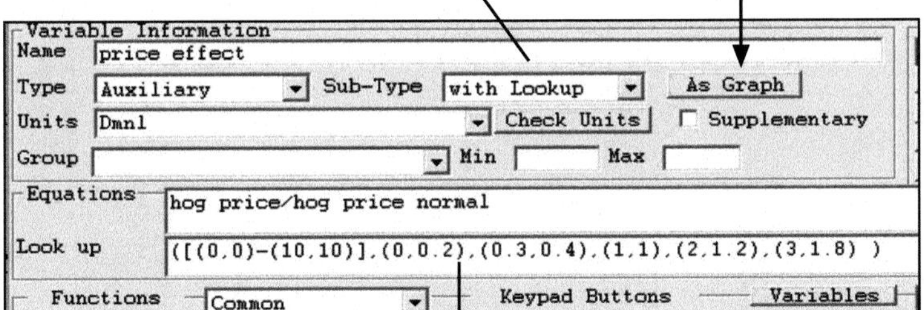

괄호 안의 숫자는 모델 계산에 영향을 미치지 않는다.

(13) slaughter rate=(Hogs for market/feeding time)

Units: hog/Month

모델을 시뮬레이션하고 "Pork2"로 저장한다. 그래프는 모든 변수에 대해 일정한 값을 나타낸다.

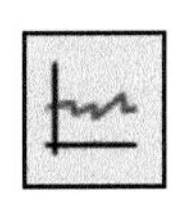

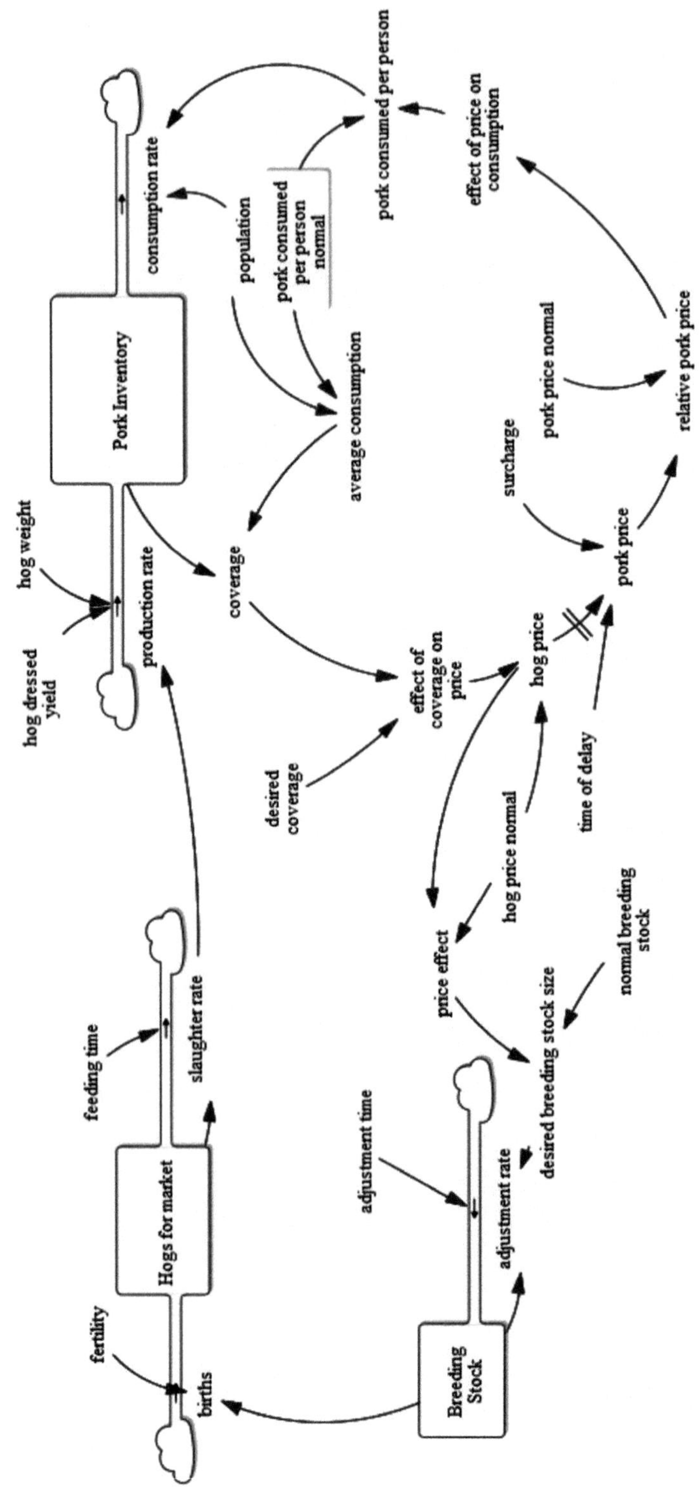

Pork Inventory
consumption rate
production rate
hog weight
hog dressed yield
population
pork consumed per person normal
pork consumed per person
effect of price on consumption
average consumption
coverage
desired coverage
effect of coverage on price
hog price
hog price normal
time of delay
pork price
surcharge
pork price normal
relative pork price
price effect
normal breeding stock
desired breeding stock size
Hogs for market
feeding time
slaughter rate
fertility
births
Breeding Stock
adjustment time
adjustment rate

단위가 올바른지 확인하려면 아이콘을 클릭한다. 

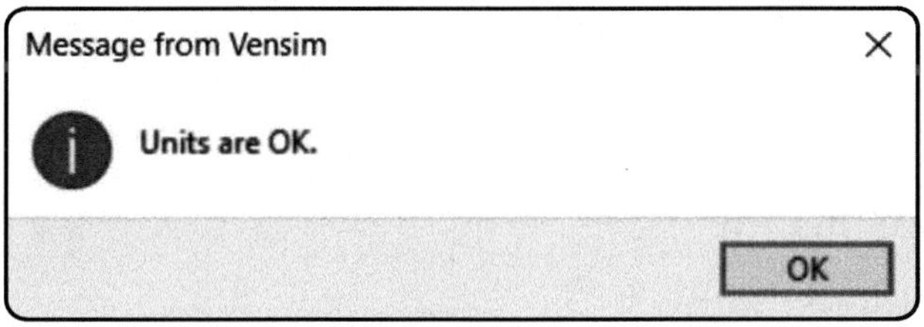

Model 3: Combining the Two Models

지금까지 개발된 모델들을 통합하자. 다음 페이지를 참고한다.

현재 모델 Pork2가 화면에 있으면, 저장한 후 “Select All – Copy”를 클릭한다. 이후 “File – Open model”을 선택하고 모델 Pork1을 선택한다. “Edit – Paste”를 클릭한 다음, 추가된 요인들을 오른쪽으로 이동시킨다 (붙여넣기 아이콘을 활성화한 상태에서). 새로운 모델을 Pork3로 저장한다.

이제 모델 1의 돼지 가격을 모델 2의 돼지 가격 대신 사용하고, 모델 2의 도축 두수를을 모델 1의 도축 두수 대신 사용해야 한다.

“price effect” 와 “Production rate”에 대한 방정식을 다음과 같은 변수를 사용하여 수정한다.

모델을 시뮬레이션하고 결과를 검토한다. 모델 1과 2에서 선택한 초깃값(도살률 = 750,000)을 사용하는 경우, 모델은 균형 상태에 있어야 한다. 균형 상태가 확인된 후, 모델의 외부 입력에 대한 반응을 테스트할 수 있다. 예를 들어, 모델 1에서 했던 것처럼 테스트를 활성화한다. 무슨 일이 발생하는가? 사이클이 발생하는 이유를 설명할 수 있는가?

주기적 행동의 두 가지 특징이 특히 중요하다 - 주기와 감쇠이다. 주기는 한 정점에서 다음 정점까지 걸리는 시간이다. 감쇠는 시간이 지남에 따라 파동이 사라지는 정도를 의미한다. 우리가 선택한 매개변수 값에 기반하여, 돼지 모델은 안정적인 파동을 생성한다.

Dennis L. Meadows의 책, Dynamics of Commodity Production Cycles (Cambr-idge, Mass.: MIT Press)를 참조한다.

(01) adjustment rate=(desired breeding stock size-Breeding Stock)/adjustment time
Units: hog/Month

(02) adjustment time=3
Units: Month

(03) average consumption=population*pork consumed per person normal Units: kg/Month

(04) births=Breeding Stock*fertility
Units: hog/Month

(05) Breeding Stock= adjustment rate
Initial value: 500000
Units: hog

(06) consumption rate= population*pork consumed per person
Units: kg/Month

(07) coverage= Pork Inventory/average consumption
Units: Month

(08) desired breeding stock size= normal breeding stock*price effect
Units: hog

(09) desired coverage= 0.5

Units: Month

(10) effect of coverage on price = coverage/desired coverage

Lookup: (0.4,1.5),(0.9,1.2),(1,1),(1.6,0.9),(1.8,0.8),(2,0.5)

Units: Dmnl

(11) effect of price on consumption = relative pork price

Lookup: (0.5,1.5),(1,1),(1.5,0.9),(2,0.75)

Units: Dmnl

(12) feeding time= 6

Units: Month

(13) fertility= 1.5

Units: 1/Month

(14) hog dressed yield=0.8

Units: Dmnl

(15) hog price=effect of coverage on price*hog price normal

Units: Euro/kg

(16) hog price normal=3

Units: Euro/kg

(17) hog weight=100

Units: kg/hog

(18) Hogs for market= births-slaughter rate

Initial value: 4500000

Units: hog

(19) normal breeding stock= 500000

Units: hog

(20) population= 40000000

Units: person

(21) pork consumed per person= pork consumed per person normal*effect of price on consumption

Units: kg/(person*Month)

(22) pork consumed per person normal= 1.5

Units: kg/person/Month

(23) Pork Inventory= +production rate-consumption rate

Initial value : 30000000

Units: kg

(24) pork price=SMOOTH(hog price+surcharge,time of delay)

Units: Euro/kg

(25) pork price normal= 10

Units: Euro/kg

(26) price effect = hog price/hog price normal

Lookup: (0,0.2),(0.3,0.4),(1,1),(2,1.2),(3,1.8)

Units: Dmnl

(27) production rate= slaughter rate*hog weight*hog dressed yield

Units: kg/Month

(28) relative pork price= pork price/pork price normal

Units: Dmnl

(29) slaughter rate= (Hogs for market/feeding time)+ PULSE(6,6) *10000

Units: hog/Month

(30) surcharge= 7

Units: Euro/kg

(31) time of delay= 3

Units: Month

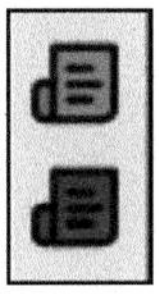

모델의 방정식을 표시하려면 아이콘 Document 또는 Document All을 클릭한다.

시뮬레이션을 실행하고 결과를 나타낸다.

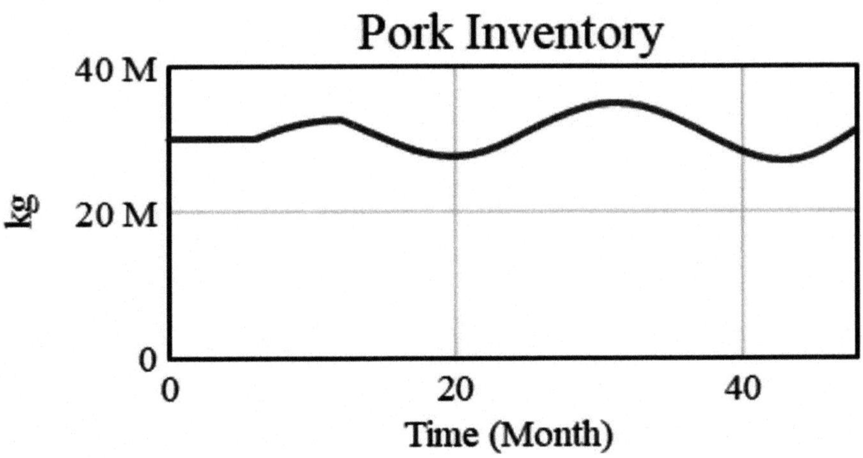

X-Y Graphs

시스템의 변동 추세를 더 자세히 분석하기 위해 X-Y 그래프를 사용한다. 제어판(Control Panel) - 사용자 정의 차트(Custom Charts) - 새로 만들기(New)로 이동하여 함께 보고 싶은 두 변수를 정의한다. 이 경우, Pork Inventory와 Hogs for Market을 사용할 것이다.

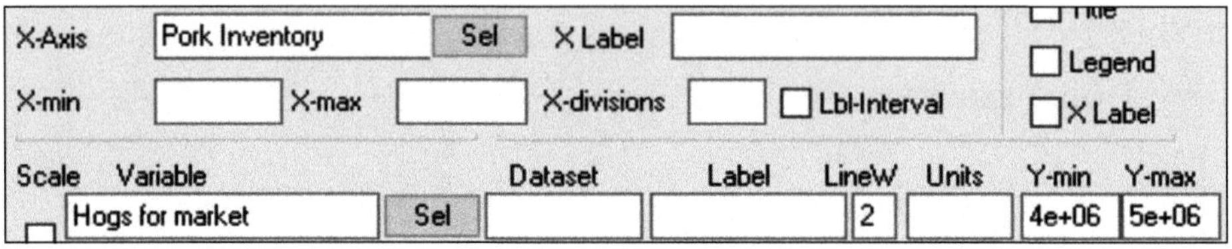

그래프는 각 기간 동안 이러한 변수들의 값의 변화를 보여주며, 증가하는 파동을 시각화하는 또 다른 방법인 나선형이 생성되는 모습을 나타낸다. 나선형의 중심을 자세히 보면, 이 변수들의 초깃값에 해당하며, 따라서 Pork Inventory의 값은 30,000,000이고 Hogs for Market은 4,500,000이다.

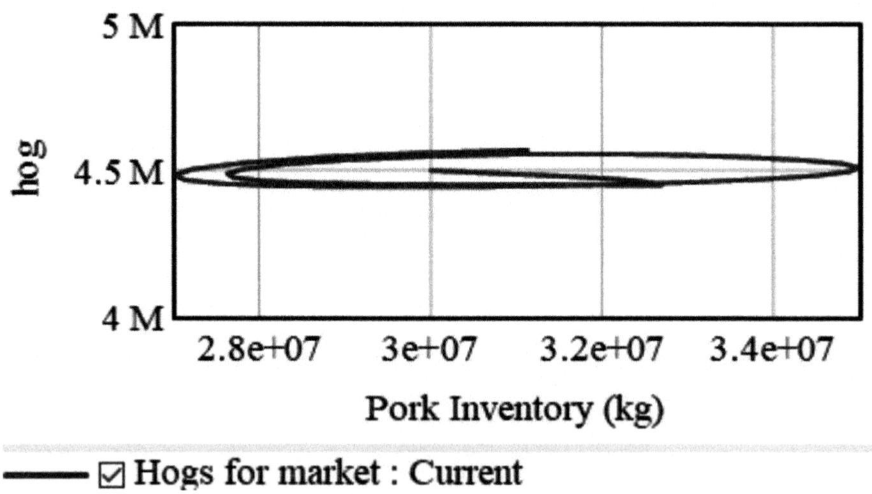

3.7. 독소 섭취 Ingestion of toxins

인류는 역사 초기부터 특정 식물과 동물에 독성이 있다는 사실을 인식해 왔다. 그럼에도 불구하고, 특히 화학 산업을 중심으로 한 산업 활동의 엄청난 발전은 많은 인공 화학 물질의 생성을 초래하였다. 이러한 화학 물질은 원재료뿐만 아니라 특정 공정의 부산물에서도 발견되며, 이들 중 다수는 자연과 인간에게 부정적인 영향을 미친다.

이러한 물질과 사용이 인간에게 미치는 영향을 연구하는 과정에서 비교적 새로운 학문인 독성학이 도입되었으며, 이 학문은 발전 과정에서 생리학, 약리학, 생화학, 역학 등의 요인을 통합하였다. 여기에서 도출되는 결론은, 독성 물질의 노출로 인한 문제를 연구하기 위해서는 다양한 학문 분야의 협력이 필요하다는 것이다. 따라서 이 문제를 시스템 다이내믹스 관점에서 분석하는 것은 흥미롭다. 시스템 다이내믹스는 이러한 다양한 요인을 분석 모델에 통합하여 체계적으로 실행함으로써, 그 결과 발생하는 상호 영향을 관찰할 수 있게 한다.

유기체가 독성 물질에 노출되면 흡수, 분포, 대사, 배출(ADME)의 일련의 복잡한 과정이 발생하며, 이러한 과정의 속도는 계산하기 어렵다.

가장 단순한 개요를 통해 유기체가 특정 양의 독소를 섭취하고 동시에 그 독소의 일부를 배출하는 과정을 상상할 수 있다. 배출이 매우 빠를 경우 유기체는 분해된 량과 새로 섭취된 양을 견딜 가능성이 크다. 그러나 배출이 느리면 오랜 기간 동안 노출되어 체내에 독소를 축적하게 되고, 감당할 수 있는 한계를 초과하면 알레르기 반응에서 사망에 이르는 결과를 초래할 수 있다.

그러나 물질의 위험성만으로 중독의 위험성을 특징짓기에 충분하지 않다. 노출 시나리오, 오염된 환경에서의 농도, 경로, 노출 빈도와 지속 시간, 그리고 개인의 특성 등 독소가 유기체에 흡수되는 모든 요인을 고려해야 한다.

한편, 위험성 분석은 완화 조치를 구현할 수 있게 하는 도구이기도 하다.

다음 모델은 가스형 독성 물질의 방출과 그 물질에 노출된 개인이 독소를 흡입하는 과정을 시뮬레이션한다. 이 과정의 다양한 측면은 다음과 같은 방식으로 구성된다:

1) 방출 과정: 독성 물질은 특정 소스에서 방출되며, 이는 온도(K°)와 증발 표면적(m^2)으로 표현된 조건에서 시간당 분자 수(molecules/hour)로 계산된다. 해당 물질의 증기 압력은 주변 온도에서 물질의 특성에 따라 결정되며, 환경으로의 전이 시스템은 질량 전이 계수로 특징지어진다.
2) 시나리오 설정: 시나리오는 방출원이 포함된 지역별로 구성된다. 해당 지역의 노출 면적은 물질의 분자량을 시간당 몰(mol/hour)로 곱한 후, 이를 mg/m^3 단위로 표현된 유효 농도로 계산할 수 있게 한다. 이 농도는 허용 한계치(이 경우 흡입 참조 용량)와 비교되며, 두 요인 간의 관계를 통해 공기 환기율이 정화작용으로 조정된다.
3) 독소의 축적: 마지막으로, 축적된 독소의 양은 노출된 유기체 내에 존재하는 독소의 양을 나타낸다. 노출된 유기체 내에서 '섭취량'은 mg/hour 단위로 측정되며, 이는 농도 변수, 흡입률, 건강한 개인이 매시간 흡입하는 공기량, 노출 효과에 의해 결정된다. 이를 통해 특정 근무 교대 시간, 일일 휴식 시간, 주말을 포함한 작업 주(workweek)를 시뮬레이션하는 데 사용된다. 이를 통해 실제 근무 환경에서 유기체가 독소에 노출되는 기간을 더 현실적으로 반영할 수 있다.

축적된 독소는 제거에 의해 감소하며, 이는 1차 반응 동역학에 의해 제거된다. 즉, 제거되는 양은 현재 존재하는 독소의 양에 비례하며, 이는 제거 계수에 따라 결정된다. 추가적으로 내부 농도는 축적된 독소의 양을 체중으로 나누어 계산한다.

The model

독성 물질이 생물체에 흡수되면 매우 복잡한 일련의 반응이 일어나게 된다. 이 과정은 흡수, 대사, 배출 메커니즘을 포함하며, 이들의 속도는 계산하기 매우 어렵다.

가장 단순한 모형은 생물체에 흡수된다고 알려진 독소의 양을 상상할 수 있으며, 이 생물체는 흡수하는 독소의 일부를 제거할 수 있다. 만약 제거율이 매우 높다면, 생물체는 새로운 독소의 섭취를 견딜 가능성이 크다. 반대로, 제거율이 낮다면 생물체는 독성의 한계에 도달하거나 이를 초과하게 되어, 알레르기 반응에서부터 사망에 이르는 부정적인 결과를 겪을 수 있다.

결과적으로 생물체가 흡수에 노출되는 지속 시간, 농도 및 빈도를 고려하려면 물질의 독성 특성에 대한 지식이 필요하다.

1) 축적된 독소 저장량 (Accumulated Toxic Stock): 노출된 생물체를 시뮬레이션한다.

2) 독소의 흡수 (Incorporation): 생물체는 독소를 흡수하며, 흡수량은 mg/h 단위로 측정된다. 이 흡수량은 농도(Concentration) (환경 내 독소의 농도)와 노출 시간(Exposure Hours) (유기체가 독소에 노출되는 시간, 시간 단위)에 따라 달라진다. 또한, 노출 시간은 특정 근무 교대 시간, 일일 및 주말 휴식을 포함한 작업 주를 시뮬레이션할 수 있다.

3) 독소의 제거 (Elimination flow): 생물체는 1차 반응 동역학에 따라 제거 유량을 통해 일정한 양의 독소를 배출한다. 즉, 제거되는 양은 축적된 독소의 양에 비례한다. 이 현상의 수식은 다음과 같다:

$$dC/dt = kC$$

여기서 k는 제거 계수이며, 이는 시간 단위당 비율로 측정되는 1차 상수로, 모든 복잡한 현상을 포함한다.

이러한 반응 유형은 '반감기'를 쉽게 추정할 수 있게 한다. 반감기란 초기 농도의 절반에 도달하는 데 필요한 시간이다. 반감기 계산식은 다음과 같다:

$$t_{1/2} = -(\ln C/Co)/k \text{ where } C/Co = 0.5$$

여기서 C/Co가 0.5일 때, 반감기 $t_{1/2}$는 오직 제거 계수는 k에만 의존하게 된다.

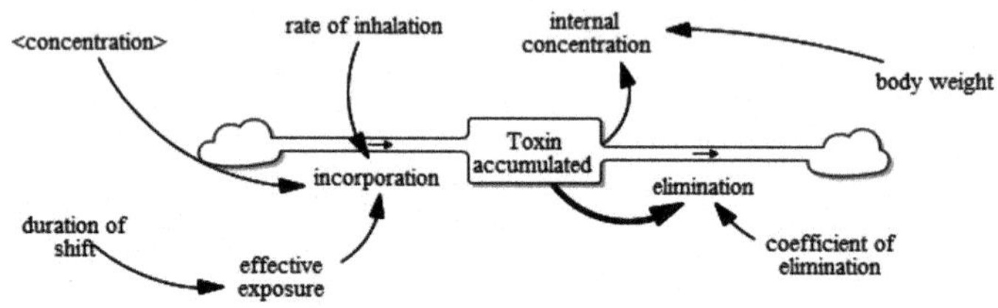

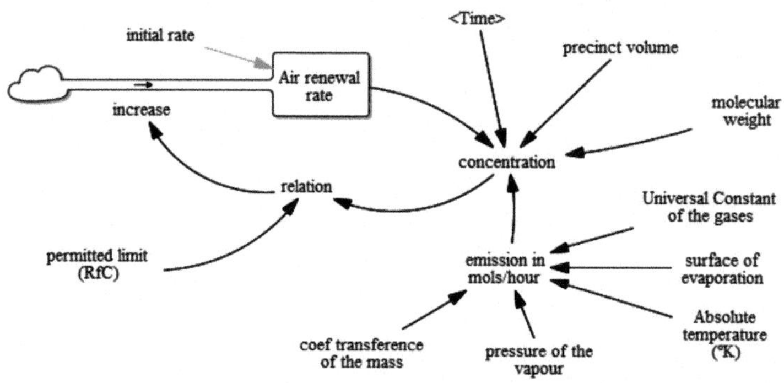

참고: <Time> 변수는 Shadow Variable 도구를 사용하여 작성한다.

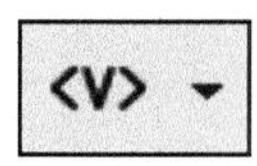

Model – Settings

INITIAL TIME= 0 FINAL TIME= 168 TIME STEP=1

Units for time =h (hours in a week)

Equations

(01) coef transference of the mass = 8.7

Units: m/h

액체 상태에서 기체 상태로의 전이 속도를 측정한다.

(02) coefficient of elimination= 0.035

Units: 1/h

유기적 과정의 복잡성을 모두 포함하며, 독소 제거의 정도를 나타낸다. 계수가 클수록 제거 효과가 커진다.

(03) concentration = emission in mols/hours *molecular weight* (1-EXP(-Air renewal rate * time))/(Air renewal rate* precinct volume)

Units: mg/m^3

공기 중 독소의 농도이다.

도표의 두 번째 부분에 이 변수를 추가하려면 SHADOW VARIABLE 아이콘을 사용한다.

(04) internal concentration = toxin accumulated / body weight

Units: mg/kg

체내 독소의 농도이다.

(05) Universal Constant of the gases = 8.314

Units: Jule/mol (^oK)

(06) duration of shift = 8

Units: h

근무 교대 시간이다.

(07) elimination = coefficient of elimination * toxin accumulated

Units: mg/h

체내 독소 농도에 비례하여 1차 제거 반응을 시뮬레이션한다.

(08) emission in mols/hour = surface of evaporation * pressure of

the vapour* coefficient transference of the mass/(universal constant of the gases * Temperature absolute (^{o}K)).

Units: mols/h

기체 상태에서 Mols는 균형상태이다.

(09) effective exposure = PULSE TRAIN (0, shift duration, 24, 119)

Units: h

근무 교대 시간 동안 독소에 노출되는 시간을 나타낸다. 이 경우 PULSE TRAIN의 응답은 1이다. 피험자가 휴식 시간 동안에는 PULSE TRAIN이 0이므로 노출되지 않는다.

(10) incorporation = effective exposure * concentration * rate of inhalation

Units: mg/h

(11) increase=IF THEN ELSE(relation>=1.1,1, IF THEN ELSE(relation<= 0.9,-0.5 ,0))

Units: 1/h

이는 관계 값에 따라 공기 환기 속도를 증가시키거나 감소시킬 수 있게 한다.

(12) permitted limit (RfC) = 0.0003

Units: mg/m^3

건강을 유지하기 위해 허용되는 최대 환경 농도이다.

(13) body weight =64

Units: kg

독소에 노출된 개인의 체중이다.

(14) molecular weight = 200600

Unit: mg

독소의 분자량이다.

(15) pressure of the vapour = 0.301

Units: Pascal

증발하는 물질의 기체 압력이다. (Pascal = N/m^2).

(16) relation = concentration / permitted limit (RfC)

Units: Dmnl (Dimensionless)

환경 농도와 허용 노출 농도 간의 관계이다.

(17) surface of evaporation = 0.02

Units: m^2

독성이 증발하는 자유 표면적이다.

(18) rate of inhalation = 0.8

Units: m^3/h

성인의 정상적인 공기 흡입량이다.

(19) initial rate = 1

Units: 1/h

공기가 재순환되는 초깃값이다.

(20) Air renewal rate = increase Initial value: Initial rate

Units: 1/ h

허용 한계를 충족시키기 위해 공기가 매시간 순환되는 횟수이다.

(21) Absolute temperature (^oK) = 298

Units: ^oK

연구 환경의 절대 온도이다.

(22) Toxin accumulated = + incorporation – elimination

Initial Value:0

Units: mg

근무 주 동안 축적되는 독소의 양이다.

(23) precinct volume = 1000

Units: m^3

독소가 생성되고 배출이 이루어지는 장소의 부피이다.

▷ Conclusions

1) 이 모델은 독성 농도, 생물체의 노출 빈도 및 지속 시간, 그리고 그 제거 능력 간의 기본적인 상호 관계를 분석할 수 있게 해준다.

2) 환경 독성 농도는 축적량이 도달할 수 있는 최댓값에 직접적인 영향을 미친다. 특정 상황에서는 생물체의 배출 능력을 초과할 수 있다.

3) 정의된 k 값에 대해, 이전에 추정된 '반감기(t ½)'는 필요한 시뮬레이션 횟수를 줄일 수 있다. 이는 반감기 값이 노출의 빈도와 지속 시간과 결합되어 생물체의 제거 가능성에 대한 첫 번째 근사값을 제공하기 때문이다.

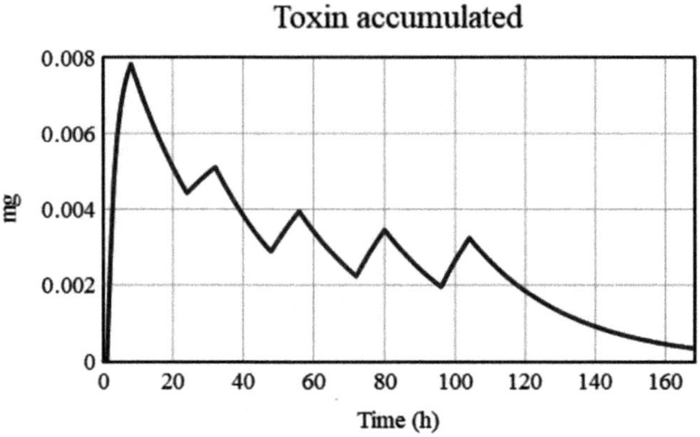

Comments

a) 보조변수를 (저량변수의) 초깃값으로 정의할 수 있다. 이 경우, 공기 대체 속도의 저량은 초깃값으로 변수 Initial Rate의 값을 가지게 된다.

b) 매우 복잡한 저량 및 유량 다이어그램이 있을 때, 그림자 변수를 사용할 수 있다. 그림자 변수는 원래 변수의 복사본에 불과하다. 그림자 변수를 사용하면 다이어그램에 교차하는 화살표가 과도하게 많아지는 것을 방지할 수 있다.

c) 빨간 삼각형 아이콘의 사용을 확인한다. 이를 위해 화면에 표시된 커서를 이동시키면 농도와 기타 상수의 변화에 대한 시스템의 민감도를 확인할 수 있다.

모델 변수의 행태 결과를 관찰할 수 있다.

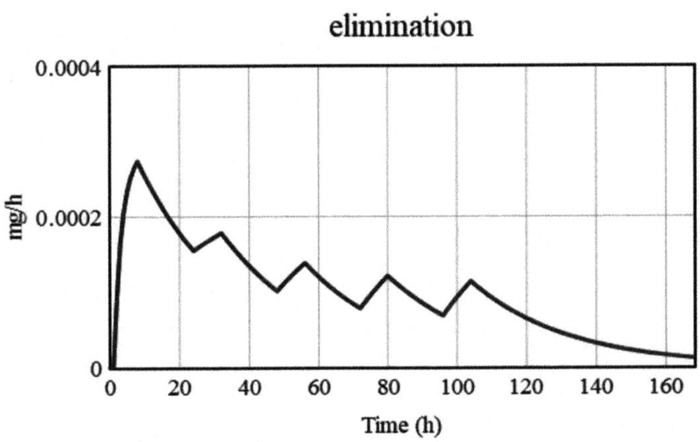

3.8. 앙코르의 바라이 The barays of Angkor

앙코르 도시는 8세기부터 14세기까지 크메르 제국의 수도였다. 현재는 캄보디아에 위치해 있으며, 메콩강 델타와 함께 현재의 수도 프놈펜에서 북쪽으로 약

400km 떨어진 곳에 있다. 도시의 이름은 산스크리트어 '나가라(Nagara)'에서 유래되었으며, 이는 수도를 의미한다.

이 지역의 위치는 이란, 인도, 중국 및 과거 로마제국의 지중해 지역과의 무역에 있어 매우 중요하였다. 뛰어난 상업적 관계 덕분에 앙코르 도시는 경제적, 문화적, 기술적으로 빠르게 번영하게 되었으며, 그 결과로 인구가 증가하였다.

9세기까지 앙코르 제국은 많은 독립 세력으로 이루어진 약한 제국이었으나, 9세기 초에 자야바르만(Joyavarman) 2세가 아난디타푸라(Andripura)라 불리는 지역을 정복하고 크메르 제국(Kmer Empire)을 건국하였다. 880년 인드라바르만(Indravaraman) 1세의 통치 기간 동안, 수도는 오늘날 앙코르에서 15km 떨어진 하리할라야(Harihalaya)로 옮겨졌다. 당시 인구는 10만 명으로, 연간 4,000톤의 쌀을 생산하였다. 이 시기에 프레아 코(Preah-Ko) 사원이 건설되었고, 5단계 피라미드 중심의 바콩 및 첫 번째 바라이(Baray)가 건설되었다. 바라이는 다양한 크기의 직사각형 웅덩이로, 쌀농사를 위한 관개용 물을 모으는 역할을 하였다. 또한, 몬순 기후로 인해 매년 여러 번의 범람이 있었다.

이 첫 번째 바라이는 3.8km x 1km의 크기로, 1,000만 입방미터의 용량을 지녔다. 이 크기는 40km^{2}의 쌀 경작지를 충분히 관개할 수 있는 물을 제

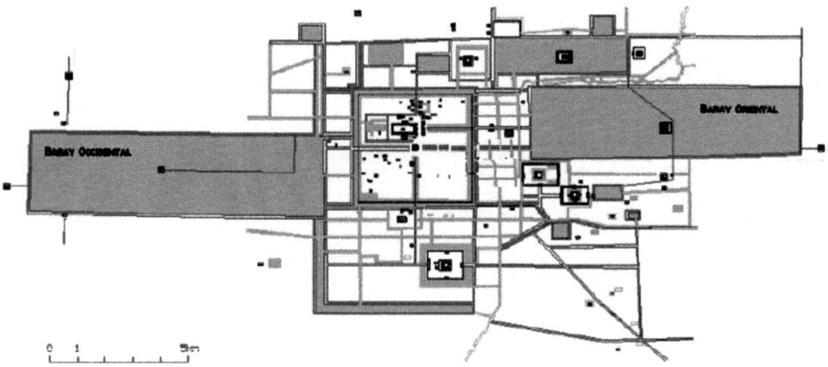

공하였다. Stung Rolous 강에서 물을 공급받는 운하 시스템을 통해 크메르 제국은 식량 생산 능력을 배가시켰으며, 3번의 수확으로 연간 130톤/km^{2}의 쌀을 얻을 수 있었다.

897년, 야소바르만(Yasovarman) 1세는 '동쪽'이라 불리는 두 번째 바라이의 건설을 시작하였다. 그 중앙에는 로레이(Loley)섬이 만들어졌으며, 섬 위에는 왕의 조상들을 기리는 아샤라마(Asharama)가 건설되었다.

이 바라이는 첫 번째 것보다 다섯 배 더 커서, 7km x 2.5km의 크기와 5,000만 입방미터의 용량을 지녔다. 이 물은 Stung Siem Reap 강에서 공급받아 200km^{2}의 추가 농지를 경작할 수 있게 하였다. 이 왕은 또한 수도를 현재 최초의 앙코르로 간주되는 곳으로 옮겼다. 도시는 4km x 4km의 벽으로 둘러싸여 보호되었다. 마지막으로, 1010년 수르야바르만(Sûryavarman) 1세는 '서쪽'이라 불리는 세 번째 바라이를 건설하였는데, 이는 첫 번째와 두 번째 것보다 더 컸으며, 크기는 8km x 2km로 Stung Puok 강에서 5,700만 입방미터의 물을 공급받았다. 이를 통해 경작 가능한 지역이 100km^2 더 증가하였다.

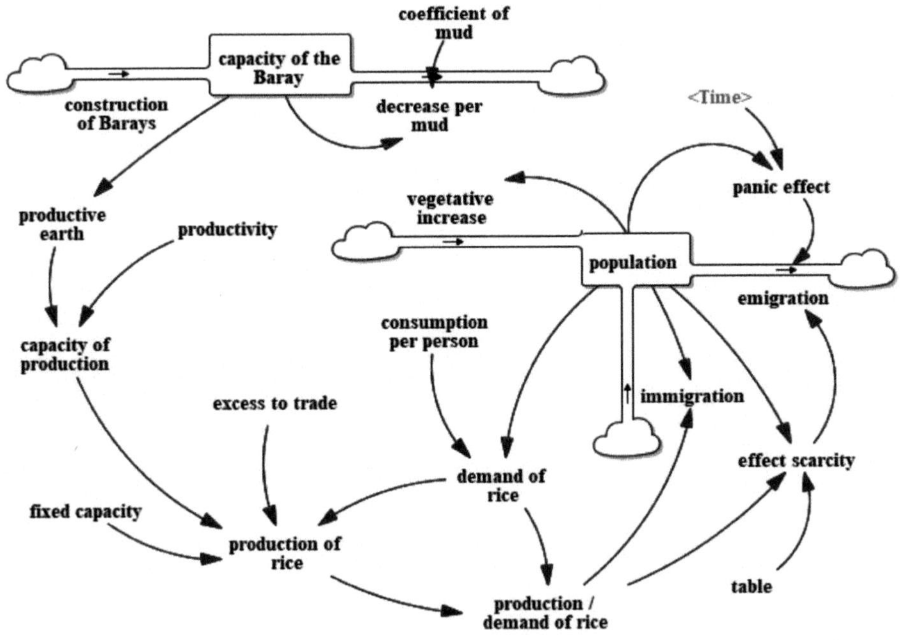

이후 통치한 왕들은 바라이를 재정비하였으나 용량을 증가시키지는 않았다. 시간이 지나면서 바라이의 용량은 매년 0.1%씩 감소하였고, 바라이는 토지 면적의 증가와 물 저장 능력의 감소로 인해 담수 능력 유지가 점점 더 어려워졌다. 이 모델을 통해 우리는 시스템의 주요 변수 및 변수들의 진화를 연구할 것이다.

Key data of the model:

- 세 개의 바라이는 총 1억 1700만 입방미터의 용량을 가진다.
- 관개 면적은 340km^2이다.
- 세 번의 수확으로 1km^2당 130톤의 쌀을 생산한다.
- 1인당 연간 쌀 소비량은 44kg이다.
- 과잉 생산이 있을 경우, 지역으로 이주가 발생하고, 반대로 생산이 부족할 경우, 외부로 이주가 발생한다.
- 토양이 바라이 용량의 75%에 쌓일 때 재앙이 발생한다.
- 진흙의 계수는 바라이 용량의 연간 0.1%이다.
- 초기 인구는 10만 명이다.
- 시뮬레이션의 기간은 800년에서 1,500년 사이이다.

Construction of the Model. Aspects to Highlight: Use of the Time Element

때때로 시스템의 한 요소의 변화를 특정 기간 동안 정의하고자 할 때, 시간(Time)을 시스템의 변수로 도입할 수 있다. 이 경우, 그림자 변수(Shadow Variables)를 생성할 때 사용한 동일한 아이콘을 클릭하면 Time 변수가 표시된다. 이를 선택하면 시스템의 다른 요인처럼 사용할 수 있다.

만약 기간의 시간적 범위를 0에서 100으로 정의했다면, 변수 Time은 0, 1, 2, 3 등으로 값을 갖게 된다. 반면, 모델이 800년부터 1,500년까지의 기간을 다룬다면, 변수 Time은 800, 801, 802, 803 등으로 값을 갖게 된다.

Tables

하나는 독립 변수이고 다른 하나는 종속 변수인 두 변수 사이에 존재하는 관계를 입증하기 위해 방정식을 사용한다. 때때로 이러한 관계를 나타내는 산술적 방정식을 찾을 수 없을 때, 우리는 표를 사용한다. 표는 독립 변수가 다양한 값을 가질 때 종속 변수가 취하는 값을 보여주는 점들의 집합이다. 예를 들어, 점 (0.6, 0.04)은 독립 변수가 0.6의 값을 가질 때, 종속 변수는 0.04의 값을 가진다고 간주함을 의미한다.

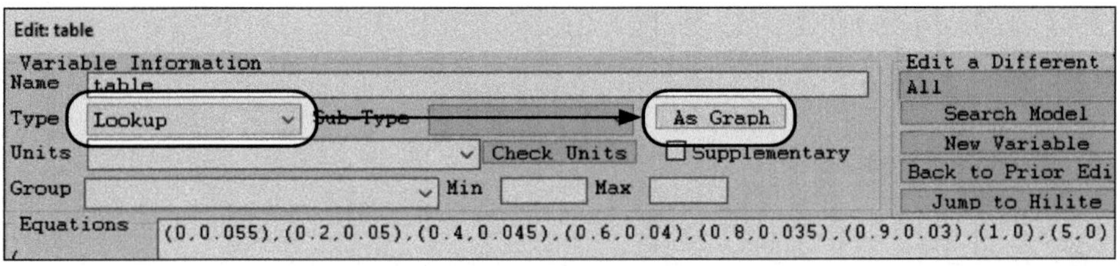

이 경우, '부족'이라는 효과가 종속 변수이며, 이는 '쌀의 생산/수요'라는 독립 변수에 의존한다고 간주한다. 즉, 쌀의 생산량과 수요에 따라 부족 현상이 발생하는 방식으로 모델링한다. 이를 모델에서 표현하기 위해, 방정식을 표에 작성할 때 Type을 Lookup으로 선택해야 한다.

As Graph 버튼을 클릭하면 데이터를 더 편리하게 입력할 수 있으며, 그래픽으로도 표현된다. 이 경우, 생산과 수요의 비율이 1 이상일 때, 부족의 값이 0이 되는 것을 확인할 수 있다.

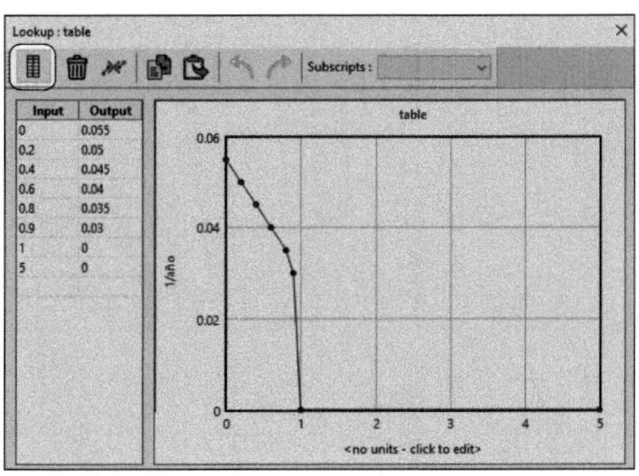

Model – Settings

INITIAL TIME=800　FINAL TIME=1500　TIME STEP=1　Units for time= Year

Equations

(01) capacity of the Baray = construction of Baray - decrease per mud

Initial value: 0

Units: Million m^3

백만 입방미터의 물

(02) capacity of production = productive earth * productivity

Units: Tm/Year

(03) fixed capacity = 4400

Units: Tm/Year

(04) coefficient of mud = 0.001

Units: 1/Year

진흙 축적에 의해 손실된 용량을 나타내는 계수

(05) construction of Barays=10*PULSE (880,1)+50*PULSE(897,1)+57 *PULSE(1010,1)

Units: Mm^3/Year

880년에 첫 번째 바라이, 897년에 두 번째, 1010년에 세 번째 바라이를 각각의 용량으로 건설하여 총 1억 1,700만 입방미터의 물을 저장

(06) consumption per person = 0.044

Units: Tm/person/Year

1인당 연간 쌀 소비량

(07) demand of rice = population * consumption per person

Units: Tm/ Year

(08) decrease per mud = capacity of the Baray * coefficient of mud

Units: Mm^3/Year

(09) effect scarcity = population* table (production / demand of rice)

Units: person/year

식량 부족으로 인해 다른 지역으로 이주가 발생하며, 이는 표에서 나타난 것처럼 비선형적인 형태로 나타난다.

(10) panic effect= IF THEN ELSE (Time>1200:AND: population<750000, population*0.1,0)

Units: person/Year

1200년 이후 인구가 75만 명 이하로 떨어질 때 공황이 발생하며, 이는 매년 인구의 10%에 영향을 미친다.

(11) emigration = MAX(SMOOTH(scarcity effect, 10), panic effect)

Units: person/Year

식량 부족이 있거나, 부족하지 않더라도 기대가 좋지 않을 때 공황으로 인해 다른 지역으로 인구가 이주한다.

(12) excess to trade = 0.2

Units: Dmnl

다른 상품과 교환하기 위해 쌀을 초과로 생산하고자 하는 비율

(13) vegetative increase = 0.002* population

Units: person/Year

순 자연 증가율(출생률 – 사망률)은 0.2%

(14) immigration = SMOOTH (IF THEN ELSE (production / demand of rice > 1.2, 0.05* population, 0),20)

쌀 생산이 수요보다 20% 이상 증가할 때 인구 유입이 발생하며, 이는 인구의 5%에 해당하고 일정한 시간 지연이 있다.

(15) population = + immigration + vegetative increase – emigration

Initial Value: 100000

Units: person

(16) production / demand of rice=production of rice / demand of rice

Units: Dmnl

(17) production of rice = MIN (capacity of production, demand of rice* (1+ excedent to trade) + fixed capacity

Units: Tm/Year

연간 쌀 생산량. (무역을 하기 위한)초과 생산과 고정된 용량을 고려하여 생산 용량과 수요 중 최솟값을 선택

(18) productivity = 130

Units: $Tm/km^2/Year$

연간 3모작의 수확으로 얻은 $1km^2$당 톤

(19) table

(0,0.055),(0.2,0.05),(0.4,0.045),(0.6,0.04),(0.8,0.035),(0.9,0.03),(1,

0),(5,0)
Units: 1/Year

(20) productive earth = capacity of the baray * 340/117
Units: km^2
117백만 입방미터로 340 Km^2가 경작됨

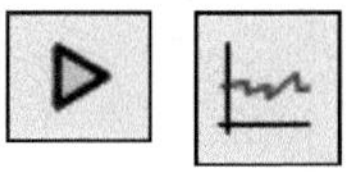

모델을 시뮬레이션한 후, Graph 아이콘을 클릭하면 시스템 변수들의 행태를 확인할 수 있다. 분석하고자 하는 변수의 이름을 두 번 클릭한 다음, 화면 왼쪽에 있는 아이콘 중에서 시각화 형식(그래프 또는 표)을 선택하면 다음과 같은 그래프를 얻을 수 있다.

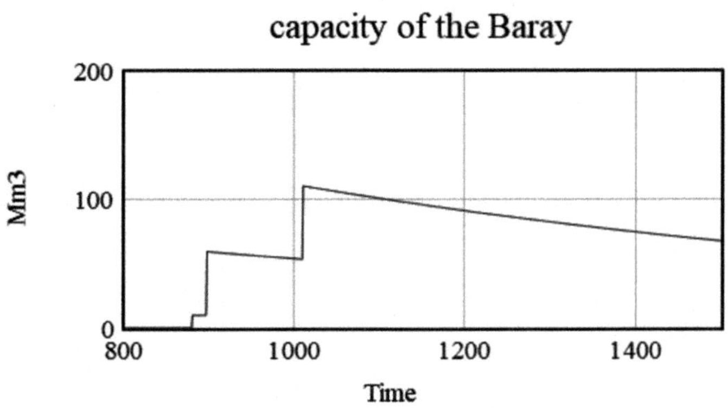

모델에서 '1인당 소비량' 변수를 수정하여 값을 0.033으로 변경하면, 다양한 대안을 시뮬레이션하고 그 결과를 동일한 그래픽 표현으로 확인할 수 있다.

이렇게 하려면:

1) 'consumption per person' 변수의 편집을 시작한다.
2) 기존 값인 0.044 Tm을 0.033 Tm으로 변경한다.
3) 변경 사항을 저장하고 모델을 다시 시뮬레이션하여 새로운 시나리오의 결과를 그래픽으로 확인한다.

이 과정을 통해 1인당 소비량이 감소했을 때 시스템 변수들이 어떻게 변화하는지를 분석할 수 있다.

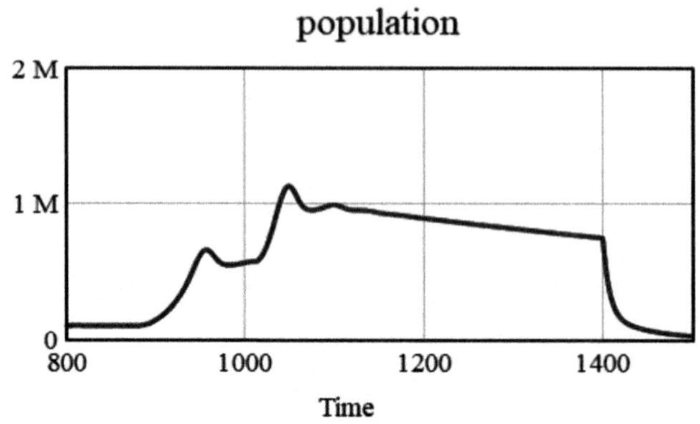

다음으로, Simulate 아이콘을 클릭하면 "Data set Current already exists. Do you want to override it?"라는 메시지가 나타난다. 여기서 'No'를 클릭하고, 새로운 시뮬레이션 이름을 'current2'로 지정한다.

이렇게 하면, 두 시뮬레이션의 결과를 모두 그래픽으로 표시할 수 있다. 이 과정을 통해 기존 시뮬레이션과 새로운 시뮬레이션의 결과를 비교하고 분석할 수 있다.

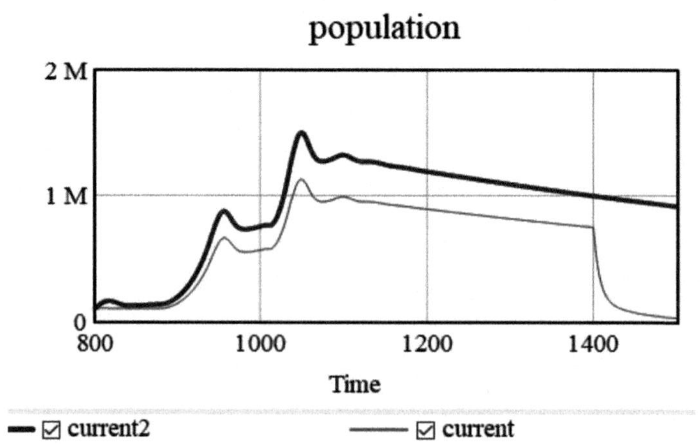

다양한 시뮬레이션을 실행하고 일부 변수만 선택하고 다른 변수는 숨기고 싶다면, 상단 바에서 Control Panel – Dataset Manager 옵션으로 이동해야 한다. 오른쪽 창에는 보고 싶은 시뮬레이션만 남기고, 왼쪽 창으로는 보고 싶지 않은 시뮬레이션을 이동시킨다.

마지막으로, 여러 요인의 동작을 그래픽으로 보고 싶다면, 유사한 옵션을 사용하여 Control Panel – Custom Graph – New로 이동하고 원하는 변수를 선택하면 된다.

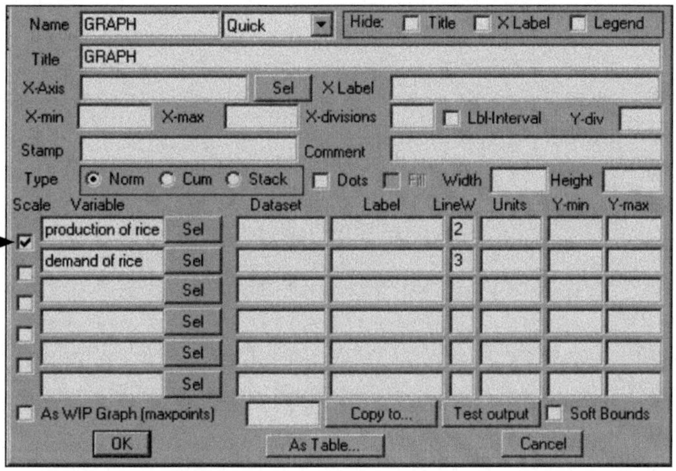

두 변수 모두 같은 척도를 갖도록 체크함

결과는 다음과 같다:

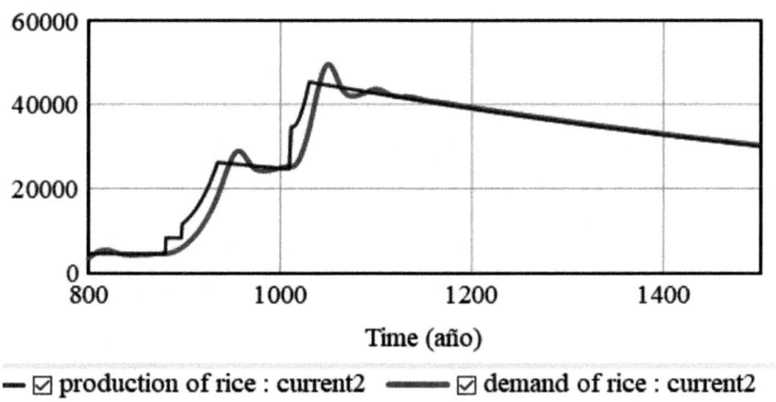

3.9. 황금비 The Golden Number

피보나치(Fibonacci) 〔Leonardo Pisano(레오나르도 피사노)〕는 1170년에서 1250년 사이에 피사(이탈리아)에서 살았던 수학자였다. 그는 실용적인 가치가 없는 문제들을 해결하는 사람으로 명성이 높았다. 어느 날, 그는 다음과 같은 문제를 받았다.

'한 쌍의 토끼를 닫힌 울타리 안에 놓고 1년 동안 몇 쌍의 후손이 생기는지를 알아보자. 매달, 두 번째 달 이후부터는 각 토끼 쌍이 새로운 쌍을 낳는다고 가정한다. 1년 후에 토끼 쌍의 개수를 계산하라.'

이 문제의 해답은 피보나치 수열로 알려지게 되었으며, 이 수열은 각 항이 이전 두 항의 합으로 이루어져 있다. 따라서 수열은 1, 1, 2, 3, 5, 8 ... 이다. 이 숫자들은 시간이 지남에 따라 토끼 쌍의 수를 나타낸다.

이 상황을 모델로 재현할 수 있는지에 대한 호기심이 이 장으로 이어졌고, 아마 실질적인 가치는 없을 수도 있다. 이 모델은 매우 간단하며 두 개의 유량(Flow 1과 Flow 2), 두 개의 저량(Box 1과 Box 2), 그리고 초깃값을 변경할 수 있는 두 개의 보조변수(N1과 N2)를 포함한다. 피보나치 수열이 어떻게 생성되는지 살펴보자.

소프트웨어가 어떻게 작동하는지 분석하면 이해할 수 있다. 명칭을 간단히 하여 Flow 1 = F1, Flow 2 = F2, Box 1 = B1, Box 2 = B2로 하고, 이러한 변수를 시간을 나타내는 첨자와 함께 사용하면 초깃값을 갖게 된다.

$$t=0\ F1(0)=1\ B1(0)=1\ F2(0)=1\ B2(0)=1$$

t = 1과 t= 2일 때:

$$t=1\ F1(1)=2\ B1(1)=1\ F2(1)=1\ B2(1)=2$$
$$t=2\ F1(2)=3\ B1(2)=2\ F2(2)=2\ B2(2)=3$$

모델 다이어그램에서 F1 = B2이고 F2 = B1임을 알 수 있다. 또한, 어느 시점 t에서 유량 값과 그 유량을 정의하는 저량은 동일하므로, 예를 들어 F1(1)=B2(1)=2 및 F2(1)=B1(1)=1이다. 특정 시점의 저량 값은 이전 시점의 값에 입력 값과 출력 값을 차감하여 얻어진다는 점을 기억해야 한다.

따라서, 특정 기간 n에 대해 다음과 같은 관계가 성립한다:

t=n

F1(n) = B2 (n)

C1(n) = B1(n-1) + F1(n-1) - F2(n-1)

F2(n) = B1 (n)

B2(n) = B2(n-1) + F2(n-1)

F1과 F2를 B1과 B2에 대입하여 간소화하면 다음과 같다:

(1) B1 (n) = B2 (n-1)

(2) B2 (n) = B2 (n - 1) + B1 (n -1)

식 (2)를 풀어보면 다음과 같다:

(3) B2(n-1) = B2 (n-2) + B1(n-2)

그러나 B2(n-2) = B1(n-1)이므로 식 (1)에 모든 것을 대입하면

B1(n) = B1 (n - 1) + B1 (n - 2)

이것이 바로 피보나치 수열의 역할이다. 즉, 각 새로운 항은 이전 두 항의 합으로 나타난다. 그것이 박스 1에서 (그리고 실제로 모든 변수에서) 나타나는 방식이다.

하지만 계속해보자. 각 항과 이전 항 사이의 비율을 사용하면 황금비율(Golden Ratio)을 얻을 수 있고, 이는 황금수(The Golden Number), 즉, 1.618034로 수렴된다.

이제 질문이 생긴다. 이 수열에 이론적인 토끼 개체 수 증가 동역학을 설

명할 수 있는 관계가 있을까?

이 간단한 모델의 두 번째 부분이 이를 설명한다. 첫 번째 블록에서 계산된 것처럼 황금비를 번식 증가율로 사용하면 피보나치에게 제시된 토끼 문제에 대한 해답을 얻을 수 있다.

모델의 동작은 N1과 N2에 정수 값을 부여하여 테스트할 수 있다(가급적 N1 < N2).

The model

모델 설정에서 다음의 값을 입력한다.

INITIAL TIME = 0

FINAL TIME = 12

TIME STEP = 1

두 개의 화면에서 모델링할 것이다. 첫 번째 화면에서는 앞서 설명한 대로 황금수를 계산하고, 두 번째 화면에서는 이를 토끼 개체 수 계산에 적용한다. 이를 위해 두 번째 창(View 2)을 생성할 것이다. 먼저 화면 왼쪽 하단에 위치한 View 1을 클릭하고 '새로 만들기(New)'를 선택한다.

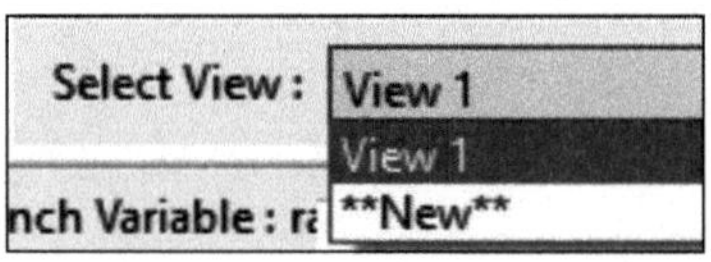

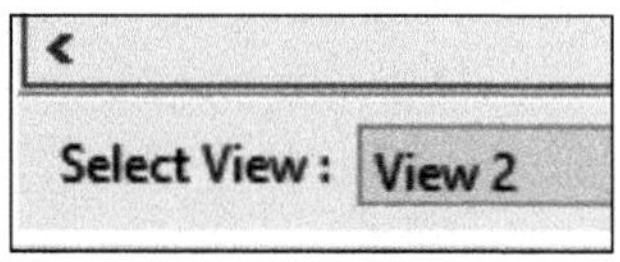

첫 번째 화면(View 1)에는 황금수를 계산하기 위한 다음과 같이 변수를 입력한다:

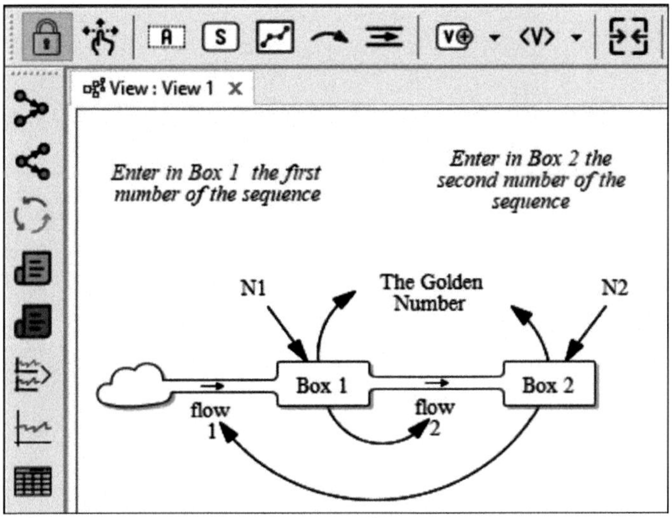

화면 모델을 설명을 하기 위해 필요한 설명은 "Enter in Box..."는 아이콘을 클릭하여 화면에 추가한다: 

두 번째 화면(View 2)에서는 토끼 개체 수가 어떻게 변화하는지 계산하기 위한 변수를 입력한다.

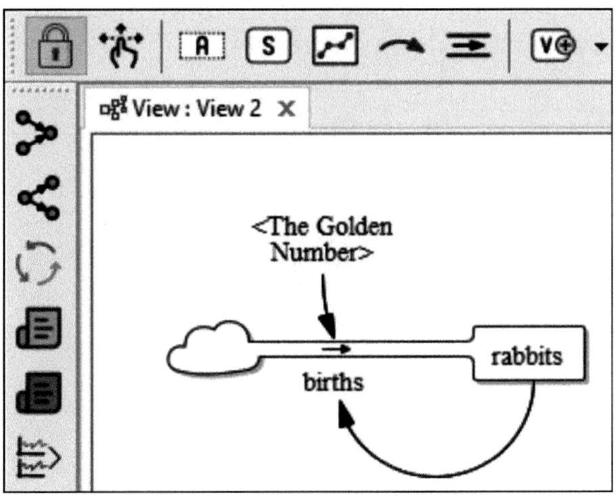

이 화면에서는 첫 번째 화면에서 계산된 '황금수(Golden Number)' 변수를 사용한다. 이를 위해 아이콘을 클릭하여 'Shadow Variable(그림자 변수)'을 생성한다. 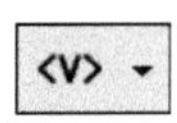

Equations 

(01) Box 1 = flow 1-flow 2

Initial Value: N1

(02) Box 2 = flow 2

Initial Value: N2

(03) rabbits = births

Initial Value: 1

(04) flow 1= Box 2

(05) flow 2= Box 1

(06) N1 = 1

(07) N2 = 1

(08) births = rabbits*(Golden Number-1)

(09) Golden Number= Box 2 / Box 1

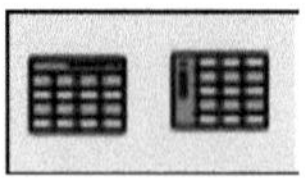

화면 왼쪽에 있는 아이콘 중 하나를 사용하여 결과를 숫자 테이블 형식으로 확인할 수 있다.

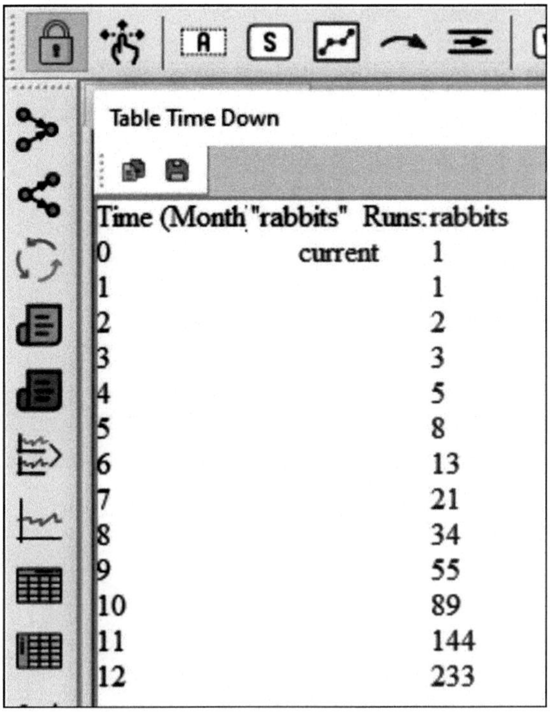

Table Time Down

Time (Month	"rabbits"	Runs: rabbits
0	current	1
1		1
2		2
3		3
4		5
5		8
6		13
7		21
8		34
9		55
10		89
11		144
12		233

경영 분야

Management Area

3.10. 생산 및 재고 Production and inventory

한 제조회사는 재고와 생산율의 만성적인 불안정을 경험하고 있다. 경영진과 공장 근로자들의 논의를 통해 다음과 같은 정보가 밝혀졌다.

1. 회사는 완성된 재고에서 고객에게 물품을 공급하며, 일상적인 주문이 접수되면 이를 충족할 수 있을 만큼의 재고를 보유하고 있다.
2. 계획 생산량은 예상(예측된) 출하량에 의해 결정되며, 원하는 재고를 유지하기 위한 수정치가 반영된다.
3. 회사는 수요의 변동이나 불규칙성을 완화하기 위해 과거 8주간의 주문을 평균하여 출하량을 예측한다.
4. 회사는 희망 재고와 실제 재고 사이의 불일치를 8주에 걸쳐 수정하려고 한다.
5. 희망 재고는 4주간의 예상 배송량이다.

회사의 실제 생산 속도는 희망 생산량과 같다고 가정한다. 초기 재고 값은 희망 재고와 같다고 가정하며, 평균 주문율의 초깃값은 출하율과 같다고 가정한다. 그 결과, 모델은 초기 고객 주문율에 관계없이 초기 균형 상태에서 시작한다.

이 모델에서 고객 주문은 10주까지 주당 1,000단위로 일정하며, 10주가 되면 주문이 10% 증가하고 그 후에는 더 높은 수준에서 유지된다.

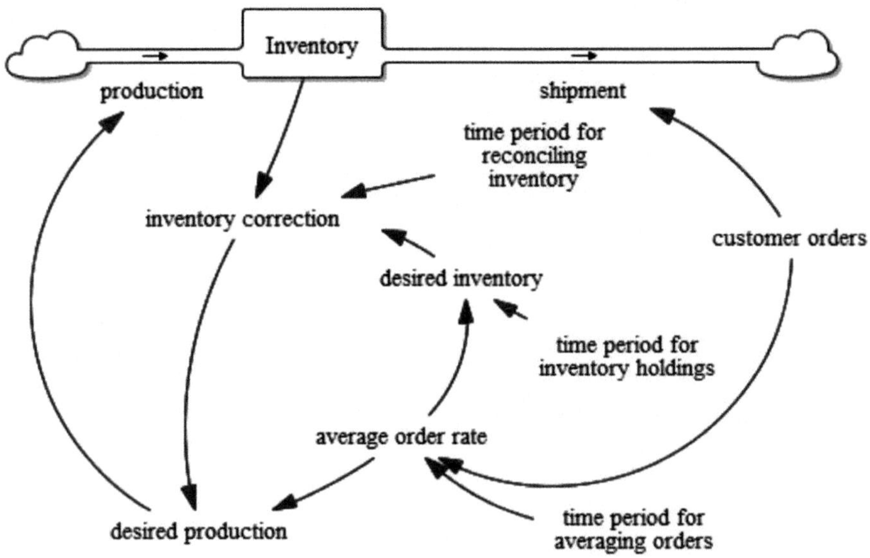

Preliminary Question

모델을 만들기 전에, 10% 주문 증가로 테스트했을 때 모델이 보일 것으로 예상되는 동작의 모델 다이어그램을 그린다(초기 균형 상태에서 시작). 주문, 희망 생산량, 생산량, 재고, 희망 재고의 동작을 포함한다. 예상되는 동작에 대한 이유를 한 문장으로 설명한다.

Model 1

File-New model을 클릭하고 다음을 정의한다: 

INITIAL TIME = 0 FINAL TIME = 100 TIME STEP =1

Units for time = Week

(01) average order rate=SMOOTH(customer orders, time period for averaging orders)

Units: units/Week

회사는 수요의 변동이나 불규칙성을 완화하기 위해 과거 8주간의 주문을 평균 내어 출하량을 예측한다.

(02) customer orders=1000*(1+STEP(0.1,10))

Units: units/Week

이 모델에서 고객 주문은 10주까지 주당 1,000단위로 일정하며, 10주가 되면 주문이 10% 증가하고 그 후에는 더 높은 수준에서 유지된다.

(03) desired inventory=average order rate*time period for inventory holdings

Units: units

희망 재고는 예상 출하량의 4주치이다.

(04) desired production=average order rate+ inventory correction

Units: units/Week

희망 생산량은 예상 출하량에 재고를 원하는 수준으로 유지하기 위한 수정치가 더해져 결정된다.

(05) Inventory= production-shipment

Initial value : 4000

Units: units

초기 재고는 4주치의 출하량(1,000 x 4 = 4,000)이다.

(06) inventory correction= (desired inventory-Inventory)/time period for reconciling inventory

Units: units/Week

회사는 희망 재고와 실제 재고 사이의 차이를 8주에 걸쳐 수정하려고 한다.

(07) production=desired production

Units: units/Week

(08) shipment= customer orders

Units: units/Week

(09) time period for averaging orders= 8

Units: Week

주문율을 평균 내는 기간이다.

(10) time period for inventory holdings= 4

Units: Week

희망 재고 커버리지 기간이다.

(11) time period for reconciling inventory= 8

Units: Week

재고를 수정하는 기간이다.

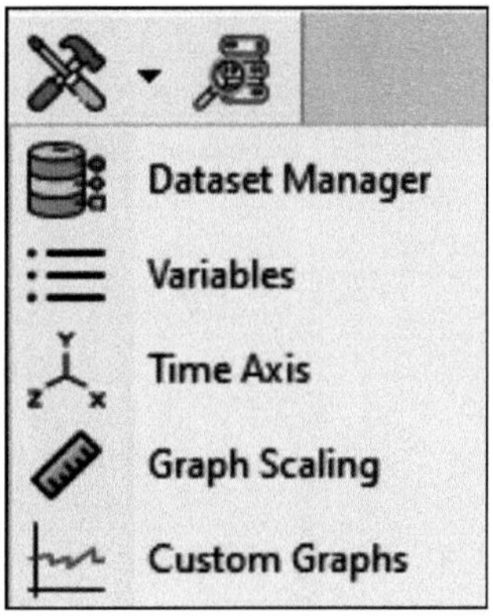

Simulate and Show the Results

Control panel – Custom Graph – New, New로 이동하여 동일한 그래프에서 둘 이상의 변수를 보려면 변수를 선택하고, 축을 공유하고, Y-min과 Y-max 값을 정의한다. OK를 클릭한다. 선택하고 Display를 클릭한다.

Scale	Variable		Dataset	Label	LineW	Units	Y-min	Y-max
☑	desired inventory	Sel			3		2800	5200
☐	Inventory	Sel			2			

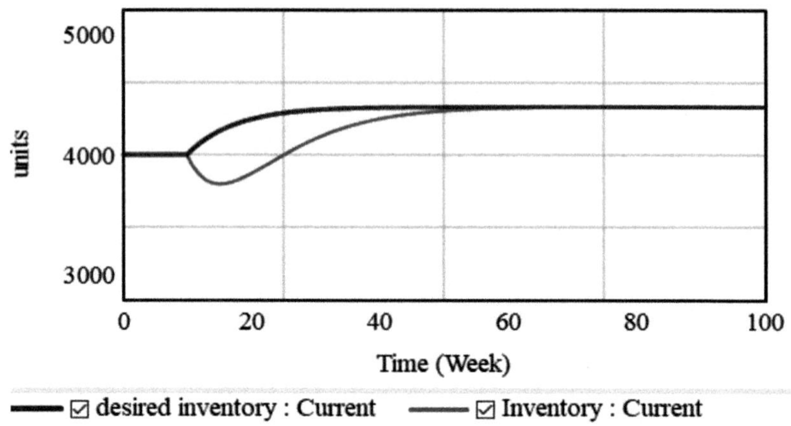

Scale	Variable		Dataset	Label	LineW	Units	Y-min	Y-max
☑	production	Sel			2		1000	1200
☑	desired production	Sel			2			
☑	customer orders	Sel			2			
☐	average order rate	Sel			2			

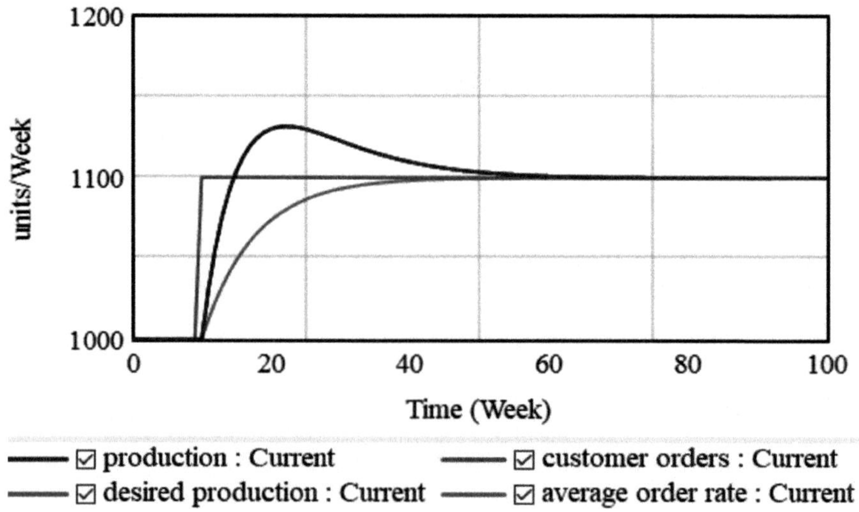

Questions

a. 모델을 실행한 후, 실제 행동을 예상 행동과 비교한다. 각 변수에 대해 실제 행동의 이유와 예상과 다를 경우 그 이유를 설명한다.

b. 'time period for reconciling inventory'를 4주로 줄인다.

- 행동 모드가 바뀌는가?
- 행동의 타이밍이 바뀌는가?
- 더 안정적이거나 덜 안정적인가?
- 그 이유를 설명한다.

Model 2

현재 모델은 실제 생산량이 희망 생산량과 같다고 가정하고 있다. 회사를 방문해서 이 가정의 타당성을 확인하기 위해 추가 논의를 진행하였다. 논의 결과, 회사는 충분한 물리적 설비와 장비를 갖추고 있지만, 인력을 즉시 채용하고 훈련할 수는 없다는 사실이 밝혀졌다. 실제로 신규 인력을 모집하고 채용하며 훈련하는 데 약 24주가 소요된다. 회사는 해고 금지 정책을 시행하고 있으며, 직원들은 평균 50주(1년) 동안 회사에 근무한다.

회사의 채용 정책은 퇴사한 직원들을 대체하는 것으로, 실제 인력을 희망 인력과 균형 맞추기 위해 수정한다. 직원들은 2주 전에 퇴사 통지를 해야 하므로 퇴사와 대체 채용 사이에 큰 지연이 없다.

신규 인력의 채용 지연 때문에, 인력을 수정하는 데 24주가 소요된다. 희망 인력은 희망 생산량과 평균 생산성에 의해 결정되며, 평균 생산성은 직원 한 명당 주당 20단위로 시간이 지나도 일정하다. 마지막으로, 노조 규정에 따라 초과 근무나 단축 근무는 사용할 수 없다.

이 모델에서는 채용, 고용, 훈련 지연이 모두 '신규 인력 채용 기간'으로 집계되어 있다는 점에 유의한다.

이 모델에서는 모집, 채용 및 훈련 지연이 'time period to hire new workers'으로 통합되었다.

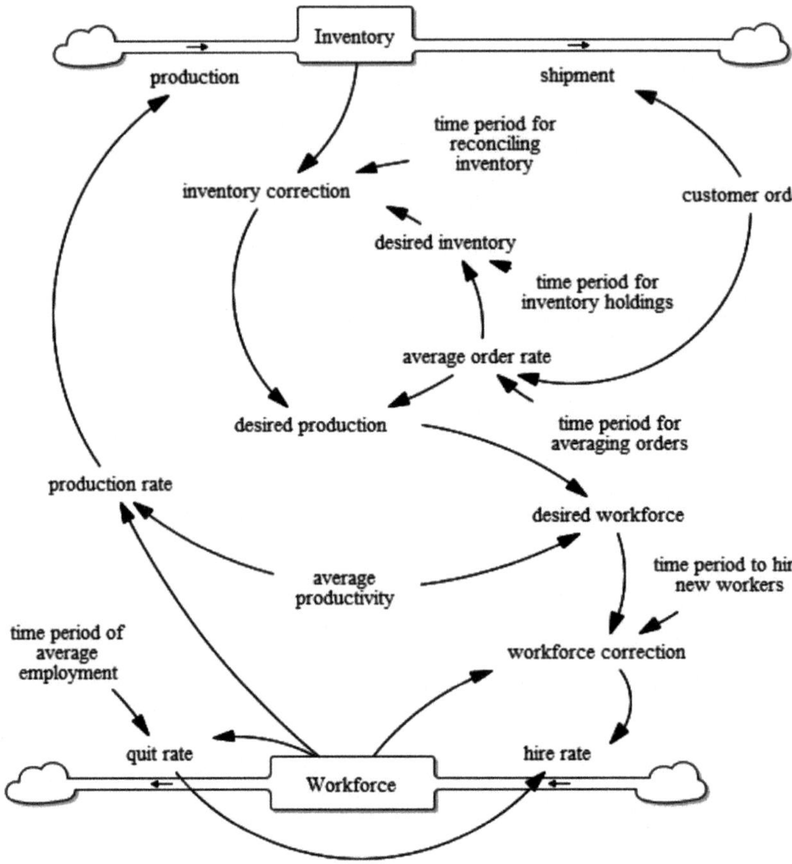

(01) average order rate=SMOOTH(customer orders, time period for averaging orders)

Units: units/Week

회사는 수요의 불규칙성을 완화하기 위해 과거 8주간의 주문을 평균내어 출하량을 예측한다.

(02) average productivity= 20 Units: units/person/Week

(03) customer orders= 1000*(1+STEP(0.1,10))

Units: units/Week

이 모델에서 고객 주문은 10주까지 주당 1,000단위로 일정하며, 10주가 되면 주문이 10% 증가하고 그 후에는 더 높은 수준에서 유지된다.

(04) desired inventory=average order rate*time period for inventory holdings

Units: units

희망 재고는 예상 출하량의 4주치이다.

(05) desired production=average order rate+ inventory correction

Units: units/Week

희망 생산량은 예상 출하량에 재고를 원하는 수준으로 유지하기 위한 수정치가 더해져 결정된다.

(06) desired workforce=desired production/average productivity

Units: person

(07) hire rate=quit rate+ workforce correction

Units: person/Week

(08) Inventory= production-shipment |

Initial value: 4000

Units: units

초기 재고는 4주치의 출하량(1,000 x 4 = 4,000)이다.

(09) inventory correction= (desired inventory-Inventory)/time period for reconciling inventory

Units: units/Week

회사는 희망 재고와 실제 재고 사이의 차이를 8주에 걸쳐 수정하려고 한다.

(10) production=production rate

Units: units/Week

(11) production rate= Workforce*average productivity

Units: units/Week

(12) quit rate= Workforce/time period of average employment

Units: person/Week

(13) shipment= customer orders

Units: units/Week

(14) time period for averaging orders= 8

Units: Week

주문율을 평균내는 기간이다.

(15) time period for inventory holdings= 4

Units: Week

희망 재고 커버리지 기간이다.

(16) time period for reconciling inventory= 8

Units: Week

재고를 수정하는 기간이다.

(17) time period of average employment= 50

Units: Week

평균 고용 기간이다.

(18) time period to hire new workers=24

Units: Week

인력을 수정하는 기간이다.

(19) Workforce= hire rate-quit rate

Initial value: 50

Units: person

(20) workforce correction=(desired workforce-Workforce)/time period to hire new workers

Units: person/Week

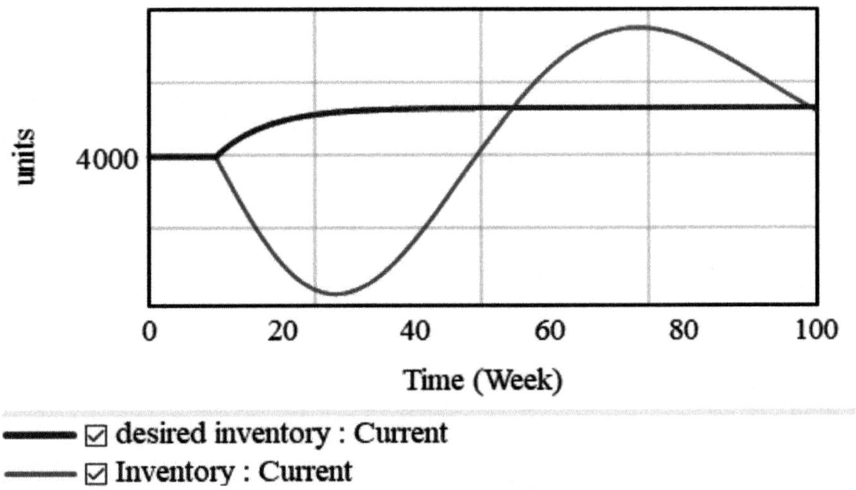

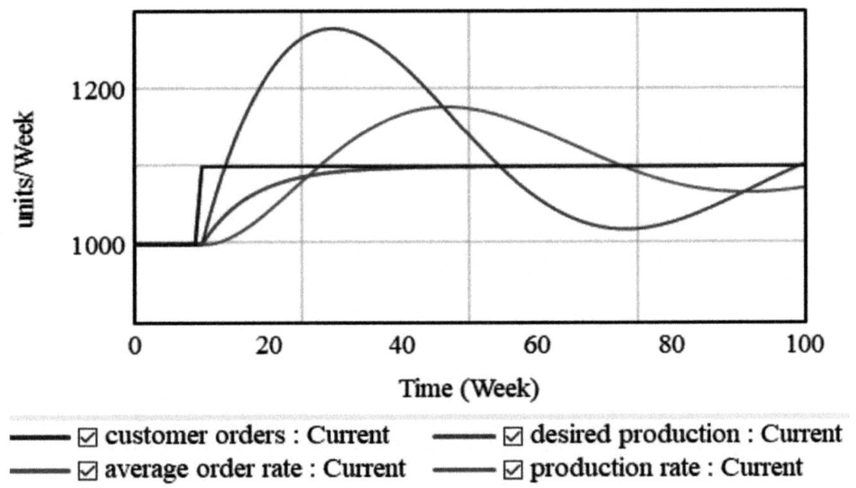

Questions

경영진은 '재고 조정 기간(time period for reconciling inventory)'을 제어하며, 이는 회사가 재고 불일치를 수정하려는 정도를 나타낸다. 긴 '재고 조정 기간'은 경영진이 큰 재고 차이를 허용하는 것을 의미하며, 짧은 '재고 조정 기간'은 차이를 신속하게 수정하여 재고를 원하는 수준과 빠르게 일치시키려는 것을 의미한다.

a. 시스템을 안정화하려면 '재고 조정 기간'을 길게 해야 하는가, 짧게 해야 하는가? 그 이유는 무엇인가? 안정성의 의미는 무엇인가?
b. 시스템의 안정성을 높일 수 있다고 생각되는 '재고 조정 기간'을 선택하고 모델을 실행한다. 결과가 예상과 일치하는가?
c. 결과를 설명한다. 경영진은 재고 관리를 더 공격적으로 해야 하는가, 보수적으로 해야 하는가?

Model 3

회사는 노동조합과의 향후 노사 협상에서 초과근무/단축근무를 제안하고 논의할 때 예상되는 결과를 알고 싶어 한다.

정규 근무시간은 주당 40시간이다. 노조와의 초기 협상에서는 직원 복리후생과 연금 기여금 인상에 대한 대가로, 최소 35시간, 최대 50시간의 초과 근무 시 시급을 1.5배로 지급할 의향이 있음을 밝혔다. 경영진이 생산의 안정성 향상을 위해 초과 근무의 가치를 알 수 있도록 모델을 사용하여 초과 근무/단축 근무의 이점을 평가하는 데 동의한다.

'Schedule Pressure'는 희망 생산량과 실제 생산량의 비율로, 초과 근무의 필요성을 측정한다. 'Schedule Pressure'가 초과 근무/단축 근무의 압력과 실제로 스케줄된 초과 근무/ 단축 근무와의 관계를 나타낸다.

(01) average productivity=20
Units: units/person/Week

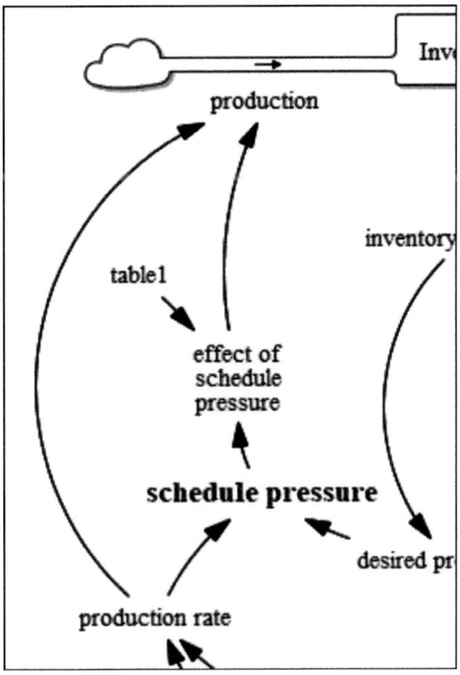

(02) average order rate=SMOOTH (customer orders, time period for averaging orders)
Units: units/Week

(03) customer orders=1000*(1+ STEP(0.1,10))
Units: units/Week

(04) desired inventory=average order rate*time period for inventory holdings
Units: units

(05) desired production=average order rate+ inventory correction
Units: units/Week

(06) desired workforce=desired production / average productivity
Units: person

(07) effect of schedule pressure=table1(schedule pressure)
Units: Dmnl
'Schedule Pressure'가 초과 근무/단축 근무의 압력과 실제로 스케줄된 초과 근무/단축 근무와의 관계를 나타낸다.

(08) hire rate=quit rate+workforce correction

Units: person/Week

(09) nventory= production-shipment

initial value:4000

Units: units

(10) inventory correction= (desired inventory-Inventory)/time period for reconciling inventory

Units: units/Week

(11) production=production rate*effect of schedule pressure

Units: units/Week

(12) production rate=Workforce*average productivity

Units: units/Week

(13) quit rate=Workforce/time period of average employment

Units: person/Week

(14) schedule pressure=desired production/production rate

Units: Dmnl

'Schedule Pressure'는 희망 생산량과 실제 생산량의 비율로, 초과 근무의 필요성을 측정한다.

(15) shipment=customer orders

Units: units/Week

(16) table1 = (0.8,0.875),(0.9,0.875),(1,1),(1.1,1.25),(1.2,1.25)

Units: Dmnl

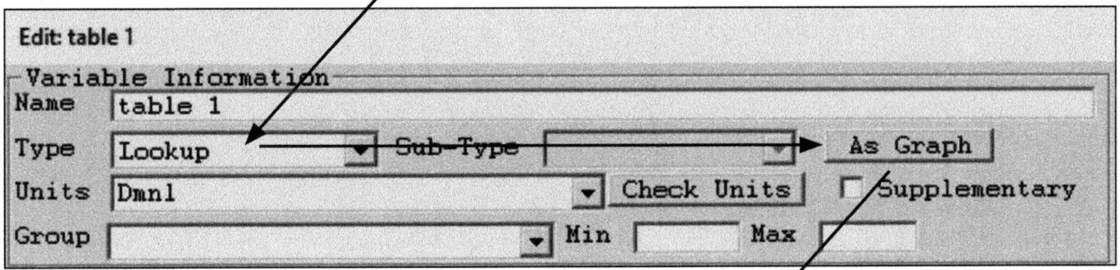

'Lookup'에서 각 행은 한 점을 나타낸다.
이는 "Input" 변수의 값에 대해 알려진
"Output" 변수의 값을 의미한다.
예를 들어, Price가 3일 때 Sales가
120임을 알면, 이 점을 (3,120)으로 정의한다.

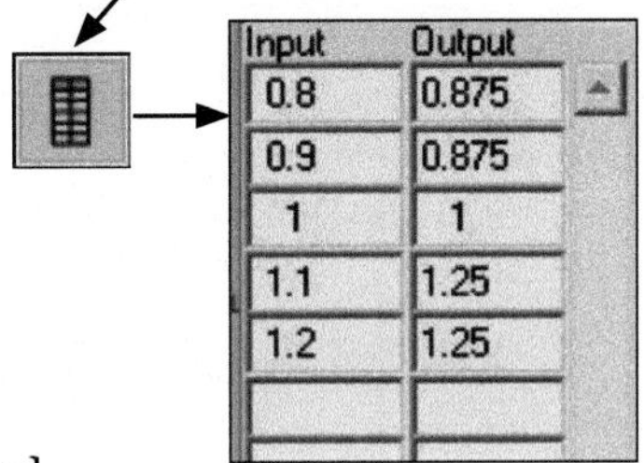

(17) time period for averaging orders= 8

Units: Week

주문율을 평균내는 기간이다.

(18) time period for inventory holdings= 4

Units: Week

희망 재고 커버리지 기간이다.

(19) time period for reconciling inventory= 8

Units: Week

재고를 수정하는 기간이다.

(20) time period of average employment= 50

Units: Week

평균 고용 기간이다.

(21) time period to hire new workers=24

Units: Week

인력을 수정하는 기간이다.

(22) Workforce= hire rate-quit rate

Initial value: 50

Units: person

(23) workforce correction=(desired workforce-Workforce)/time period to hire new workers

Units: person/Week

Scale	Variable		Dataset	Label	LineW	Units	Y-min	Y-max
☑	desired inventory	Sel			2		3600	4800
☐	Inventory	Sel			2			

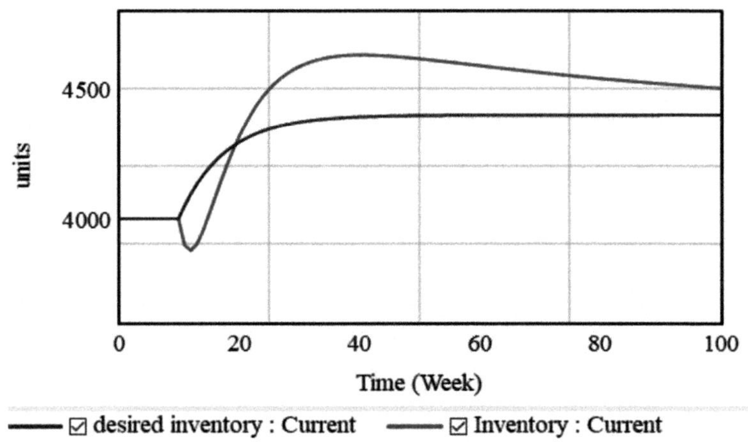

아이콘 Units Check를 클릭하면 다음과 같은 메시지가 나타난다:

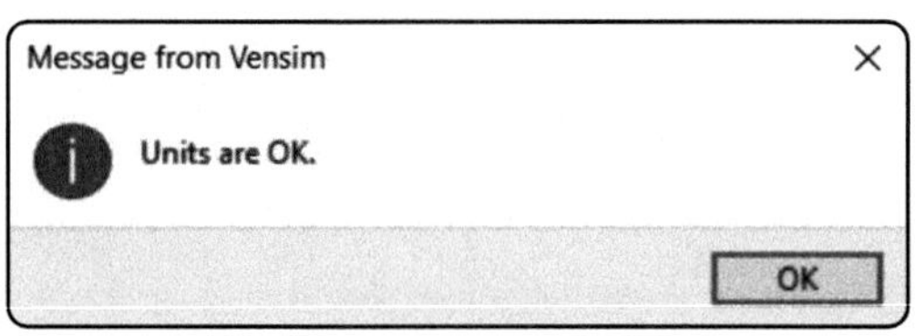

Questions

a. 'effect of schedule pressure' = 1일 때 의미는 무엇인가?

b. 초과 근무/단축 근무가 안정성에 미치는 효과는 무엇인가?

c. 초과 근무 정책의 결과를 일반화 한다. 변동 시스템을 어떻게 안정화 할 수 있는가? ('time period for reconciling inventory'와 'time period to hire new workers'를 잊지 않는다.)

3.11. 전세계 이산화탄소 배출 Global CO_2 emissions

우리는 대기 중 CO_2 배출에 대한 간단한 모델을 만들어 달라는 요청을 받았다. 모델은 일반적이어야 하며 나중에 특정 기간과 지리적 시스템에 적용할 수 있어야 한다. 우리는 'Identity of Kaya'을 바탕으로 모델을 만들어야 한다.

'Identity of Kaya'는 CO_2 배출량이 국내총생산(GDP) (€)에 에너지 집약도 (Kw/€)와 에너지 생산 벡터 (CO_2/Kw)를 곱한 값과 동일함을 의미한다.

$$CO_2(tm) = GDP\ (€) \times Intensity\ of\ energy\ (Kw/€) \times Vector\ of\ Energy\ Production\ (CO_2/Kw)$$

에너지 생산 벡터는 생산된 에너지 1Kw당 CO_2 배출량과 에너지원의 백분율 분포가 포함된다: 석탄, 연료, 가스, 원자력, 재생 가능 에너지(수력, 풍력 등). 이러한 방식으로 우리는 필요한 에너지와 에너지 생산 벡터를 기반으로 CO_2 배출량을 계산할 수 있다.

초기 매개변수를 설정하기 위해, 석탄으로 생산된 Kw당 CO_2 배출량이 높고, 연료로는 중간이며, 가스는 낮다. 다른 에너지원으로는 중요한 CO_2 배출이 없다. 반면, 에너지 생산 벡터는 연료 50% , 원자력 30%, 가스 10%, 나머지는 석탄과 재생 가능 에너지가 동일한 비율로 구성된다.

모델은 GDP의 다양한 시나리오를 도입할 수 있을 뿐만 아니라 에너지 집약도의 효율성과 다양한 에너지원에서 생산된 단위 Kw당 CO_2 배출량 전부를 개선할 수 있는 가능성을 허용해야 한다.

우리는 이러한 모든 측면을 포함하고 CO_2의 대기 중 농도가 일정하게 유지되도록 보장하는 모델을 만들고자 한다. 다음과 같은 계획이 제안된다:

$$\textit{Emission} = \textit{GDP} \times \textit{Energy Intensity} \times \textit{Vector of Energy Production}$$

각 측정 단위는 다음과 같다:

$$CO_2 = € \times Kw/€ \times CO_2/Kw$$

이 모델은 Kaya의 Identity를 반영하여 필요한 에너지와 에너지 생산 벡터를 기반으로 CO_2 배출량을 계산할 수 있도록 한다. 또한, 모델은 주어진 일반적인 매개변수를 도입할 수 있도록 한다.

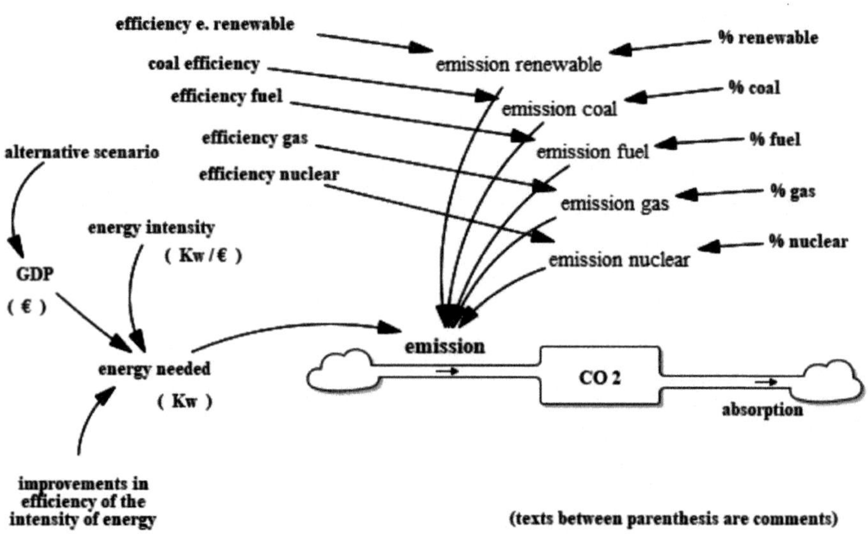

이 모델은 배출량과 관련된 유량(Flow)에 관한 것이다. 대기 중 총 CO_2의 양에 해당하는 저량(Stock)이 추가되었는데, 이는 꼭 필요하지는 않다.

주어진 매개변수로 관찰해 보면, 배출량의 양이 사용된 매개변수와 동일하게 일정하게 유지된다는 것을 알 수 있다.

Model – Settings

INITIAL TIME= 1900 FINAL TIME= 2100 TIME STEP=1

Units for time=Year

(01) % coal = 0.05

(02) % fuel = 0.5

(03) % gas = 0.1

(04) % nuclear = 0.3

(05) % renewable = 0.05

(06) absorption= 12500

Units: CO_2/Year

(07) alternative scenario = 1

(08) CO_2= +emission-absorption, Initial value: 10000000

Units: CO_2

(09) coal efficiency = 3

Units: CO_2/Kw

(10) efficiency e. renewable = 0

Units: CO_2/Kw

(11) efficiency fuel = 2

Units: CO_2/Kw

(12) efficiency gas = 1

Units: CO_2/Kw

(13) emission=energy needed * (emission coal+emission fuel+emission gas+emission nuclear+emission renewable)

Units: CO_2/Year

(14) emission coal =% coal * coal efficiency

Units: CO_2/Kw

(15) emission fuel = % fuel * efficiency fuel

Units: CO_2/Kw

(16) emission gas= % gas * efficiency gas

Units: CO_2/Kw

(17) emission nuclear= % nuclear * efficiency nuclear

Units: CO_2/Kw

(18) emission renewable= % renewable *efficiency e. renewable

Units: CO_2/Kw

(19) efficiency nuclear = 0

Units: CO_2/Kw

(20) energy intensity = 10

Units: Kw/€

(21) energy needed = GDP*energy intensity*improvements in efficiency of the intensity of energy

Units: Kw

(22) GDP= 1000*alternative scenario

Units: €

통상적인 관행이다.

(23) improvements in efficiency of the intensity of energy =1

3.12. 더 많이 더 잘 일하는 법 How to Work more and Better

단기적 해결책과 장기적 해결책 사이의 갈등은 대부분의 시스템에서 흔히 발생하는 문제로, 단기적으로 효과적인 해결책은 장기적으로는 효과적이지 않으며, 그 반대의 경우도 마찬가지이다. 예를 들어, 비즈니스 세계에서는 예방 유지 보수 정책의 한계가 잘 알려져 있다. 이러한 정책은 중기적으로는 필수적이지만, 단기적으로는 생산 중단을 초래하여 아무도 이를 감수하려고 하지 않는다.

마찬가지로 품질 관리 환경에서는 엄격한 품질 관리 규칙을 준수하는 것이 고객에게 신뢰받고 명성을 얻는 데 필수적인 조건이다. 이는 중기적으로 고객의 신뢰를 얻고 더 큰 상업적 이익을 얻는 것으로 이해될 수 있다. 그러나 단기적으로는 엄격한 품질 관리 정책으로 인해 규격에 맞지 않는 제품을 폐기함으로써 비용이 증가할 수 있다.

직원 교육 환경에서는 교육 활동에 더 많은 시간을 할애하면 중기적으로 생산성, 품질 및 회사의 성과가 향상된다. 그러나 단기적으로는 비용 증가와 생산에 투입할 수 있는 직원의 가용성이 감소함을 의미한다.

회사 내부에서는 생산 공정 개선에 대한 노력을 강화하여 중기적으로 미래의 생산성을 높이는 것과, 당면한 생산의 즉각적인 요구를 해결하는 데 모든 노력을 기울여야 할 필요성 간의 갈등을 관찰할 수 있다. 이 주제에 대한 훌륭한 접근은 Nelson P. Repenning과 John D. Sterman(2001)의 기사 '한 번도 일어나지 않은 문제를 해결한 데 대한 공로를 인정받은 사람은 아무도 없다'에서 볼 수 있다.

단기와 장기 간의 갈등의 기본 원인은 어떤 행동은 즉각적인 결과를 제공하는 반면, 어떤 행동에서는 결과가 나타나기까지 상당한 지연이 있기 때문이다.

이 실습은 이러한 현실을 설명하려는 시도이다. 또한 피드백 루프와 지연이 존재하는 상황을 분석하는 도구로서 인과관계 다이어그램의 유용성을 보여주려는 시도이기도 하다.

Columbus 07 프로젝트 그룹은 항공우주 소프트웨어 개발에 종사하는 회사 소속이며, IT 기술자로 구성되어 있다. 각 직원은 매주 근무하는 시간에 대해 상당한 자율성을 가지며, 이러한 시간을 세 가지 기본 작업에 분배할 자유도 가지고 있다. 하나는 현재 프로젝트를 처리하기 위한 IT 프로그램의 생산이고, 다른 하나는 IT 도구의 분석이며, 마지막은 생산성 향상을 위한 교육이다. 이 분야는 매우 역동적이기 때문에 많은 시간을 생산성 향상에 할애하는 것이 중요하다. IT기술이 빠르게 진화되어 현재 기술이 쓸모없게 될 수 있기 때문이다.

매주 직원들은 실제 생산과 그들이 개발하는 목표 생산 간의 비교 정보를 받는다. 인식된 생산 차이에 따라 생산량을 조정하도록 압력이 가해진다. 이 압력은 생산에 따른 노동 시간의 즉각적인 조정으로 이해될 수 있다. 또한 생산성 향상을 위한 압력이 중요한 요인으로 작용한다. 이를 통해 더 많은 시간을 생산성 향상에 부과하도록 계획하는 것이 목적이다.

이전 단락에서 강조된 요인들로 구성된 인과관계 다이어그램은 이 상황을 설명하는 데 유용하다. 우리는 'work more'와 'work better'라는 이름의 두 피드백 루프를 식별할 수 있다.

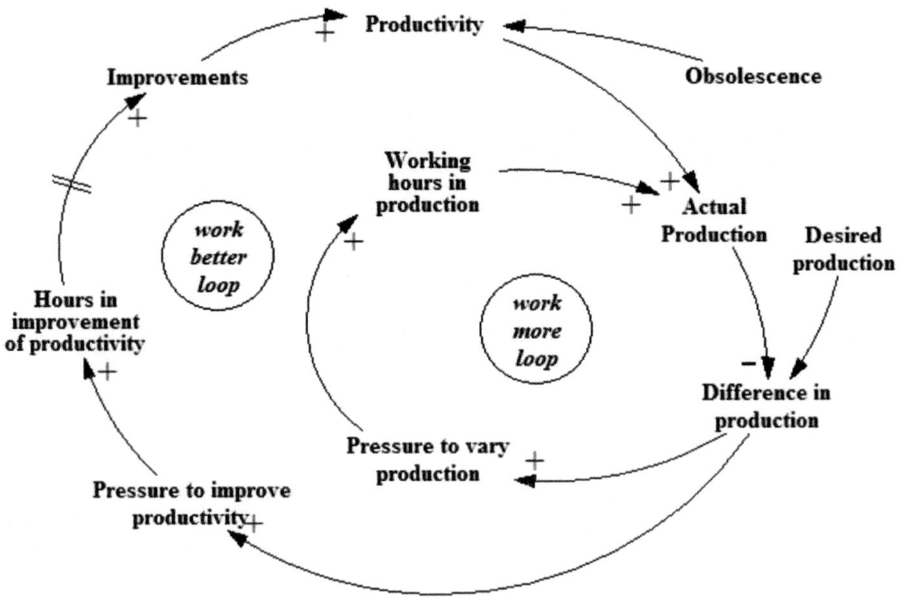

우리는 두 개의 피드백 루프가 모두 음의 관계만을 가지고 있는 음의 피드백 루프임을 관찰할 수 있다. 이들은 실제 생산 상태를 목표 생산 상태와 비교한다. 실제 상태는 두 가지 다른 과정, 즉, 작업 시간 변화를 통해 조정되며, 이는 즉각적으로 생산을 증가시킬 수 있는 방법이다. 또한 생산성 향상을 통한 방법이 있으며, 이 방법은 효과를 나타내는 데 더 많은 시간이 필요하다.

'work better' 곡선에서 지연의 존재는 'work more' 곡선이 더 활발하게 작용하고, 더 빠르게 결과를 제공하는 곡선이 되도록 한다. 이로 인해 생산 목표가 높은 회사에서는 생산성 향상을 시도하는 것보다 작업 시간을 늘리는 데 더 중점을 두는 경우가 많다.

우리는 컴퓨터에서 모델을 다룰 수 있도록 인과관계 다이어그램을 저량

유량도(Stock and Flow Diagram, SFD)로 변환할 것이다. 필요한 변환은 최소화될 것이다. 유일한 변화는 생산성 수준과 생산 또는 생산성 향상을 위한 작업 시간을 정의하는 것이다. 마지막 두 변수는 각각 받는 압력에 따라 변할 것이라고 가정한다.

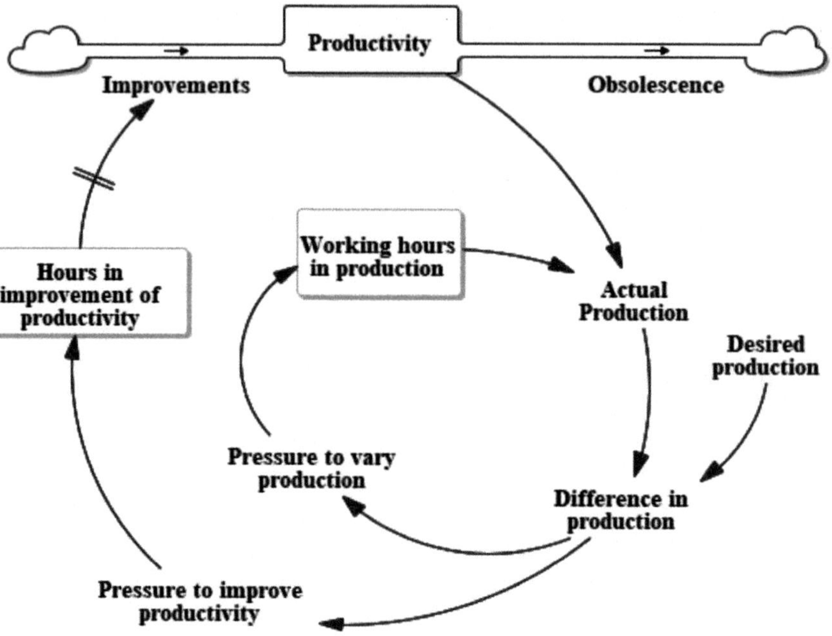

이제 모델의 방정식을 만들기 위해 추가적인 정보가 필요하다. 직원은 보통 매주 35시간을 생산 업무에, 5시간을 생산성 향상 업무에 할애한다고 가정할 것이다. 목표 생산량은 3500 단위이다. 작업 시간당 생산성은 100 단위/주이다. 생산성 향상에 할애된 시간이 실제로 생산성에 반영되기까지 20주의 지연이 있을 것으로 추정한다.

이전 시간 분포로부터 생산성은 안정적이며, 기술의 노후화로 인한 손실과 주당 5회분의 균형 잡힌 개선이 이루어지고 있음을 관찰할 수 있다. 이러한 정보를 바탕으로 모델 방정식을 공식화할 수 있다. 우리는 100주의 시간 척도를 사용한다.

Model – Settings

INITIAL TIME= 0   FINAL TIME= 100   TIME STEP=1

Units for time = Week

Equations

(01) Desired production: = 3500

(02) Actual Production = Productivity*Working hours in production

(03) Productivity = +Improvements-Obsoleteness
Initial value= 100

(04) Difference in production = Desired production – Actual Production

(05) Working hours in production = Pressure to vary the production
Initial value: 35

(06) Hours in improvement of productivity =Pressure to improve the productivity
Initial value: 5

(07) Pressure to improve productivity = Difference of production / 500

(08) Pressure to vary production = Difference of Production / 100

(09) Improvements = DELAY 3I (Hours in improvements of productivity, 20, 5)

(10) Obsolescence = 5

우리는 '생산 개선 압력'으로 존재하는 'difference in production' 단위를 'produ-ctivity' 초기값 100으로 나누어 사용한다. 'pressure to improve the productivity'은 즉각적인 결과가 기대되지 않으므로 훨씬 낮아야 하며, 이 이유로 'productivity' 값의 5배를 사용한다.

이러한 매개변수를 사용하면 시스템의 모든 요인, 특히 생산성이 일정하게 유지되는 것을 관찰할 수 있다. 구조나 조건의 변화에 따른 효과를 더 잘 이해하려면 시스템이 균형 상태를 나타내는 모델이어야 한다.

시스템의 역동성을 더 잘 관찰하기 위해, 원하는 주간 생산량이 1,000 단위 증가하는 효과를 살펴볼 수 있다. 다음과 같이 방정식을 수정한다:

Desired production = 3500+STEP(1000,10)

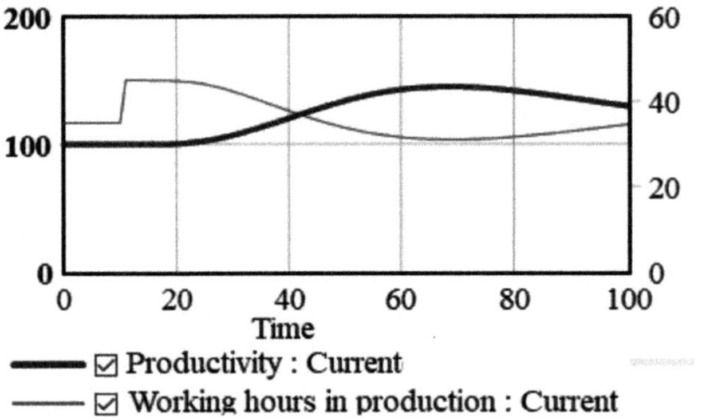

우리는 다음과 같은 행동을 관찰할 수 있으며, 요약하면, 원하는 생산량의 증가는 먼저 생산에서의 작업 시간이 증가하게 된다. 또한, 생산성 향상을 위한 압력도 증가한다. 생산성이 향상됨에 따라 작업 시간을 줄일 수 있다.

이 모델은 많은 회사의 현실을 설명할 수 있게 해준다. 비록 때때로 생산을 위한 특별한 노력이 필요하긴 하지만, 생산성의 점진적인 개선은 일정 시간이 지난 후에 초기 상황으로 되돌아 간다. 반대로, 어떤 경우에는 생산량을 증가시키려는 압력이 생산성 개선에 할애되는 시간에 영향을 미치는 경우도 있다. 이로 인해 생산성 수준이 점진적으로 감소하게 되고, 결국 더 많은 작업 시간이 필요하게 된다. 생산성이 계속 감소함에 따라 직원들이 더 많은 작업을 해야 한다는 부담을 느낄 때마다 곡선이 나타난다.

게다가, 직원은 생산성 향상에 더 적은 시간을 할애하면 생산 작업에 더 많은 시간을 사용할 수 있다는 것을 인식한다. 이로 인해 실제 생산과 원하는 생산 사이의 차이가 줄어들어 모든 종류의 압력이 감소한다. 이러한 행동들은 도표에서 가장 두꺼운 화살표로 표현된다.

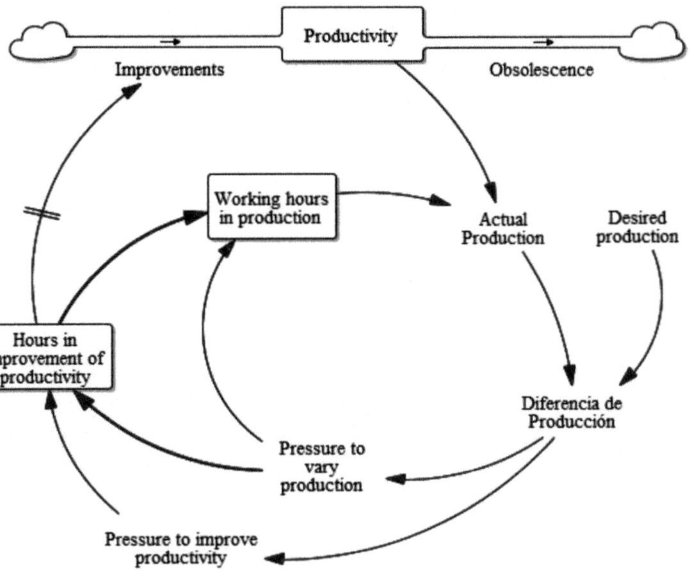

이 새로운 상황을 표현하려면 이전 모델의 두 개의 방정식을 수정해야 한다.

Hours in improvements of productivity = Pressure to improve productivity – pressure to vary the production/4

Working hours in production = pressure to vary the production – (Hours in improvement of productivity – 5)/5

첫 번째 방정식에서는 생산 조정 압력의 비율을 생산성 개선 압력에 비례하여 줄여야 한다. 따라서 생산 조정 압력은 작용하긴 하지만 무시되지 않는다. 두 번째 방정식에서는 생산성 개선에 소요된 시간을 효과로 포함해야 한다. 초기에는 5시간이었다.

이 새로운 관계들이 생성하는 동적 변화는 실제 생산이 원하는 생산에 매우 빠르게 조정될 수 있기 때문에 단기적으로 특히 매력적이다. 그러나 중기적으로는 생산성의 노후화가 새로운 개선으로 보상되지 않기 때문에 비생산적인 역효과를 낳을 수 있다.

이로 인해 생산에 할애된 시간이 증가함에 따라 생산성이 어떻게 점진적으로 감소하는지 관찰할 수 있다.

결론적으로 우리는 'work better는 연속적인 의지에 기초하여 원하는 생산과 실제 생산 사이의 차이를 수정하는 시스템의 자연스러운 경향이 어떻게 될 수 있는지 관찰할 수 있었다.

이 상황은 원하는 효과를 빠르게 얻을 수 있기 때문에 논리적이다. 그러나 'working more' 방법이 '더 잘 일하기'에 필요한 과정을 방해하면, 생산성 저하로 인해 점점 더 많은 시간이 필요하게 된다.

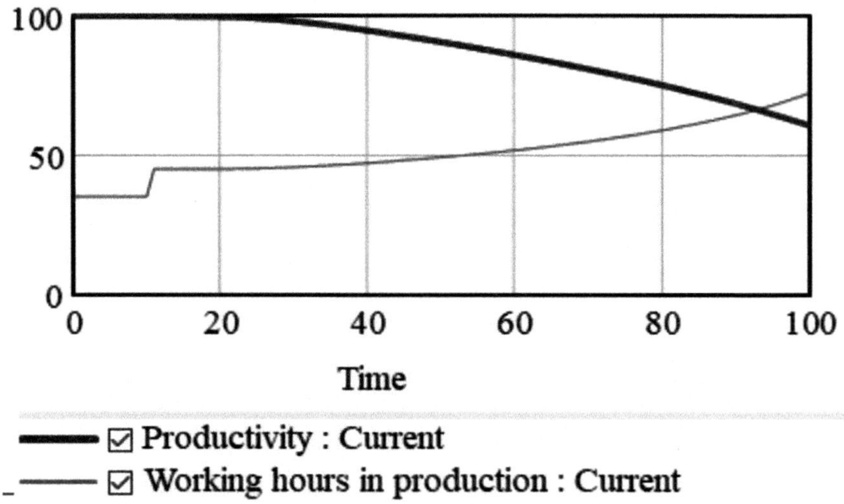

3.13. 결함 관리 Management of Faults

우리는 유지보수 직원 수의 감소가 손상된 부품 수와 분실된 부품 수에 미치는 영향을 시뮬레이션하고자 한다. 새로운 모델을 생성하되, 시작 시간(INITIAL TIME)은 0으로 하고 종료 시간(FINAL TIME)은 24개월로 설정한다.

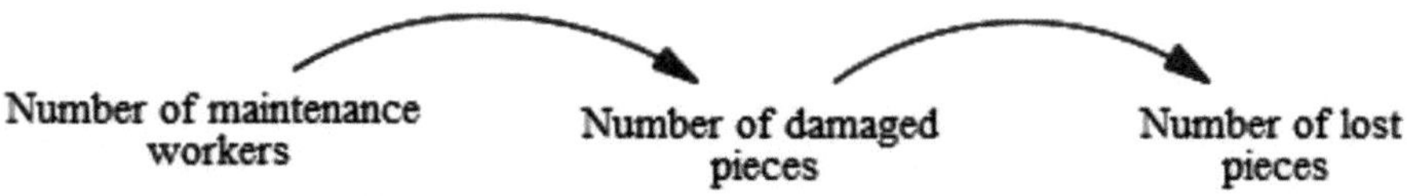

우리는 직원 수가 6개월째에 10명에서 5명으로 감소한다고 가정하자.

(1) Number of maintenance workers = 10-STEP(5,6)

(2) Number of damaged pieces = WITH LOOKUP(Number of maintenance

workers (0,800),(2,600),(4,400),(6,200),(8,100),(10,0)

(3) Number of lost pieces=Number of damaged pieces+RAMP(1,0,24)

이제 손상된 부품 수는 직원 수에 따라 달라진다고 정의하고, 직원이 10명일 때 손상된 부품 수는 0이다. 만약 직원이 8명일 경우 100개, 6명일 경우 200개, 4명일 경우 400개, 2명일 경우 600개, 0명일 경우 800개의 부품이 손상된다.

이를 위해 내부 테이블(Lookup)을 사용하여 정의할 것이다. Auxiliary Lookup을 변수 유형으로 선택한 후 AsGraph 버튼을 클릭하고, 정의된 점들을 독립 변수(Input)와 종속 변수(Output) 값의 쌍으로 입력해야 한다. 정보를 입력한 후 OK를 클릭한다.

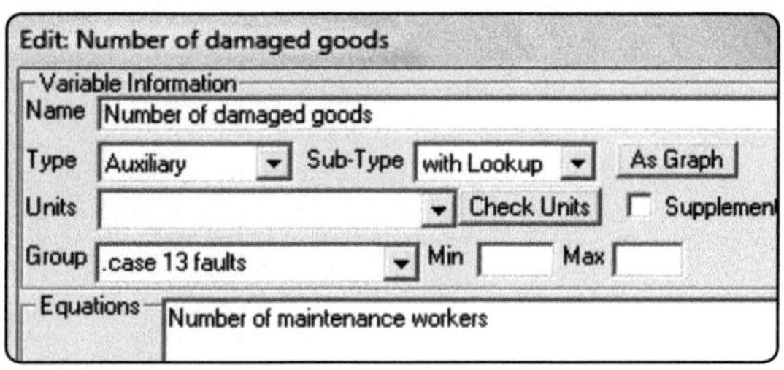

우리는 또한 유지보수 직원 수가 10명 미만이고 손실된 부품 수가 315개 이상일 때를 알고 싶다. 이를 위해 Reality Check를 사용할 것이다.

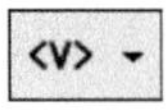

이를 위해 'Number of maintenance workers'와 'Number of lost pieces'의 그림자 변수를 추가하여 실제 변수와 혼동되지 않도록 한다. "RC of lost pieces" 변수를 추가하고, 이 변수와 관련된 화살표를 추가한다.

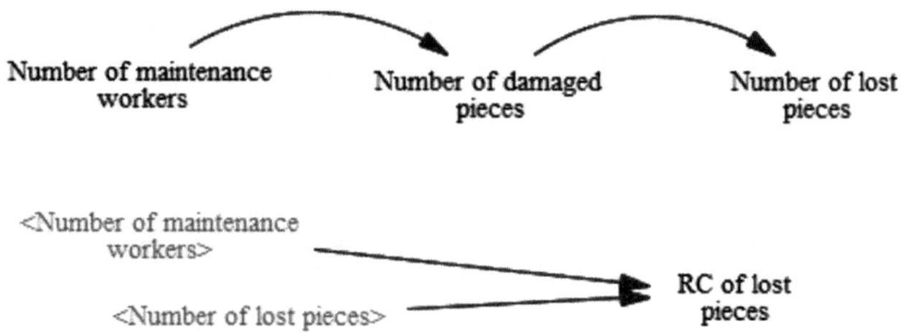

이 새 변수를 Type: Reality Check 및 Sub-Type: Constraint로 정의하고 방정식을 입력한다.

RC of lost pieces: THE CONDITION:
Number of maintenance workers<10:IMPLIES:Number of lost pieces>315

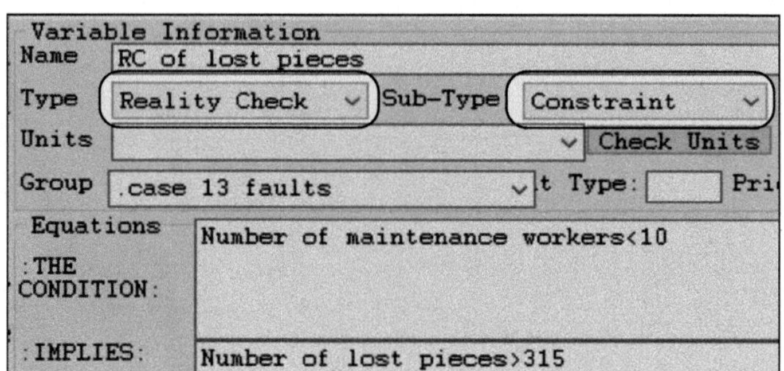

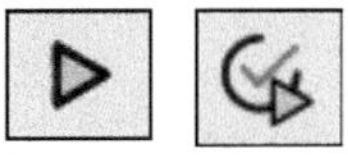

모델을 시뮬레이션한 다음 Reality Check 아이콘을 클릭한다. 나타나는 메뉴에서 “RC of lost pieces”를 선택하고 강조 표시를 클릭한다. 16개월 이후에는 이 규칙이 충족되지 않는다는 메시지가 나타난다.

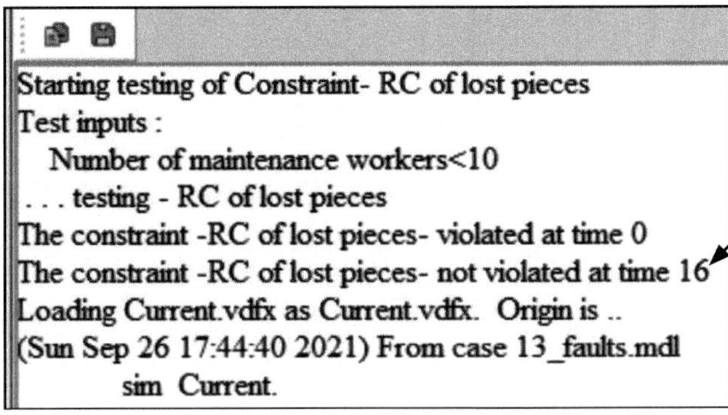

```
Starting testing of Constraint- RC of lost pieces
Test inputs :
   Number of maintenance workers<10
. . . testing - RC of lost pieces
The constraint -RC of lost pieces- violated at time 0
The constraint -RC of lost pieces- not violated at time 16
Loading Current.vdfx as Current.vdfx.  Origin is ..
(Sun Sep 26 17:44:40 2021) From case 13_faults.mdl
          sim  Current.
```

3.14. 프로젝트 역학 Project Dynamics

다양한 활동들, 예를 들어 학기 말 과제를 작성하는 것부터 핵융합 발전소를 건설하는 것까지는 매우 유사한 동적 특성을 가지고 있다. 목표가 있고 목표를 달성하기 위해 무엇이 필요한지에 대한 기대가 있으며, 그 뒤에는 많은 작업이 있고, 일정 기간 후에 목표의 성공 여부가 결정된다. 초기 목표와 기대에 비해 너무 오랜 시간이 걸리거나 비용이 너무 많이 들거나 품질이 낮거나 달성도가 낮은 프로젝트가 일반적이다.

이 실습에서는 프로젝트 완료와 관련된 과정들을 이해하는 데 도움이 되는 모델을 개발할 것이다. 구체적으로 이 프로젝트를 새 건물의 설계로 생각할 것이지만, 이 모델은 소프트웨어 개발, 신제품 디자인, 프레젠테이션 준비, 과제 작성 등 다른 활동에도 직접 적용될 수 있다. 자재 가용성이 매우 중요한 건설 작업이나 실험이 핵심 역할을 하는 과학 연구와 같은 활동을 조사하려면 모델을 확장해야 한다.

이 모델을 개념화하고 생성하는 데 있어 반복적인 접근 방식을 사용할 것이다. 문제와 관련된 가장 간단한 구조로 시작하여 계속해서 개선해 나갈 것이다. 이것은 모델을 완성했다고 생각했지만 결과가 이해 되지 않는 상황을 방지하는 유용한 방법이다. 매 단계마다 시뮬레이션을 수행하고 새 모델 구조가 추가될 때의 효과를 확인할 것이다.

이 모델을 개발하는 동안 컴퓨터가 구조 변경의 결과에 대한 지속적인 피드백을 제공할 것이다. 컴퓨터는 이를 잘 처리하지만, 우리가 무엇을 하고 있는지에 대해서도 생각하는 것이 중요하다. 어떤 시뮬레이션 실험을 실행하기 전에 결과가 어떻게 될 것인지 스스로에게 질문해야 한다. 만약 놀라운 결과가 나왔다면 그 이유를 알아봐야 한다. 만약 맞았다면 그것이 올바른 이유 때문인지 확인해야 한다.

Model 1. Task Accomplishment

모든 프로젝트의 가장 기본적인 특징은 해야 할 일이 있고, 그일이 완료된다는 것이다.

Model 2. Stopping Work

프로젝트 모델을 종료하는 몇 가지 방법이 있다. 하나는 프로젝트가 완료되었을 때 단순히 시뮬레이션을 멈추는 것이고, 다른 하나는 '프로젝트 완료'라는 변수를 만들어 이를 제어하는 방법이다. 이 마지막 방법은 일정이나 예산에 문제가 있을 경우 프로젝트의 범위를 줄이는 메커니즘을 제공할 것이다.

Model 3. Errors and Rework

지금까지는 작업이 오류 없이 수행된다고 가정해 왔다. 일반적으로 이것은 사실이 아니다. 오류는 직원 간의 잘못된 의사소통, 기술적 실수, 그리고 단순한 실수 등 여러 곳에서 발생할 수 있다. 그러나 오류가 발생하더라도 즉시 발견되지 않는다.

오류를 밝혀내는 검토 또는 통합 활동이 있을 때까지 오류는 발견되지 않은 상태로 유지된다.

Model 4. Rework Discovery

프로젝트의 마지막 단계에서는 재작업 발견이 크게 증가하는 경향이 있다. 이것은 마치 퍼즐 조각들을 맞추는 것과 매우 유사하다. 결국 어떤 조각이 누락되었거나 잘못된 모양인지 분명해진다. 발생할 수 있는 문제의 예로는 존재하지 않는 접근 통로에 의존하는 배관 시스템, 설계된 장치에 맞지 않는 환기구 크기 등이 있다.

Model 5. Schedule

프로젝트 관리의 목적은 프로젝트를 일정에 맞추어 진행하는 것이다. 이를 위해서는 일정이 무엇인지 파악하고 해당 일정에 맞게 자원을 조정해야 한다.

Model – Settings

INITIAL TIME= 0 FINAL TIME=24 Units for time=Month TIME STEP= 0.0625

TIME STEP=1이면 프로그램은 시뮬레이션 과정에서 24단계를 수행할 것이다(FINAL TIME – INITIAL TIME). 우리는 이 Time Step을 2일로 줄이고자 한다. 따라서 TIME STEP을 (12 months/year) x (2/365) = 0.065로 설정할 것이다. Model – Settings menu에서 가장 가까운 옵션인 0.0625를 선택할 것이다.

Model 1

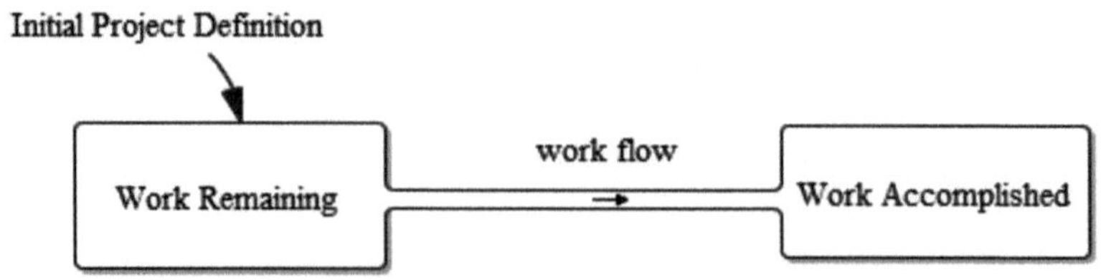

(01) initial project definition= 1000 Units: Tasks

우리는 'Initial Project Definition'를 1,000개의 작업으로 설정하고, 작업 흐름을 100으로 설정한다. 모든 작업이 동일하다고 간주할 것이며, 이는 모델의 목표를 작업이 아닌 오류 연구에 중점을 두고자 하기 때문이다. 우리는 프로젝트의 전반적인 과정을 다루고 있다.

(02) Work Accomplished= work flow

Initial value: 0

Units: Tasks

(03) work flow=100

Units: Tasks/Month

우리는 매달 100개의 작업을 수행한다.

(04) Work Remaining=-work flow

Initial value: Initial Project Definition

Units: Tasks

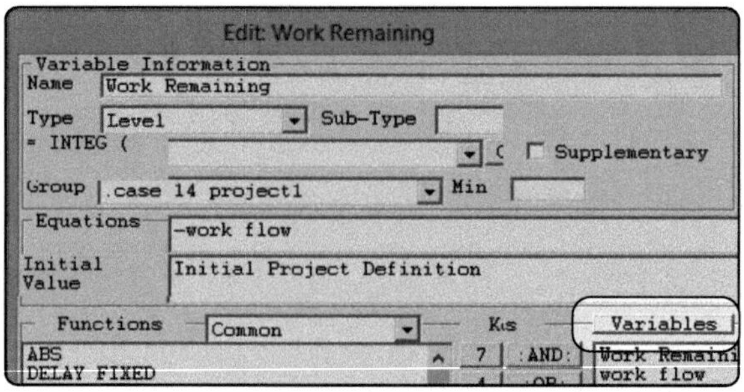

참고: 'Work Remaining' 방정식에서 경고 메시지를 방지하려면 'Supplementary'를 클릭한다. 이 변수는 다른 변수에 영향을 미치지 않기 때문이다.

Simulate and Results

동일한 그래프에 두 변수를 표시하려면 제어판 아이콘을 클릭하고, 옵션에서 'Custom Graph - New'를 선택한 후, 함께 표시할 변수를 선택한다.

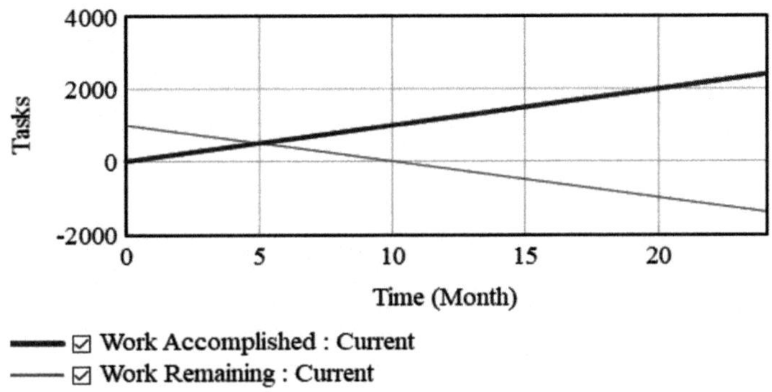

Model 2

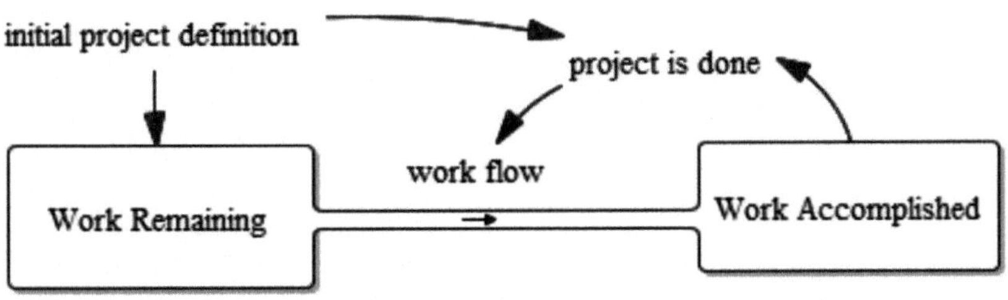

(01) initial project definition= 1000

Units: Tasks

우리는 'Initial Project Definition'를 1,000개의 작업으로 설정하고, 작업 흐름을 100으로 설정한다. 모든 작업이 동일하다고 간주할 것이며, 이는 모델의 목표를 작업이 아닌 오류 연구에 중점을 두고자 하기 때문이다. 우리는 프로젝트의 전반적인 과정을 다루고 있다.

(02) project is done= IF THEN ELSE(Work Accomplished>=Initial Project Definition, 1,0)
Units: Tasks

(03) Work Accomplished= work flow
Initial value: 0
Units: Tasks

(04) work flow= IF THEN ELSE(Project is done=1, 0 ,100)
Units: Tasks/Month
우리는 프로젝트가 완료될 때까지 매달 100개의 작업을 수행한다.

(05) Work Remaining= -work flow
Initial value: Initial Project Definition
Units: Tasks

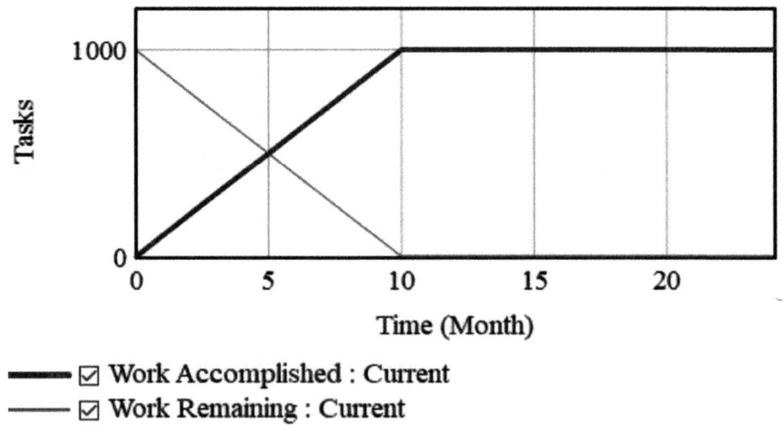

Model 3

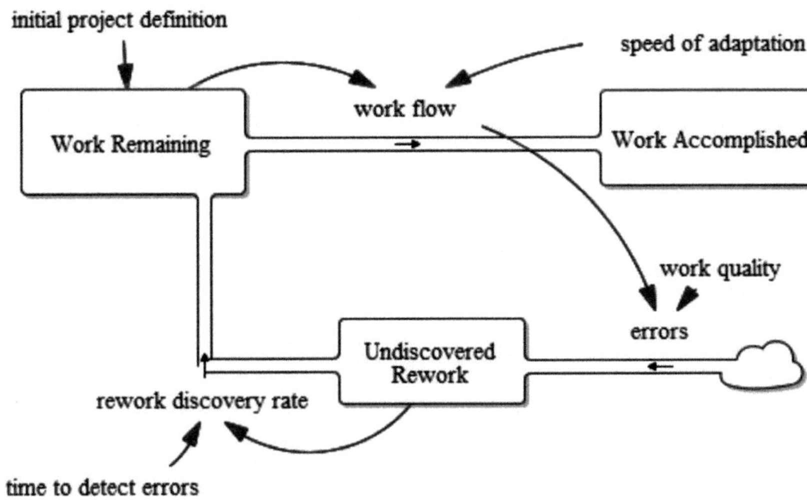

(01) errors=work flow*(1-work quality)

Units: Tasks/Month

이 모델에서는 작업이 오류 없이 완료된다고 가정하지 않는다. 오류는 수행된 작업(작업 흐름)과 원하는 품질을 달성하지 못한 작업의 비율에 따라 결정된다.

(02) initial project definition= 1000

Units: Tasks

우리는 'Initial Project Definition'를 1,000개의 작업으로 설정하고, 작업 흐름을 100으로 설정한다. 모든 작업이 동일하다고 간주할 것이며, 이는 모델의 목표를 작업이 아닌 오류 연구에 중점을 두고자 하기 때문이다. 우리는 프로젝트의 전반적인 과정을 다루고 있다.

(03) rework discovery rate= Undiscovered Rework/Time to detect errors

Units: Tasks/Month

오류가 발생해도 즉시 발견되지 않는다. 오류는 검토 또는 통합 활동이 있을 때까지 발견되지 않은 채 남아 있다. 이는 '발견되지 않은 재작업'과 '오류 발견 시간'을 기반으로 계산된다.

(04) time to detect errors= 3

Units: Month

오류를 감지하는 시간은 상수이다.

(05) Undiscovered Rework= errors-rework discovery rate

Initial value: 0

Units: Tasks

(06) Work Accomplished= work flow

Initial value: 0

Units: Tasks

(07) work flow= MIN(Work Remaining,100)/speed of adaptation

Units: Tasks/Month

우리는 남은 작업이 100 미만이 될 때까지 매달 100개의 작업을 수행한다.

(08) Work Quality=0.9

Percentage of the tasks that are done correctly

Units: Dmnl

(09) Work Remaining= -work flow+rework discovery rate

Initial value: Initial Project Definition

Units: Tasks

(10) speed of adaptation=1

Units: Month

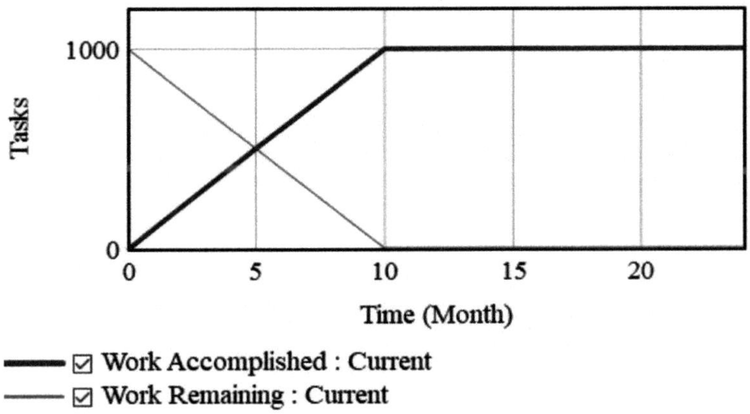

Units Check 아이콘을 클릭한다.

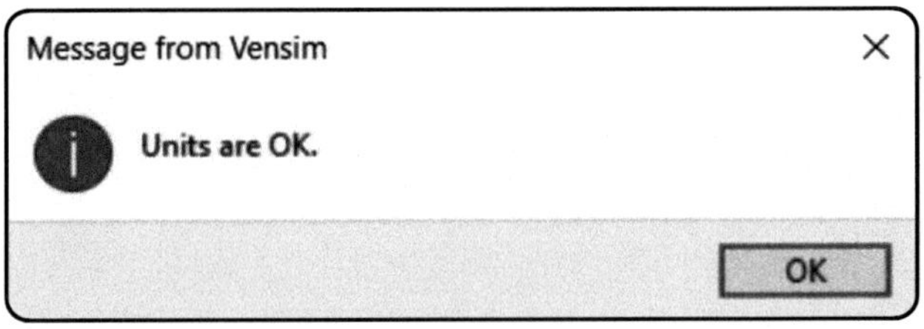

Model 4

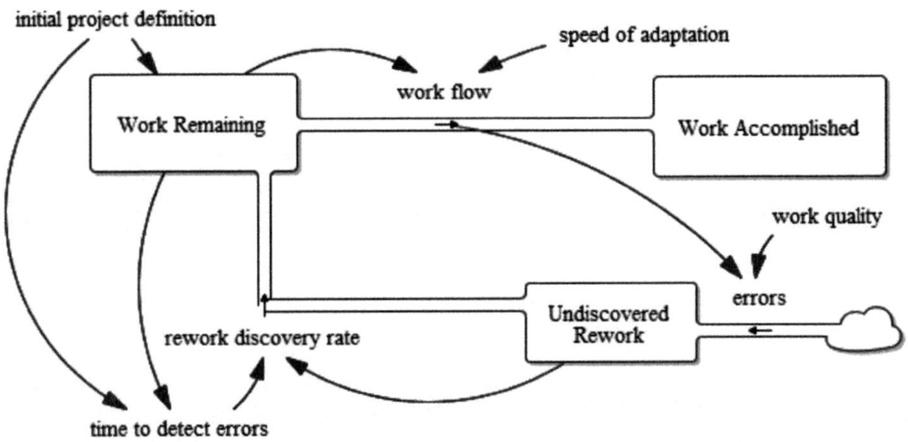

(01) errors=work flow*(1-work quality)

Units: Tasks/Month

이 모델에서는 작업이 오류 없이 완료된다고 가정하지 않는다. 오류는 수행된 작업(작업 흐름)과 원하는 품질을 달성하지 못한 작업의 비율에 따라 결정된다.

(02) initial project definition= 1000

Units: Tasks

우리는 'Initial Project Definition'를 1,000개의 작업으로 설정하고, 작업 흐름을 100으로 설정한다. 모든 작업이 동일하다고 간주할 것이며, 이는 모델의 목표를 작업이 아닌 오류 연구에 중점을 두고자 하기 때문이다. 우리는 프로젝트의 전반적인 과정을 다루고 있다.

(03) rework discovery rate= Undiscovered Rework/time to detect errors

Units: Tasks/Month

오류가 발생해도 즉시 발견되지 않는다. 오류는 검토 또는 통합 활동이 있을 때까지 발견되지 않은 채 남아 있다. 이는 '발견되지 않은 재작업'과 '오류 발견 시간'을 기반으로 계산된다.

(04) speed of adaptation= 1

Units: Month

이는 요구되는 완료 날짜를 달성하는 데 필요한 인력과 현재 인력 간의 적응 속도이다.

(05) time to detect errors = WITH LOOKUP

(Work Remaining/initial project definition

(0,0.5),(0.2,1),(0.4,3),(0.6,6),(0.8,9),(1,12)

Units: Month

오류 발견 시간은 프로젝트 상태에 따라 달라진다. 이 표에서는 프로젝트 초기에 남은 작업이 많을 때 오류를 발견하는 속도가 느리고, 프로젝트가 끝날 즈음에는 더 빨라진다는 개념을 사용하고 있다. 이 변수를 정의하려면, Type=Auxiliary, Sub-Type=with Lookup, As Graph=표에 값을 입력하고 설정한다.

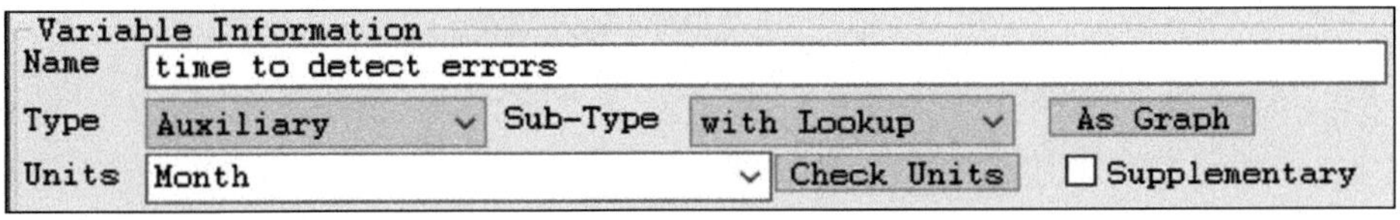

(06) Undiscovered Rework= INTEG (errors-rework discovery rate

Initial value: 0

Units: Tasks

(07) Work Accomplished= INTEG (work flow)

Initial value: 0

Units: Tasks

(08) work flow=MIN(Work Remaining,100)/speed of adaptation

Units: Tasks/Month

우리는 남은 작업이 100 미만이 될 때까지 매달 100개의 작업을 수행한다.

(09) Work Remaining= INTEG (-work flow+rework discovery rate

Initial value: initial project definition

Units: Tasks

(10) work quality= 0.9

Units: Dmnl

올바르게 수행된 작업의 비율이다.

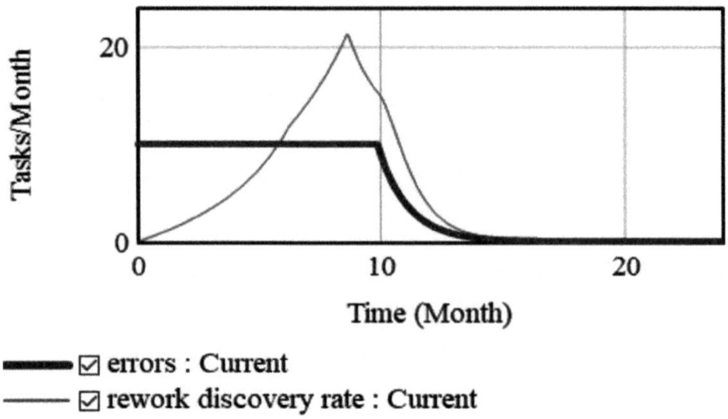

Model 5

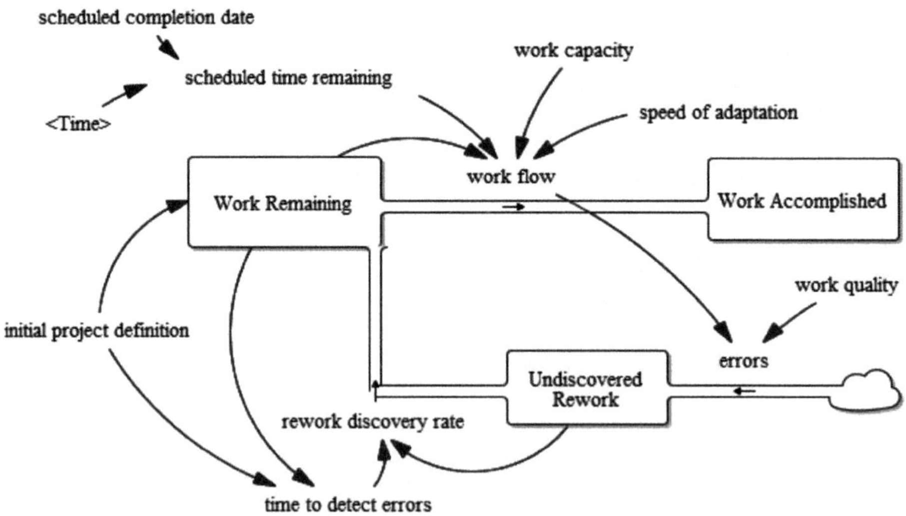

모든 프로젝트에는 완료 날짜와 납품 날짜가 있으며, 이에 따라 작업 속도와 사용되는 자원의 양이 달라진다. <Time> 변수는 10개월부터 0개월까지 언제든지 잔여기간을 계산하는 간단한 방법이다. 아이콘 'Shadow Variable'을 사용하여 <Time> 변수를 선택한다.

(01) errors=work flow*(1-work quality)

Units: Tasks/Month

이 모델에서는 작업이 오류 없이 완료된다고 가정하지 않는다. 오류는 수행된 작업(작업 흐름)과 원하는 품질을 달성하지 못한 작업의 비율에 따라 결정된다.

(02) initial project definition= 1000

Units: Tasks

(03) rework discovery rate=Undiscovered Rework/time to detect errors

Units: Tasks/Month

오류가 발생해도 즉시 발견되지 않는다. 오류는 검토 또는 통합 활동이 있을 때까지 발견되지 않은 채 남아 있다. 이는 '발견되지 않은 재작업'과 '오류 발견 시간'을 기반으로 계산된다.

(04) scheduled completion date= 10

Units: Month

우리는 1,000개의 작업과 100개의 작업/월 일정을 가지고 있으므로 프로젝트를 완료하는 데 10개월이 소요된다.

(05) scheduled time remaining=MAX(scheduled completion date-Time,0)

Units: Month

이는 작업을 완료할 남은 시간을 계산하는 쉬운 방법이다. <Time> 변수를 아이콘 'Shadow Variable'을 사용하여 추가했는지 확인한다.

(06) speed of adaptation=1

Units: Month

(07) time to detect errors = WITH LOOKUP (Work Remaining/ initial project definition, (0,0.5),(0.2,1),(0.4,3),(0.6,6),(0.8,9),(1,12)

Units: Month

오류 발견 시간은 프로젝트 상태에 따라 달라진다.

(08) Undiscovered Rework= INTEG (errors-rework discovery rate)

Initial value: 0

Units: Tasks

(09) Work Accomplished= INTEG (work flow)

Initial value: 0

Units: Tasks

(10) work capacity= 250

Units: Tasks/Month

이는 우리 팀이 한 달 동안 수행할 수 있는 최대 작업량이다. 우리는 이를 상수로 간주한다.

(11) work flow= MIN(work capacity, XIDZ(Work Remaining, scheduled time remaining, Work Remaining/speed of adaptation))

Units: Tasks/Month

프로젝트 관리의 목적은 프로젝트를 일정에 맞추어 진행하는 것이다. 이를 위해서는 일정을 알고 자원을 조정하여 그 일정을 맞추는 것이 필요하다. '작업 흐름'은 '작업 용량'과 완료 날짜를 맞추기 위해 필요한 생산 용량(계산된 값: 남은 작업/예정 남은 시간) 중 최솟값(MIN 함수)이다. '남은 작업'을 '예정 남은 시간'으로 나눈 값으로 계산되며, 이 값이 0일 때는 (XIDZ 함수) 매달 '남은 작업'을 '적응 속도'로 나눈 값을 사용한다.

(12) work quality= 0.9

Units: Dmnl

올바르게 수행된 작업의 비율이다.

(13) Work Remaining= INTEG (-work flow+rework discovery rate)

Initial value: initial project definition

Units: Tasks

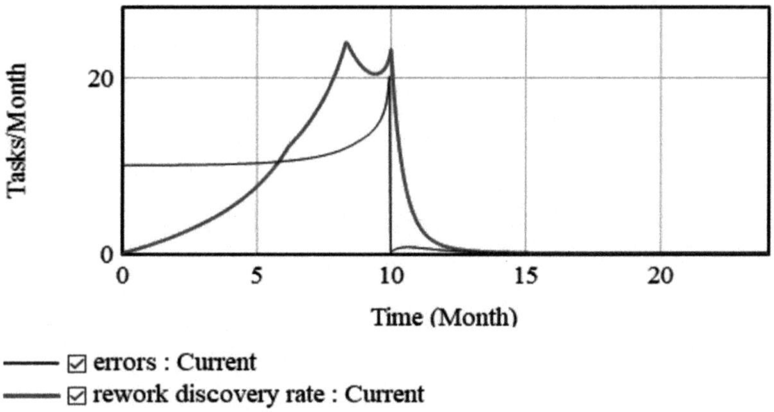

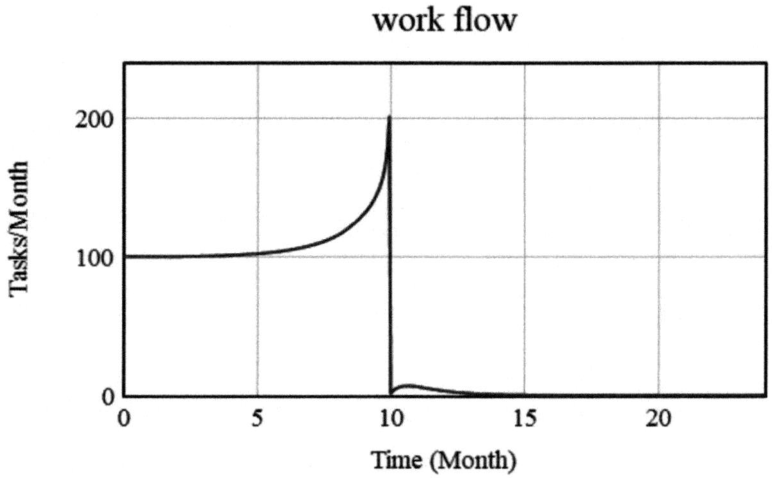

3.15. 혁신 기업 Innovatory Companies

이 실습에서는 혁신적인 기업의 특징과 모델 구축에 따른 단계, 최신 모델의 구조, 이 구조에서 얻어진 행동, 수행된 시뮬레이션 및 민감도 분석을 볼 수 있다. 마지막으로, 혁신적인 기업이 따라야 할 가장 적합한 정책과 목표가 설명된다.

이 주제를 다루는 전문가와 참고 문헌에 따르면, 혁신적인 기업의 특징은 소규모, 빠르게 변화하는 기술 환경, 높은 기술적 위험, 연구개발에 대한 투자 필요성, 정부 지원 정책 및 프로그램, 원자재 접근의 어려움, 숙련된 인력 확보의 어려움, 유통 채널의 확보 어려움, 보호 장벽 없는 시장, 매력적인 마진, 재정적 어려움, 정부 지원의 필요성 등이 있다.

다음 그림은 기본 인과관계 다이어그램을 나타낸 것이다.

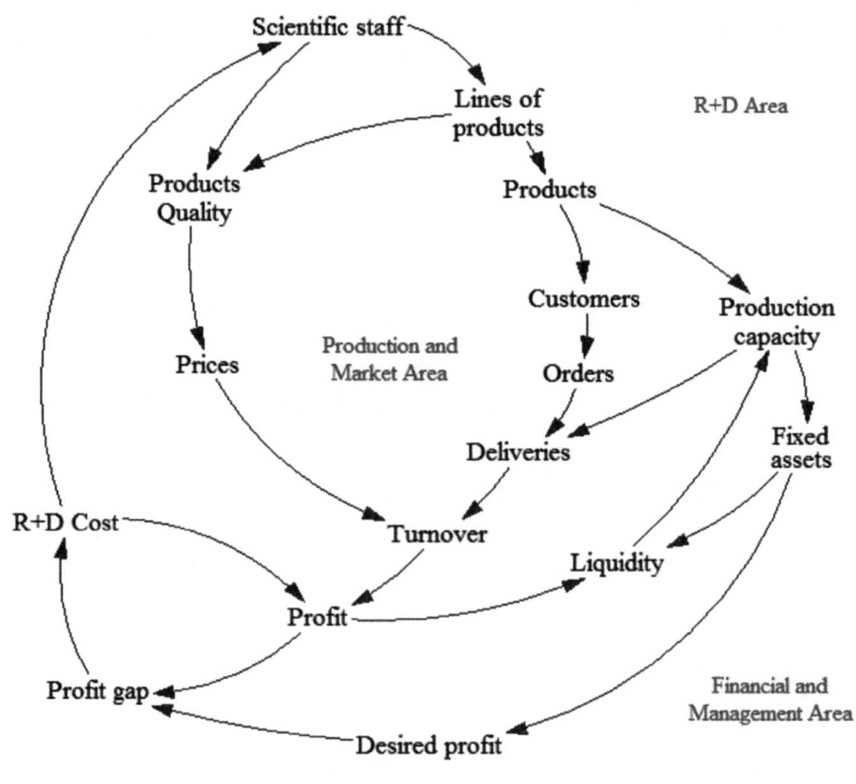

모델은 R&D 영역, 생산 및 시장 영역, 재무 및 관리 영역의 세 가지 주요 영역으로 구분된다. 우리는 R&D 비용으로 연구 인력을 고용할 수 있게 하며, 이들이 생산라인을 구축하고 현재의 생산 능력에 기반한 유통물류를 실행하게 한다. 또한, 제품의 품질은 가격에 영향을 미치며, 이는 배송과 결합되어 매출을 정의한다. 매출은 이익을 얻을 수 있게 해준다.

현금 상황은 생산 능력의 규모를 제한한다. 다시 말해, '고정 자산'은 생산 능력을 나타내는 회계 용어로, 기대 이익에 영향을 미친다. 기대 이익이 실제 이익보다 높을 경우, R&D 비용이 줄어드는 경향이 있다. 다음에서 주요 요인을 설명하겠지만, 전체적인 관점에서 보면 긍정적 루프와 부정적 루프가 존재하는 것을 알 수 있다. 긍정적 루프는 그 자체로 회사를 기하급수적으로 성장시키거나 빠르게 붕괴시킬 수 있다. 반면, 부정적 루프는 긍정적 루프의 안정제 역할을 한다.

우리는 각 영역의 투입과 산출을 명확히 볼 수 있다. 즉, R&D 영역은 재무 및 관리 영역에서 R&D 비용을 투입받아 특정 품질의 제품을 개발한다. 생산 및 시장 영역은 현금 상황과 함께 이러한 산출물을 받아, 특정 가격과 생산 능력으로 완성품을 납품하게 된다. 마지막으로, 이러한 투입을 바탕으로 재무 및 관리 영역은 주어진 R&D 예산 지출을 제공한다. 이제 모델의 주요 요인과의 관계를 살펴보겠다.

연구개발 분야 Research and Development area

이것은 제품 생산에 영향을 미치는 요인들을 보여주는 모델의 핵심 영역이다. 이 영역은 다음을 포함한다:

과학 인력: R&D 비용을 바탕으로 고용될 수 있는 인원이다. 이는 R&D에 전념하는 연구 인력과 생산에 전념하는 생산 인력으로 나뉜다. 초기에는 모든 과학 인력이 R&D에 전념하지만, 첫 번째 제품 라인이 출시된 후 두 그룹으로 나뉜다.

과학적 진보: 회사의 과학적 진보는 연구에 전념하는 직원 수를 기반으로 발전하며, 선택된 작업 영역의 과학적 난이도와 회사의 R&D 작업의 과학적 수준에 의해 제한된다.

과학적 난이도: 회사가 제품을 도입하고자 하는 영역의 과학적 난이도를 의미하며, 최신 기술을 제공하고자 할 경우 높을 수 있고, 그렇지 않으면 낮을 수 있다.

과학적 수준: 환경의 과학적 진보를 의미한다. 환경과의 관계가 원활하다고 가정할 때, 회사의 과학적 수준은 회사의 과학적 진보와 환경의 진보에 따라 증가한다. 이는 회사 설립 이전의 연구를 포함하기 때문에 처음에는 환경보다 높다.

제품의 잠재적 품질: 이는 회사의 과학적 수준과 생산 품질의 향상에 따라 발전한다. 제품 라인이 증가할수록 규모의 경제 감소를 초래하여 품질 향상이 저하된다.

실제 품질: 이는 제품 라인이 출시될 당시의 잠재적 품질과 동일하며, 새로운 라인이 출시될 때까지 변하지 않는다고 가정한다.

품질 격차: 회사 제품의 기술적 품질이 환경보다 얼마나 더 뛰어난지를 나타내는 비율이다. 이 격차는 제품 가격에 명확한 영향을 미친다.

미적용 기술 격차: 이는 새로운 제품 라인을 만들기 위한 연구 노력이 포함되며, 환경에 대한 지식에 비해 원하는 기술적 이점을 아직 달성하지 못했기 때문에 적용되지 않은 상태이다. 이는 회사의 과학적 수준과 환경의 과학적 수준 간의 차이에 따라 증가하며, 제품 라인이 적용됨에 따라 감소한다.

제품 라인: 이는 성공한 라인의 수를 나타내며, 제품 창출의 기반이 된다. 이러한 기업에서 제품은 단독으로 생산되지 않으며, 한 가지 제품 유형이 고객의 일반적인 요구를 충족시키는 다양한 제품으로 생산된다. 제품 라인은 미

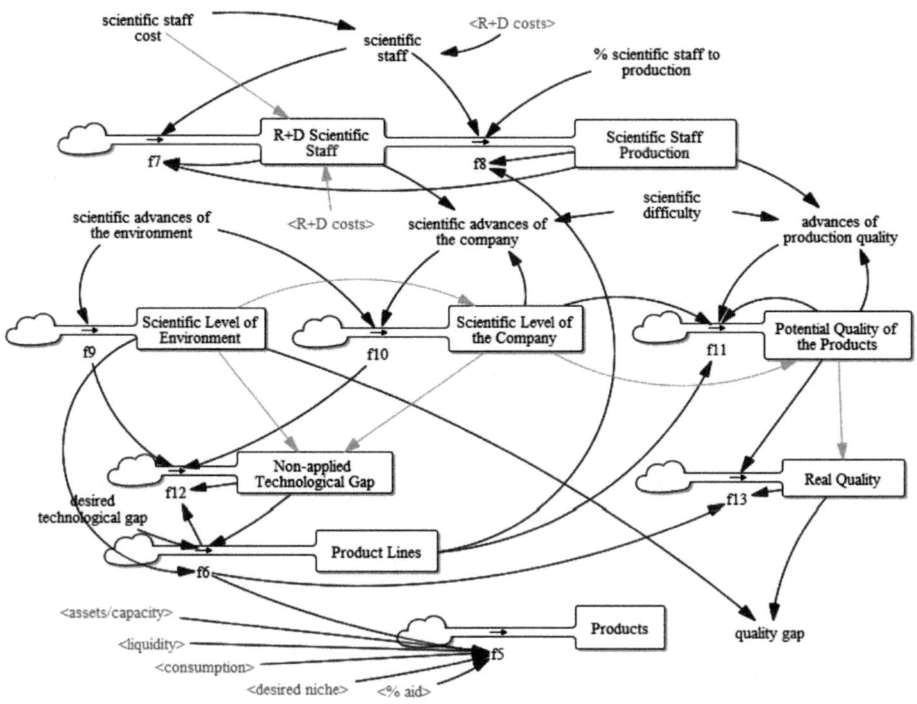

적용 기술 격차가 환경의 과학적 수준을 원하는 값만큼 초과할 때 생산된다. 이 상수를 통해 다양한 시장 진입의 시점을 시뮬레이션할 수 있게 한다.

제품: 라인이 확보된 후 생산된 제품은 특정 고객의 욕구를 해결하기 위한 하나의 과학적 기반의 다양한 응용에 불과하다. 이 변수는 투자 규모가 제한되어 있기 때문에 시장에 출시된 제품을 다루며, 출시될 가능성이 있는 제품은 다루지 않는다. 따라서 사용할 수 있는 현금이 새로운 고정 자산 투자를 재정적으로 지원할 수 있을 때만 제품이 출시된다. 이 부문의 역동성 때문에, 일련의 신제품 연구가 완료된 후 일정 시간이 지나도 투자 여력의 한계로 생산되지 못한 제품이 남아 있을 수 있고, 회사는 연구 개발된 신제품을 출시할 기회를 잃는다. 제품의 흐름은 제품 라인의 확보와 관련해 약간의 지연을 나타낸다.

생산과 시장 분야 Production and Market Area

이 영역은 생산과 판매의 주요 측면을 포함하고 있다.

생산 능력: 이는 제품 출시와 함께 증가한다. 생산 능력은 출고 흐름을 결정하며, 생산 재고는 중요한 요인으로 고려되지 않는다.

주문: 이는 제품 수, 고객 수, 그리고 소비량을 기준으로 계산된다. 연구 기간 동안 고객당 단위 소비량은 일정하다고 가정한다.

배송량: 생산 능력이 허용하는 한, 출고량은 주문량과 일치한다. 생산 능력을 초과하는 주문은 손실된 것으로 간주된다. 만약 주문이 생산 능력을 초과하면, 우리는 이를 생산 압력이라고 부른다. 현금 상황이 허락하는 한, 일정 시간 지연 후 이 압력은 생산 능력 확대로 이어질 것이다.

가격: 회사는 기준가격에 크게 영향을 미치지 못하지만, 제품의 품질 격차에 따라 더 높은 또는 낮은 가격을 받을 수 있다고 가정한다.

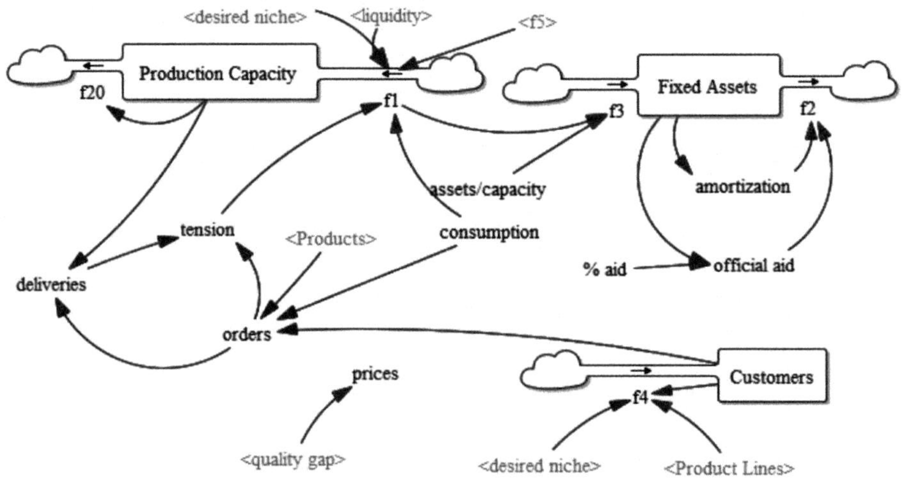

고객: 이는 회사의 고객 수를 나타낸다. 회사는 첫 번째 제품 라인을 확보한 후 원하는 틈새 시장에서 고객을 찾기 시작한다.

고정 자산: 기계 및 설비와 같은 고정 자산에 대한 투자 가치를 의미한다. 이러한 투자에 대한 외부 자금 조달이 어렵기 때문에 회사는 자체 자본을 사용해야 한다. 고정 자산은 생산 능력 향상에 따라 증가하며, 감가상각과 공적 지원금에 따라 감소한다. 이는 기대 이익의 계산에서 매우 중요한 역할을 한다.

재정 및 관리 분야 Finance and Management Area

이 분야에서는 회사의 회계 및 관리 측면을 다룬다. 기본적인 요인은 다음과 같다.

매출액: 배송량에 가격을 곱한 값이다.

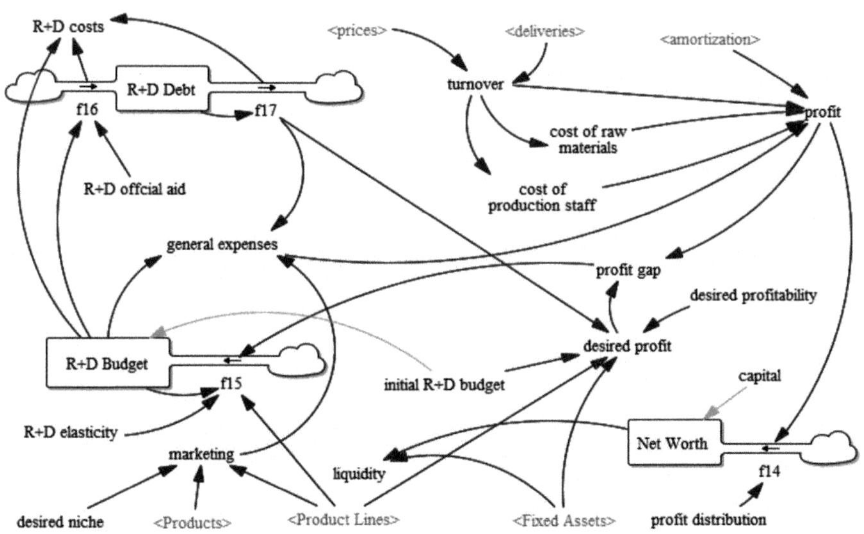

이익: 영업이익 개념이다. 매출액에서 원자재 비용, 생산 급여 비용, 연구 및 마케팅을 포함한 일반 비용, 감가상각비를 뺀 값으로 계산된다. 현금 수입이나 지출은 외부 요인으로 인해 회사의 경영 성과 지표를 왜곡시키기 때문에 고려하지 않는다. 이러한 유형의 회사는 유동성 문제가 있을 때 외부 자금 조달이 어렵기 때문에 금융비용도 포함하지 않는다.

원자재 비용 및 생산 직원 비용: 이는 매출액의 고정 비율이다. 첫째, 경험 곡선은 원자재와 노동의 소비를 감소시킨다. 둘째, 동시에 제품 가격 인하를 고려해야 한다. 이 두 가지 측면을 결합하여 매출의 고정 비율을 설정한다.

순자산: 특정 시점의 회사 순자산 가치는 초기 자본과 연간 이익의 합으로 계산되며, 이는 이익 분배 정책에 따라 결정된다. 이익이 발생하면 이익을 순자산으로 편입하고, 손실이 발생하면 손실을 순자산에서 공제한다.

이익 배분: 이익의 배분 또는 재투자를 다루는 회사 정책이다.

목표 수익률: 순자산 대비 고정 자산에 적용되는 비율로, 목표 이익을 얻기 위해 사용된다.

이익 차이: 목표 이익과 실제 이익 간의 상대적인 차이를 말한다.

유동성: 고정 자산에 포함되지 않은 순자산이다. 순자산에 따라 회사가 획득할 수 있는 고정 자산의 최대 금액을 설정하며, 고정 자산은 외부 자금을 조달하여 투자 하지 않는다.

일반 관리 비용: 연구 개발 및 마케팅 비용이며, 연구개발비의 공적 지원금 상환금도 포함한다. 이는 투자 지원금과 달리 대출 형태로 제공된 지원금이기 때문이다.

연구개발비 투자: 회사가 R&D에 투자하는 금액이다. 순 공적 지원금을 더하면 R&D 지출이 된다. 회사의 경영진은 일정한 범위 내에서 탄력적으로 R&D 예산을 조정할 수 있다. R&D 예산 조정의 이유는 실제 이익과 목표 이익 간의 차이에 있다. 실제 이익이 목표에 미치지 못하면 경영진은 R&D 예산을 줄이고, 목표를 초과하면 R&D 예산을 증가시키는 경향이 있다.

마케팅: 제품을 홍보하고 잠재 고객에게 제품의 특성을 알리기 위한 지출이다. 이는 제품 수와 고객 틈새시장에 따라 달라진다.

틈새 목표 시장: 회사가 제품의 판매를 목표로 하는 고객 그룹이다. 매우 넓은 시장을 목표로 할 경우 마케팅 비용과 유통 네트워크 비용이 많이 들며, 매우 좁은 시장을 목표로 할 경우 비용 지출이 적을 수 있다. 회사의 접근성이 경쟁사보다 결정적인 경쟁 우위를 제공할 수 있다.

R&D에 대한 공적 지원: R&D 프로젝트 비용의 최대 50%까지 5년 동안 무이자 대출로 지원된다.

R&D 비용: R&D 예산과 순 공적 지원(지원 투입 금액과 받은 대출금 반환 금액)이 포함된다.

마지막으로 회사의 상황을 나타내는 두 가지 지표가 있다.

이익률: 이익을 매출액으로 나눈 비율로 계산된다.

R&D 비용/매출액: 이 연구가 혁신적인 기업을 다루기 때문에 매출액 대비 R&D 비율은 회사 운영에서 이 요인의 중요성을 파악하는 데 도움이 될 수 있다.

Model – Settings

INITIAL TIME= 0　FINAL TIME= 120　TIME STEP= 1

Units for time= Month

Equations ▷

(01) % aid= 0.2

(02) % scientific staff to production= 0.5

(03) advances of production quality=Scientific Staff Production/
(scientific difficulty*Potential Quality of the Products/100)

(04) amortization= Fixed Assets/(12*5)

(05) assets/capacity= 5000

(06) capital= 50000000

(07) consumption=1

(08) cost of production staff= turnover*0.25

(09) cost of raw materials= turnover*0.25

(10) Customers= f4
Initial value: 0

(11) deliveries= min(Production Capacity,orders)

(12) desired niche=1000

(13) desired profit= -initial R+D budget-f17+((Fixed Assets*desired profitability/12)+initial R+D budget+f17)*IF THEN ELSE (Product Lines>0.1, 1 , 0)

(14) desired profitability= 0.25

(15) desired technological gap= 0.5

(16) f1=((consumption*desired niche*f5)+smooth(tension,12))*IF THEN ELSE (liquidity>1,1 , 0)

(17) f10= scientific advances of the environment+scientific advances of the company

(18) f11= (advances of production quality+Scientific Level of the Company-Potential Quality of the Products)/(1+(Product Lines*Product Lines))

(19) f12=(f10-f9)-IF THEN ELSE(f6>0.1,Non-applied Technological Gap, 0)

(20) f13=IF THEN ELSE(f6>0.1,Potential Quality of the Products-Real Quality ,0)

(21) f14=IF THEN ELSE(profit>1, profit*profit distribution ,profit)

(22) f15=R+D Budget*R+D elasticity*IF THEN ELSE(profit gap> 0.01, 1, -1)*IF THEN ELSE (Product Lines>0.1, 1 , 0)

(23) f16=R+D Budget*R+D official aid

(24) f17=R+D Debt/(12*5)

(25) f2= amortization+official aid

(26) f20= Production Capacity/(12*5)

(27) f3= assets/capacity*f1

(28) f4= DELAY3((desired niche-Customers)/12,3)*IF THEN ELSE (Product Lines>0.1, 1, 0)

(29) f5=smooth(f6*10,3)*IF THEN ELSE(liquidity>assets/capacity* consumption*desired niche*(1-% aid), 1 , 0)

(30) f6=IF THEN ELSE(Non-applied Technological Gap>Scientific Level of Environment*desired technological gap,1,0)

(31) f7=scientific staff-R+D Scientific Staff-Scientific Staff Production

(32) f8=IF THEN ELSE(Product Lines>0.1, scientific staff*% scientific staff to production, 0)-Scientific Staff Production

(33) f9=scientific advances of the environment

(34) Fixed Assets= +f3-f2 Initial value: 0

(35) general expenses= f17+marketing + R+D Budget

(36) initial R+D budget= 1500000

(37) liquidity=Net Worth-Fixed Assets

(38) marketing = desired niche*100*Products*IFTHENELSE

(Product Lines>0.1,1, 0)

(39) Net Worth= f14
Initial value: capital

(40) Non-applied Technological Gap=f12
Initial value: Scientific Level of the Company-Scientific Level of Environment)

(41) official aid=Fixed Assets*% aid

(42) orders=Customers*Products*consumption

(43) Potential Quality of the Products= f11
Initial value: Scientific Level of the Company

(44) prices=1000*(1+quality gap)

(45) Product Lines= f6
Initial value: 0

(46) Production Capacity= f1-f20
Initial value: 0

(47) Products = f5
Initial value: 0

(48) profit = turnover-amortization-cost of production staff-cost of raw materials-general expenses

(49) profit distribution = 0.25

(50) profit gap = (profit-desired profit)/(max(desired profit,-desired profit)+1)

(51) quality gap = (Real Quality-Scientific Level of Environment) / Scientific Level of Environment

(52) R+D Budget = f15

Initial value: initial R+D budget

(53) R+D costs = R+D Budget+f16-f17

(54) R+D Debt = f16-f17
Initial value: 0

(55) R+D elasticity = 0.01

(56) R+D official aid = 0.5

(57) R+D Scientific Staff = f7-f8
Initial value:R+D costs/scientific staff cost

(58) Real Quality = f13
Initial value: Potential Quality of the Products

(59) scientific advances of the company=R+D Scientific Staff/(scientific difficulty*Scientific Level of the Company/100)

(60) scientific advances of the environment=1

(61) scientific difficulty= 0.5

(62) Scientific Level of Environment= f9
Initial value: 100

(63) Scientific Level of the Company= f10
Initial value: Scientific Level of Environment*1.2

(64) scientific staff = R+D costs/scientific staff cost

(65) scientific staff cost = 500000

(66) Scientific Staff Production= f8
Initial value: 0

(67) tension = orders-deliveries

(68) turnover = deliveries*prices

Behavior

회사의 설립자들이 초기 연구 및 시장 조사를 수행하고 필요한 자본을 확보하는 기간을 제외하면, 명확하게 세 가지의 서로 다른 단계를 관찰할 수 있다.

첫 번째 단계는 회사가 운영을 시작하는 시점부터 첫 번째 제품 라인을 확보할 때까지 지속된다. 이 단계는 회사가 특정 제품이나 서비스 라인을 확보할 수 있도록 과학적 문제 해결에만 초점을 맞춘 집중적인 R&D 활동이 특징이다. 이 단계의 유일한 과제는 초기 자본이 소진되기 전에 첫 번째 제품 라인을 확보하는 것이다.

두 번째 단계는 첫 번째 제품이 출시되는 시점에 시작된다. 이 단계는 생산 기계 구입, 새로운 생산 직원 채용, 생산 시작, 그리고 R&D에서 생산으로 과학 인력을 전환해야 하는 것이 특징이다. 또한 마케팅 및 판매 비용도 충당해야 한다. 이러한 모든 과제가 심각한 현금 제약과 자본 부족 환경에서 다뤄진다. 따라서 이 단계의 과제는 심각한 재정적 어려움 속에서 생산 구조를 구축하는 것이다.

세 번째 단계는 새로운 제품 라인의 구축이다. 이 단계에서는 회사가 생성하는 자원을 서로 필요로 하는 여러 요인 사이에서 분배하는 문제들이 발생한다. R&D 부서는 초기 연구 수준을 회복하기 위해 더 많은 자금을 요청하고, 생산 부서는 생산 능력을 확장하여 판매와 생산의 격차를 좁히기 위해 자금을 요청하며, 오랜 기다림 끝에 자본 투자자들은 자신들이 감수한 위험 투자에 대한 높은 보상을 원할 것이다. 결국, 마지막 과제는 자원의 효과적인 분배를 달성하는 데 있다.

이제 120개월, 즉, 10년 동안 모델의 주요 요인들의 진화 과정을 간단히 살펴보자. 먼저, 과학 인력의 진화를 볼 수 있다. 이들의 행동은 첫 번째 제품 라인을 확보하는 시점에 크게 영향을 받는다. 이 시점에서 두 가지 현상이 발생한다. 일부는 회사가 해야 할 투자와 지출로 인해 해고되기 시작하고, 다른 일부는 재배치되어 R&D에서 생산으로 전환된다.

다음으로 회사의 과학적 수준, 환경의 과학적 수준, 잠재적인 품질, 실제 품질의 진화를 살펴보자. 환경의 과학적 수준은 10년 동안 약 두 배로 향상되며, 회사의 연구 결과로 회사의 과학적 수준은 항상 환경의 수준보다 높다. 제품의 잠재적인 품질은 회사의 과학적 수준보다 낮다. 이는 제품이 회사의 모든 지식을 통합할 수 없기 때문이다. 실제 품질은 새로운 제품 라인이 출시될 때 잠재적인 품질과 일치한다.

실제 품질과 환경의 과학적 수준 간의 품질 격차는 새로운 제품 라인이 출시된 후 최대치에 도달하고 그 이후 감소하는 모습을 확인할 수 있다. 제품 라인은 회사의 과학적 수준이 환경의 과학적 수준보다 높을 때, 앞서 정의된 비적용 기술 격차의 개념에 따라 순차적으로 나타난다. 제품은 새로운 제품 라인이 확보된 후 생산되며, 이들의 수는 가용 자금에 따라 달라진다. 제품 라인이 확보될 때 출시되지 않은 제품은 손실된 것으로 간주한다.

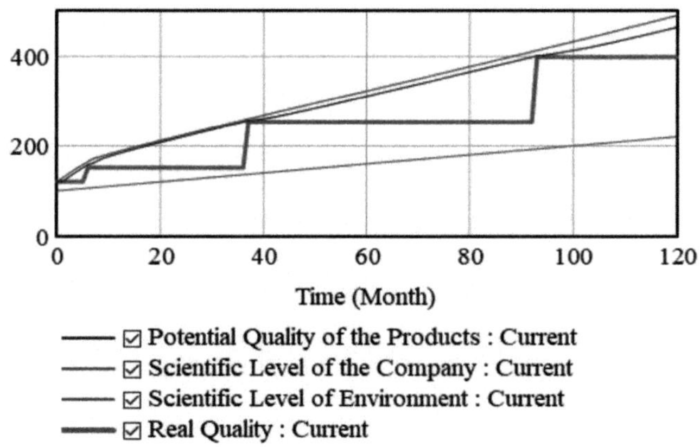

여기에서 생산 능력, 주문량 및 납품량의 변화를 볼 수 있다. 주문량의 변화는 지속적인 소비를 가정했기 때문에 제품의 변화와 유사하다.

생산 능력의 증가는 신제품 출시 이후 발생하며, 생산 압력이 발생할 때도 증가한다. 그러나 이러한 증가는 항상 자금 상황에 의해 제한된다. 반대로, 생산 능력의 감소는 기계의 노후화로 인해 발생한다.

우리는 상당한 재고가 있다고 가정하지 않았기 때문에 실제 납품 배송량은 항상 주문량 또는 생산 능력 중 더 작은 값과 일치한다. 매출액의 구성 요인인 납품량 및 가격을 아래에서 확인할 수 있다. 납품량의 변화는 위 표에서 보여진 것과 동일하다.

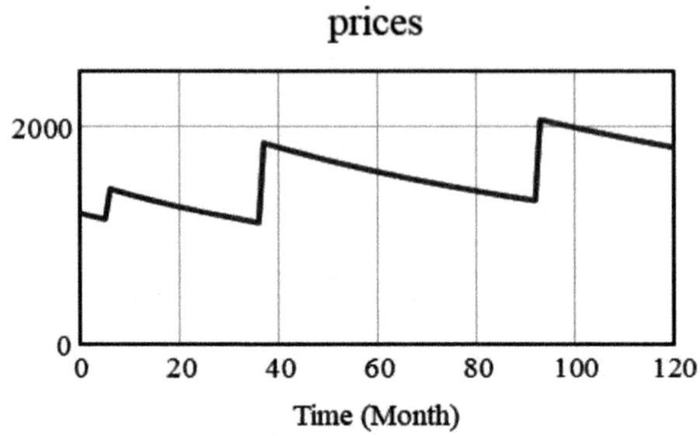

가격은 톱니 모양의 진행 양상을 보인다. 신제품 라인이 출시될 때, 즉, 제품의 실제 품질과 환경의 과학적 수준 간의 차이가 최대일 때 최고 가격이 형성되며, 이후 즉시 감소하기 시작한다.

회사는 점점 더 높은 품질과 가격을 가진 제품을 생산함에 따라 어느 정도 성장 경향이 보인다. 납품량과 가격의 변화로 인해 매출액의 변화를 초래하게 되는데, 이는 신제품 출시와 가격의 점진적인 하락에 크게 영향을 받는다. 이러한 회사들을 가장 잘 특징 짓는 매개변수 중 하나는 매출액 대비 R&D 비용 비율이다. R&D 비용은 상대적으로 탄력성이 낮기 때문에 회사가 매출액을 늘릴수록 그 중요성은 감소하는 경향이 있다. 이 비율에 따라 측정된 혁신 기업들이 규모가 커질수록 혁신성을 잃게 되는 경향이 있음을 확인할 수 있다.

문헌에서는 혁신적인 회사들이 일반적으로 소규모라는 점이 자주 언급되지만, 이에 대한 설명은 언급되지 않는다. 여기에서 실질 이익의 변화와 고정 자산의 가치에 크게 의존하는 목표 이익의 변화를 볼 수 있다. 실제 이익이 목표 이익에 미치지 못할 때 과학 인력이 해고되는 단계를 확인할 수 있다. 또한 순자산, 고정 자산 및 유동성의 밀접한 관계에 따른 변화를 볼 수 있다. 초기 순자산은 자본금으로 시작하며, 이는 획득한 이익과 자본화 정책에 따라 증가한다. 첫 번째 단계에서는 자본이 현금의 형태로 존재하며, R&D 지출로 인해 감소한다. 신제품 라인이 확보되면, 이 현금의 상당 부분이 고정자산으로 전환된다.

영업 이익 또는 매출 이익률은 신제품 라인의 출시 시점에서 최고점에 도달하고 가격 하락으로 인하여 점진적으로 감소하는 불연속적인 변화를 보인다.

요약 : The Evolution of Innovatory Companies

요약하면, 우리가 만든 혁신기업의 모델은 관리 차트나 프로세스 설명 또는 공장 배치에서 감지할 수 없는 행동들을 관찰할 수 있게 해주었다고 말할 수 있다. 따라서 이러한 기업들의 진화는 다음 그래프의 상한선과 하한선으로 제한된 가능성 범위 내에서 이루어진다고 할 수 있다.

이 그림에서 중앙 곡선은 고객 수와 가격을 일정하게 유지하는 회사의 매출액으로 측정된 이론적 진화를 보여준다. 이 곡선의 단계적 상승은 연속적으로 새로운 제품 라인이 등장하는 것을 반영한 것이다.

하단선은 같은 회사가 폐쇄된 고객 틈새시장 내에서 제품 가격을 점진적으로 인하해야 하는 상황을 보여준다.

마지막으로, 계단효과와 가격 인하 현상 외에 상단 곡선은 고객 수의 증가를 보여주며, 이를 통해 가격 인하를 상쇄할 수 있음을 나타낸다.

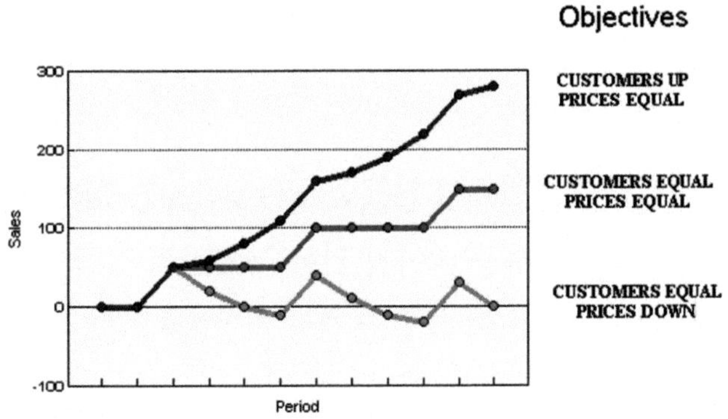

3.16. 품질 관리 Quality Control

Torochip 회사는 집적 회로 제작을 전문으로 하는 중형 기업이다. 집적 회로는 완전한 전기 회로(증폭기, 발진기 등)와 동일한 기능을 갖는 반도체 소재의 작은 전자 부품이다. 섬세한 생산 공정을 사용하기 때문에 생산량의 30~50%만 사용할 수 있다.

이러한 이유로 생산된 모든 제품은 판매되기 전에 품질 관리를 통과해야 한다.

회사는 제품의 품질이 회사의 이미지에 미치는 영향에 대해 우려하고 있다. Toroc-hip은 구매자들이 때때로 많은 결함 있는 제품을 반품하는 반면, 어떤 시기에는 반품된 제품이 거의 없음을 관찰해왔다.

회사의 법무팀은 이 상황을 잘 알고 있으며, 제품의 반품과 클레임이 증가하면 품질 관리 최종 단계에서 일할 인력을 추가로 채용하여 이 과정의 효율성을 높인다. 신규 채용의 인원은 기존의 품질 관리자 수와 접수된 클레임의 빈도에 따라 결정된다 (06).

(괄호 안의 숫자는 모델의 방정식 번호이다)

일부 관리자는 다른 관리자들보다 더 빨리 배우는 경향이 있지만 최종 검사 과정의 주요 어려움은 몇 달간의 준비와 교육이 필요하다. 교육 중인 관리자는 결함 있는 부품이 품질검사를 통과하지 않도록 하기 위해 판매될 집적 회로를 검사하지 않는다.

훈련을 받는 신규 직원들은 숙련된 품질 관리자의 지도를 받는다. 신규 직원을 교육하는 경험이 풍부한 관리자는 그의 시간의 절반을 교육 지도에 할애하고 나머지 시간은 일반적인 완제품 검사업무를 수행해야 한다.

Torochip은 관리자의 수를 줄이기 위한 구체적인 정책은 없지만, 이 부서의 자연스러운 역동성은 인력 과잉 문제를 교정한다 (02).

현재 부품의 수요가 많기 때문에 품질 관리자는 생산 과정과 동일한 흐름으로 작업을 계속 해야 한다. 따라서 최종 검사에 소요되는 시간은 생산량에 따라 달라진다 (10).

고객들은 Torochip 제품의 결함 여부를 잘 인식하는 것 같다. 이로 인해 일부 기간 동안 고객들은 많은 결함 있는 제품을 반품하며, 다른 기간에는 거의 반품이 없다.

이전의 정보는 Torochip 제품의 품질 변동 추세를 보여주는 좋은 모델이 필요함을 의미한다. 판매 증가로 인해 관리자의 검사 수가 증가하면 최종 품질이 감소한다. 얼마 후 신규 관리자가 채용된다. 초기에는 신규 관리자가 품질검사를 완전히 수행하기 전까지 노련한 검사 관리자 수가 감소한다. 노련한 관리자가 신규 관리자의 교육에 시간을 할애하는 동안 관찰된 품질은 더욱 감소된다. 그러나 훈련 기간이 끝나면 관리자당 품질관리 수가 감소하고 관찰된 품질이 향상된다.

우리는 다음과 같은 질적 정보를 가지고 있다:

- 현재 80명의 품질 관리자가 있으며, 20명이 교육 중이다. (07) (09)
- 각 관리자는 평균 16개월 동안 회사에 재직한다. (02) (19)
- 교육생이 자격을 갖춘 관리자가 되기 위해서는 4개월의 교육이 필요하다. (12) (20)
- 허용 가능한 품질의 값은 1이다. (03)
- 현재 매월 7,000개의 칩이 생산되며, 이 양은 주문 수와 정확히 일치한다.
- 10기부터 매월 700개의 칩이 추가로 주문되는 시뮬레이션이 수행될 것이다. (21)
- 이러한 각 부품들은 불량품 회수로 간주된다.
- 반품은 3개월의 지연이 발생한다. (18)

- 관찰 가능한 품질은 현재 품질의 값에 대해 3개월의 지연이 있다.
- 생산량은 지난 6개월 간의 평균 주문량에 맞추어 조정된다. (15)
- 접수된 주문은 관찰 가능한 품질에 따른 것이다.
- 60개월의 기간을 분석할 것이다.

이러한 정보를 기반으로:

1) 언급된 상황을 연구하고 문제의 간결한 요약과 모델의 행동을 설명하시오. 이러한 행동을 유발할 수 있는 관리 정책을 식별하시오.
2) 분석을 바탕으로 간략한 인과관계 다이어그램을 작성하시오.
3) 해당 저량 및 유량 다이어그램(SDF)을 작성하고, 아래에서 보게 될 다이어그램과 비교하시오. 다이어그램에는 내부 테이블(Lookup)이 변수 이름 아래에 표시되어 있으며, 지연은 화살표로 표시되어 있다.
4) 제시된 형식으로 방정식을 작성하시오. 이 실제 사례에서는 내부 테이블(Lookup), 지연, 함수 및 테스트 요인를 사용하여 다양한 시나리오를 검토하는 방법에 특히 유의한다. 함수 Step의 시간이 시뮬레이션의 시간 범위보다 작은 경우 테스트가 활성화된다.
5) 컴퓨터에서 모델을 실행한다. 분석을 기반으로 예상되는 행동과 결과 행동을 비교하시오.
6) 문제를 완화할 수 있는 구조적 변경이나 사용된 매개변수를 실험하시오. 제품 품질을 더 안정적으로 유지하기 위해 적용할 수 있는 관리 정책의 수정을 정의하시오. 우리는 품질의 변동을 최소화하고 주문의 양을 최대화하는 것이 목표이다.

Note: 내부 테이블(Lookup)은 두 변수 간의 관계를 표를 사용하여 재현할 수 있다. 종속 변수 'Auxiliary with lookup'를 정의하고, 테이블의 값을 'As Graph' 키를 사용하여 입력하며, 화면에 나타나는 옵션 중에서 독립 변수(원인)를 지정할 수 있다.

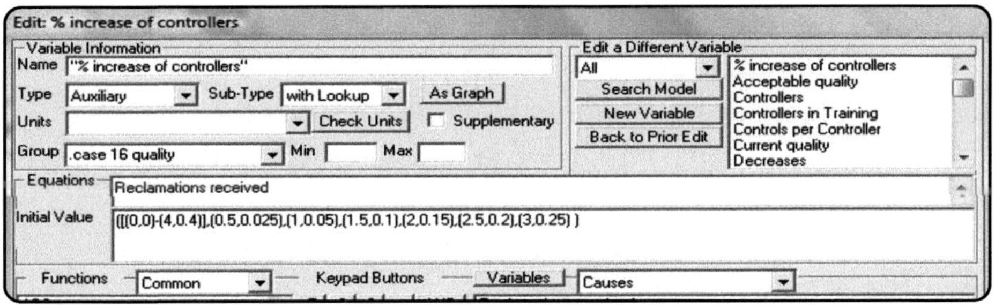

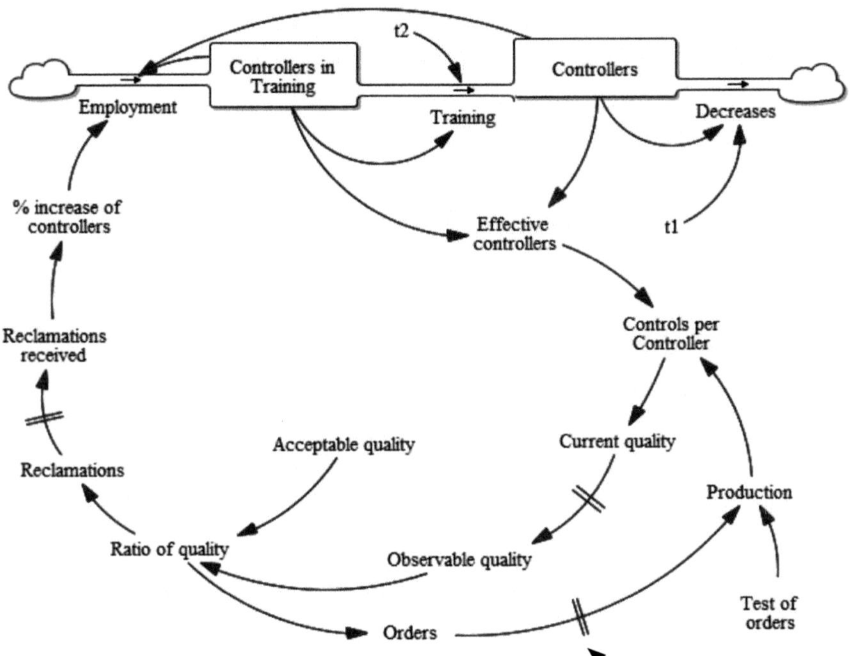

지연 함수가 있음을 표시하려면, 화살표 머리 부분을 마우스 오른쪽 버튼으로 클릭하고 "지연 표시(Delay mark)"를 선택한다.

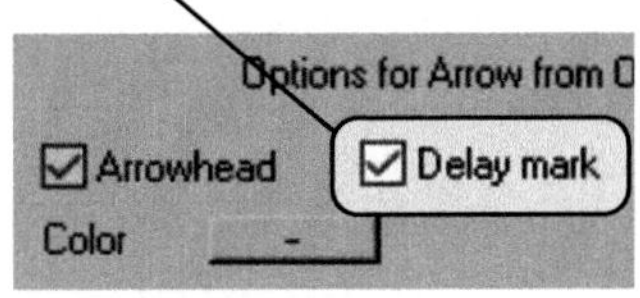

Model – Settings:

INITIAL TIME= 0 FINAL TIME= 60 TIME STEP=1

Units for time=Month

Equations [fx]

(01) % increase of controllers = reclamations received
Look up:(0.05,0.025),(1,0.05),(1.5,0.1),(2,0.15),(2,0.15),(2.5,0.2),(3,0.25)

(02) Decreases = Controllers/t1

(03) Acceptable quality = 1

(04) Current quality = Controls per Controller
Lookup: (50,1.25),(75,1.1),(100,1),(125,0.7),(150,0.6),(175,0.5),(200,0.4)

(05) Observable quality = SMOOTH I (Current Quality, 3,1)

(06) Employment = % increase of controllers*(Controllers + Controllers in training)

(07) Controllers = + Training – Decreases
Initial value: 80

(08) Effective controllers = Controllers – 0.5* Controllers in Training.

(09) Controllers in Training = Employment-Training
Initial value: 20

(10) Controls per Controller = Production/Effective Controllers

(11) Training = Controller in Training/t2

(12) Orders = Ratio of quality
Lookup: (0,0),(0.5,4000),(1,7000),(1.5,11000)

(13) Production = SMOOTH (Orders, 6) + test of Orders

(14) Ratio of quality = Observable quality/Acceptable quality

(15) Reclamations = Ratio of quality
Lookup: (0.5,4),(0.75,2),(1,1),(1.25,0.5)

(16) Reclamations received = SMOOTH I (Reclamations, 3,1)

(17) T1 = 16

(18) T2 = 4

(19) Test of orders = STEP (700,10)

모든 표에 데이터를 입력할 때 'As Graph'버튼을 사용한다. 이것이 가장 쉬운 방법이다.

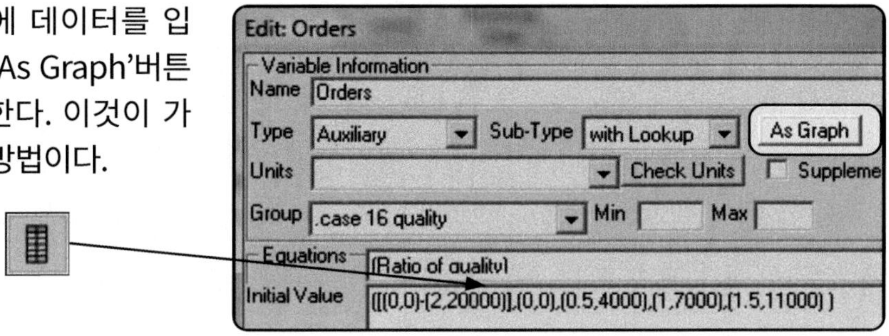

Detail of the initial values of the variables

이 값들은 시스템의 초기 균형 상태를 재현한다. 가능하다면, 시스템의 균형 상태를 재현하는 모델을 개발하는 것이 중요하다. 이렇게 하면 시스템에서 나타나는 변화와 진동의 원인을 더 잘 분석할 수 있다.

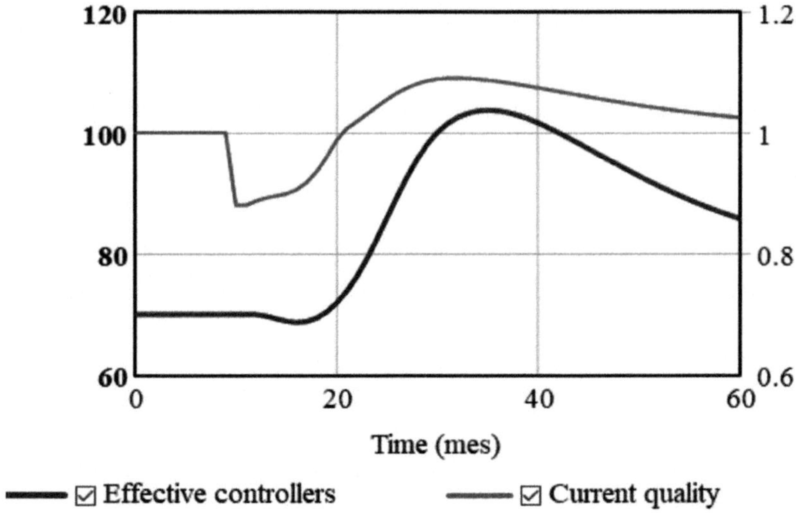

3.17. 사업계획의 영향 The impact of a Business Plan

사업계획의 목적은 회사, 조직 또는 법인의 가장 중요한 목표와 목적 달성을 촉진하는 데 있다. 이는 혼란스럽고 불확실하며 경쟁이 치열한 세계에서 특히 중요하다. 사업계획을 사용하면 특히 새로운 비즈니스의 경우 모든 수준에서 경영 리스크를 최소화할 수 있다. 새로운 비즈니스의 90%가 첫 3년을 넘기지 못한다는 점을 고려할 때, 기업의 성장에 영향을 미칠 수 있는 내생적 요인을 파악하는 것이 중요하다. 모든 사업계획의 목표는 이익을 얻는 것이다. 이 이익은 사회적, 환경적, 순수한 경제적 이익일 수 있다. 최소한, 이 목표는 회사가 경영 또는 제도적 차원에서 합리적인 투자 수익률(ROI)을 달성하여 추가적으로 자원을 창출하는 것을 요구한다.

경제 세계, 특히 중소기업(SME)에서는 상세한 ROI 계산을 통해 실패의 위험을 최소화할 수 있다. 특히 신규 사업의 경우 첫 3년 동안의 실패 위험을 최소화할 수 있다.

사업계획은 우리가 목표에 도달할 수 있는 잠재적인 실행 계획을 미리 설계하기 위해 외부 및 내부의 가능한 미래 시나리오를 탐구하는 상호작용적 과정이다.

사업계획은 비현실적인 아이디어를 좋은 사업으로 바꾸지는 못하지만, 이러한 오류를 적시에 발견하고 더 큰 사고를 피할 수 있게 한다. 좋은 아이디어가 좋은 사업계획으로 전환되면 더 나은 비즈니스를 창출할 수 있으며, 상황에 따라 더 야심 찬 전략적 재검토의 기초 자료로 사용할 수 있다.

사업계획 수립에 필요한 환경, 경제 상황 및 시장과 같은 기본적인 질적 변수의 정의와 자본, 수익 또는 판매와 같은 기본적인 양적 변수의 정의를 통해 중소기업의 사업계획을 초기에 평가할 수 있다. 중소기업이 초기 몇 년 동안의 투자 수익률(ROI) 측면에서 경제적 생존 가능성을 평가하고, 따라서 사업의 실행을 보장할 수 있게 한다.

이 틀 안에서 우리는 반복적으로 경영진과 소유자 간의 이해관계 및 의견 충돌에 직면하게 되며, 이러한 사유로 아래에 제시된 모델을 개발하게 되었다.

Model – Settings:

INITIAL TIME=0 FINAL TIME=100 TIME STEP= 1

Units for time = Month

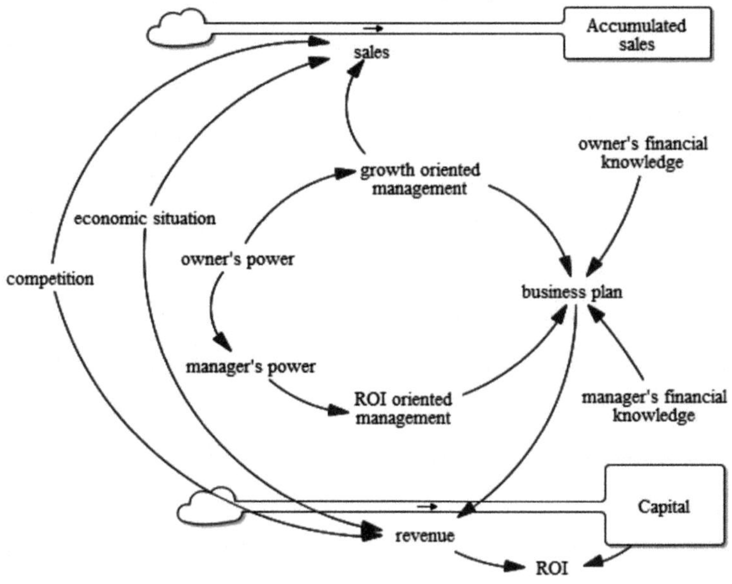

(01) business plan = (ROI oriented management*manager's financial knowledge) + (growth oriented management*owner's financial knowledge)

이 변수는 회사의 사업계획의 완성도를 보여줄 것이다. 만약 회사가 강력한 ROI 지향경영 전략(이 전략을 구현하려는 의지만 있으면 된다)을 가지고 있고, 관리자가 재정에 대한 충분한 지식을 갖고 있다면, 훌륭한 사업계획을 얻을 수 있다. 하지만 경영이 성장 지향적이라면 사업계획은 실현되지 않거나 완성도가 매우 낮을 것이다. ROI 지향 경영과 성장 지향 경영 변수의 합은 1로 설정되어, 이 방정식이두 가지 경영 전략의 상대적 비중을 나타낼 수 있게 한다.

(02) Capital = revenues

Initial value = 10

변수 자본은 순수익의 단순한 누적으로 정의되며, 초깃값으로 10을 할당한다.

(03) competition = RANDOM NORMAL(-1, 0 , -0.5 , 0.5 , 777

이 변수는 회사의 발전에 있어서 판매와 수익 측면에서 부정적인 영향을 미치는 요인이다. 값은 -1(매우 부정적인 영향)에서 0(유의미한 영향 없음) 사이로 설정되며, 평균은 -0.5, 표준편차는 0.5이다. 이 변수는 경쟁자들이 회사에 가하는 지속적인 압박을 고려한다.

(04) manager's financial knowledge= 1

우리는 관리자가 자신의 직책에 필요한 책임을 수행할 수 있는 재정지식 가지고 있다고 가정한다.

(05) owner's financial knowledge=0.5

평균적인 수준의 재정 지식을 설정할 것이며, 이는 소유자가 보통 재정 전문가가 아니라 제품이나 서비스에 대한 아이디어를 가지고 이를 대량으로 유통하려는 열망을 가진 사람이라는 이유에서이다.

(06) economic situation = RANDOM NORMAL(-1, 1, 0 , 0.5 , 777)

우리는 값이 -1에서 1까지 정의될 것이다. -1은 불리한 상황, 1은 유리한 상황을 나타낸다. 평균은 0으로, 최솟값과 최댓값 사이의 중간점이며, 표준편차는 0.5이다. 이 변수는 회사의 활동에 유리하거나 불리하게 작용하는 환경적 요인 (고객, 공급업체, 금리, 환율 등)의 영향을 고려한다.

(07) growth oriented management = owner's power

회사의 성장 지향 정도를 소유자의 권한 정도에 의존한다고 정의한다.이는 소유자가 보통 자신의 회사 제품에 매료되어 있으며, 자신의 자존심을 충족하기 위해 최대한의 매출 및 성장을 이익의 대가로 달성하고자 하기 때문이다.

(08) ROI oriented management = manager's power

회사의 ROI 지향 정도를 관리자의 권한 정도에 의존한다고 정의한다. 소유자와 달리 관리자의 주된 목표는 자신의 일자리와 급여를 유지하는 것이며, 이는 회사가 수익을 내야만 가능하다.

(09) revenue = business plan+economic situation+competition

이 변수는 사업계획, 경제 상황 및 경쟁의 존재로 인해 발생하는 긍정적 및 부정적 영향을 고려한다.

(10) manager's power = 1-owner's power

관리자의 권한은 소유자가 업무를 위임함으로써 부여된다. 이 권한은 전부(값=1)일 수도 있고, 단지 상징적일 수도 있다(값=0).

(11) owner's power = 0.8

최댓값이 1이므로 소유자의 권한 수준을 매우 높게 설정한다.

(12) ROI = revenue / Capital

투자 수익률(Return on Investment, ROI)은 수익을 투자된 자본으로 나눈 값으로 정의되며, 이는 투자된 자본을 회수하는 데 걸리는 연수와 동일하다.

(13) sales = (growth oriented management + economic situation + competition)*100+100

이 변수는 판매 성장 지향 경영 전략, 경제 상황 및 경쟁의 긍정적 및 부정적 영향을 고려한다. 수익보다 훨씬 큰 수치를 얻기 위해 100을 곱하고, 특정 기간 동안 매출이 음수가 되는 것을 방지하기 위해 100을 더한다. 그러나 같은 결과를 얻는 다른 방법으로는 MAX 함수를 사용할 수 있다.

(14) Accumulated sales =sales
Initial value: 1000
회사가 공식적으로 활동을 시작하기 전에 합의된 매출을 나타내기 위해 초기 판매 값을 1,000으로 설정한다.

Results

같은 화면에서 우리는 모델에 표시된 값(소유자의 권한을 0.8로 정의)을 사용한 회사의 자본이 어떻게 변화하는지와 소유자의 권한이 0.2로 설정된 경우 어떻게 변화하는지 비교할 수 있다.

다음 그래프는 첫 번째 시나리오에서 자본이 약간의 변동 없이 안정적인 상태를 유지하는 반면, 두 번째 시나리오에서는 자본이 상당하고 지속적으로 성장하는 것을 보여준다. 이는 소유자가 적은 권한을 가질수록 회사에 더 유리하다는 결론을 도출할 수 있게 한다.

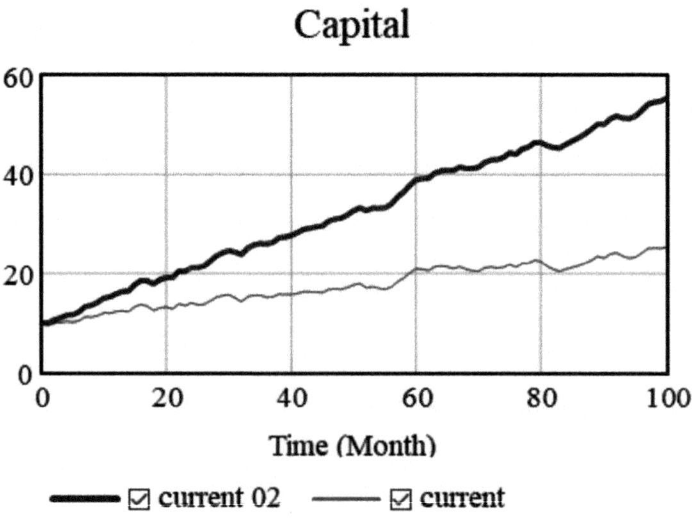

사회 분야

Social Area

3.18. 컵 채우기 Filling a Glass

모든 가정에는 우리가 변기의 저수조를 비울 때마다 자동으로 변기의 저수조를 채우는 기계적 장치가 있다. 이 메커니즘은 그 기능을 수행하기 위해 우리의 개입이 필요하지 않다. 물의 수위를 측정하는 역할을 하는 부표가 있으며, 이 기계적 장치는 물탱크가 가득 차도록 물이 들어오는 양을 자동으로 조절한다. 물탱크가 가득 차면 물의 흐름이 차단된다. 이 과정은 중력이 있다는 한 가지 조건이 충족되면 올바르게 작동한다.

이제 우리는 비슷한 주제를 분석하여 한 사람이 물잔을 채우는 시뮬레이션 모델을 만들 것이다. 우리는 한 가지 조건, 즉, 그 사람이 논리적으로 행동한다고 가정한다.

이 모델을 만들기 위해 우리는 인과관계 다이어그램을 작성한다. 우리는 다음 논리를 알고 있다:

- 물이 많이 들어올수록 물잔의 수위는 더 높아진다.
- 물잔의 수위가 높을수록 빈 공간은 더 줄어든다.
- 빈 공간이 많을수록 더 많은 물이 들어갈 것이다.

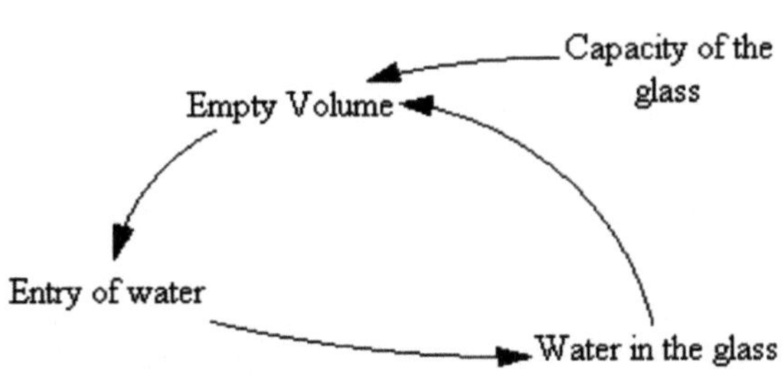

저량유량도(Stock Flow Diagram)를 작성하기 위해, 우리는 다음을 수행한다:

- 시스템의 멘탈 사진을 찍는다. 사진에 나타나는 것이 저량(Stock)이다.
- 저량을 변화시키는 요인들을 유량(Flows)으로 정의한다.
- 시스템의 나머지 요인들은 보조변수(Auxiliary variables)이다.

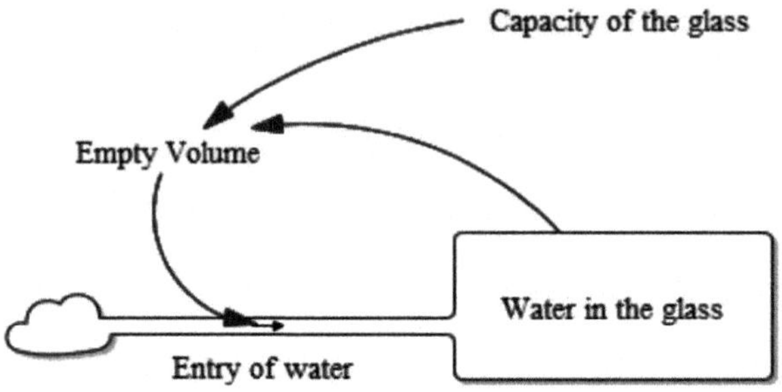

Model –Settings

INITIAL TIME=0 FINAL TIME=60 TIME STEP= 1

Units for time = Seconds

Equations

(01) Water in the glass = entry of water

Units: cm^3

(02) Capacity of the glass = 250

Units = cm^3

(03) Entry of water = Empty volume

Lookup (0,0),(50,10),(100,30),(150,50),(200,50),(250,50)

Units = cm^3/seconds

우리는 빈 유리잔의 부피에 따라 물이 들어가는 양을 정의하기 위해 표를 사용할 것이다. 이 방법으로 유리잔이 비어 있을 때는 1초당 50cm^{3}의 물이 들어가게 되고, 이때 좌표는 (250,50)이며, 유리잔이 가득 차서 빈 부피가 0이 되면 물이 들어가지 않게 되고, 이때 좌표는 (0,0)이 된다.

(04) Empty Volume = Capacity of the glass – Water in the glass

Units: cm^3

표를 사용하여 변수를 정의하려면, Type: Auxiliary와 'with Lookup'을 선택한 후 AsGraph 버튼을 클릭하여 값을 입력한다.

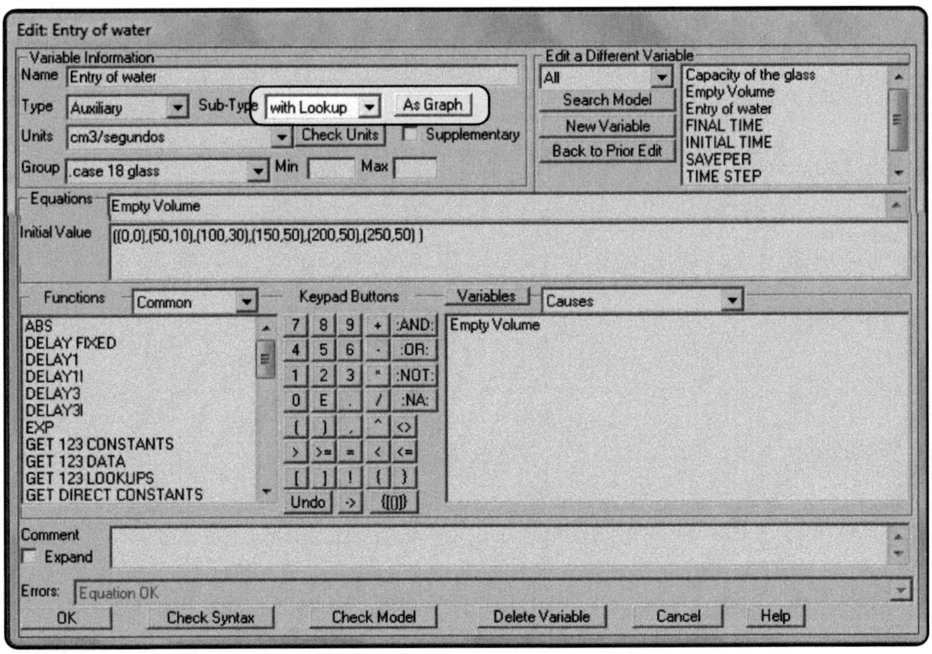

Simulate

 아이콘을 사용하여 모델을 처음 실행하면 이름이 Current로 지정된다.

테이블에서 Entry of Water를 수정하여 다양한 동작을 시뮬레이션 해 본다. 테이블의 포인트(좌표)는 유리잔에 있는 물의 양(입력)에 따라 초당 얼마나 많은 물이 들어오는지(출력)를 나타낸다.

모든 시뮬레이션을 함께 표시하려면 다음 화면에서 No를 선택하고 시뮬레이션의 이름을 입력해야 한다 (예: fast, slow 등).

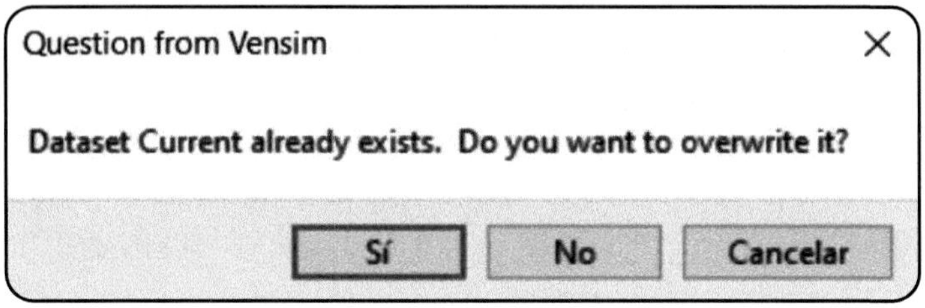

결과는 다음과 유사해야 한다:

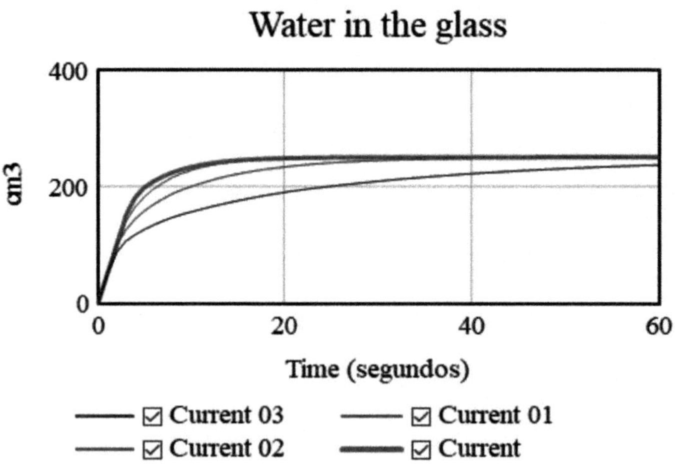

이는 그래픽적으로 관찰할 수 있는 방식으로, 실제 상태(Real state)와 원하는 상태(Desired State)를 사용하여 다양한 행동의 결과를 보여준다.

3.19. 재난 연구 A catastrophe study

Woodland는 식생이 풍부한 온대 지역에 위치한 번영하는 지역이다. 그곳의 주민들은 행복하고 편안한 삶을 살고 있다. 총인구는 1,000,000명이며, 최근 몇 년 동안 이 수치를 유지하고 있다.

현재 인구의 40%는 20세 미만의 청소년들이며, 50%는 20세에서 70세의 성인들, 나머지는 노인들이다.

또한, 우리는 인구 매개변수가 다음과 같다는 것을 알고 있다: 기대 수명은 80세, 성인 인구의 출생률은 연 6%, 청소년들의 사망률은 2.5%, 성인의 사망률은 2%이다. 이 모든 매개변수는 안정적이며, 미래에도 변동이 없을 것으로 예상된다.

2005년 여름의 어느 불운한 밤에 끔찍한 화재가 발생했고, 거의 일주일 동안 불길이 통제되지 않고 계속 확산되어 모든 것을 파괴했다. 구조대는 모든 청소년과 노인을 안전한 곳으로 대피시키는 데 성공했지만, 화재가 진압되었을 때 총희생자 수가 100,000명에 달하며 발견된 사망자는 모두 성인들이었다.

우리는 이 재난 이후 우드랜드의 총인구가 어떻게 변화할지 추정하고자 한다. 기대 수명, 출생률, 사망률 등의 인구 매개변수는 변하지 않을 것이다. 더 구체적으로는, 이 지역이 다시 1,000,000명의 인구를 회복하는 데 걸리는 시간을 알아내야 한다.

이 연구를 수행하기 위해, 우리는 시작일을 2000년으로 설정하고 시간 범위를 50년으로 설정한 간단한 시뮬레이션 모델을 사용할 것이다.

주어진 매개변수를 고려하여, 2000년부터 2050년까지의 안정적인 인구를 기반으로 모델의 초기 버전을 구축한다. 2005년에 100,000명의 성인이 사망한 두 번째 버전을 개발하고, 그 영향이 2050년까지 어떻게 될지 평가할 것이다.

다음은 안정적인 인구 상황을 재현할 수 있는 다이어그램이다.

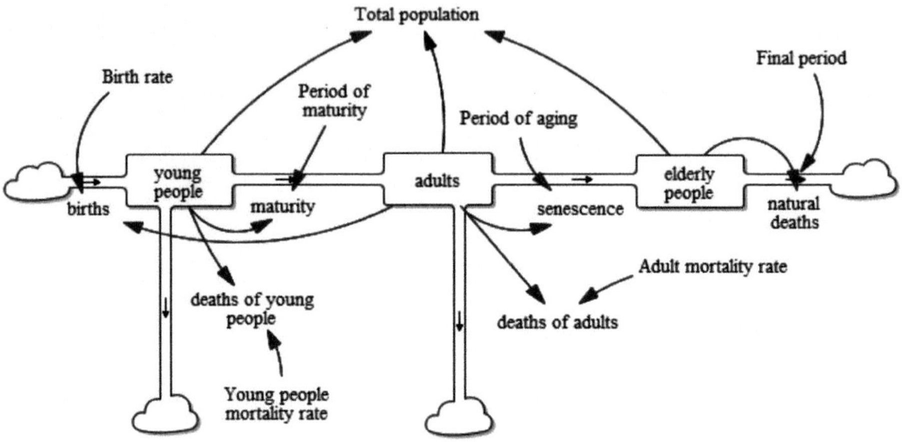

File – New Model 클릭하면 창이 나타나며, 다음을 입력한다:

INITIAL TIME=2000 FINAL TIME=2050 TIME STEP= 1

Units for time =Year

Stocks

(01) Adults = +maturity-senescence-deaths of adults
Initial value: 500000
Units: persons

(02) Young =+births-maturity-deaths of young people
Initial value: 400000
Units: persons

(03) Elderly = +senescence-natural deaths

Initial value: 100000

Units: persons

Flows 

(04) maturity= young people/period of maturity

Units: persons/year

(05) deaths of adults= adults*adult mortality rate

Units: persons/year

(06) deaths of young people= young*young people mortality rate

Units: persons/year

(07) natural deaths=elderly/final period

Units: persons/year

(08) births= adults*birth rate

Units: persons/year

(09) senescence=adults/period of aging

Units: persons/year

Auxiliary variables 

(10) period of maturity= 20

Units: year

청소년이 성인이 되는 데 걸리는 년수이다.

(11) period of aging= 50

Units: year

성인이 노인으로 되는 데 걸리는 연수이다.

(12) final period=10
Units: year
노인의 생애 년수이다.

(13) adult mortality rate=0.02
Units: 1/year

(14) young people mortality rate= 0.025
Units: 1/year
성인이 되기 전에 사망하는 청소년의 비율이다.

(15) birth rate=0.06
Units: 1/year

(16) total population= adults+young+elderly
Units: persons

아이콘 Units Check를 선택하면 다음과 같은 정보 상자가 표시된다:

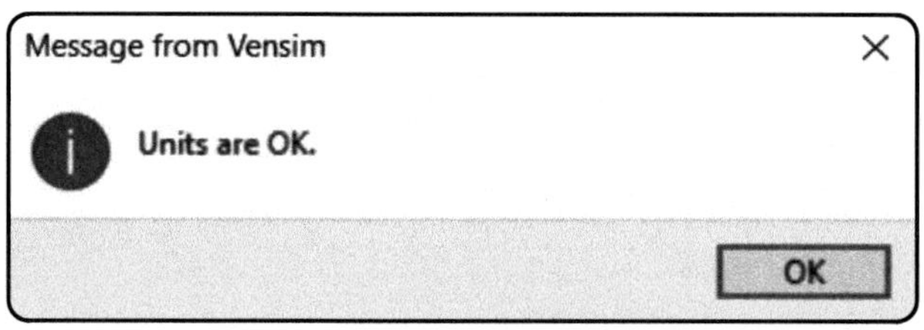

이 모델을 사용하면 안정된 상황을 재현할 수 있다. 아래에서 재해를 시뮬레이션하기 위해 모델은 수정될 것이다. 초기 효과는 인구가 1,000,000명에서 900,000명으로 감소하는 것이지만, 미래의 변화는 아직 결정되지 않았다. 당연히 우리의 직관은 이 진화가 어떻게 진행될지에 대한 힌트를 제공할 것이다. 계속하기 전에 인구가 다시 1,000,000명으로 돌아가는 데 예상되는 대략적인 연수를 기록해 두어야 한다.

2005년의 재해로 100,000명의 성인이 사망하는 영향을 시뮬레이션하려면, 새로운 성인 유출 흐름(사망)을 생성해야 한다. PULSE 함수를 사용하여 기간이 2005년이고 기간이 1로 설정되도록 한다. 또한, 성인 방정식을 수정하여 새로운 성인 유출 흐름을 포함해야 한다.

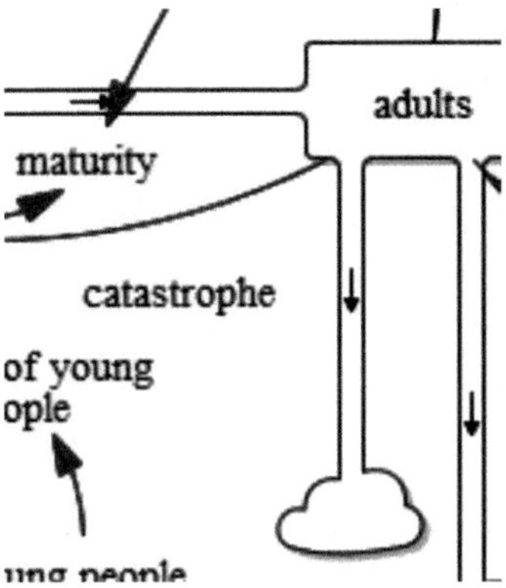

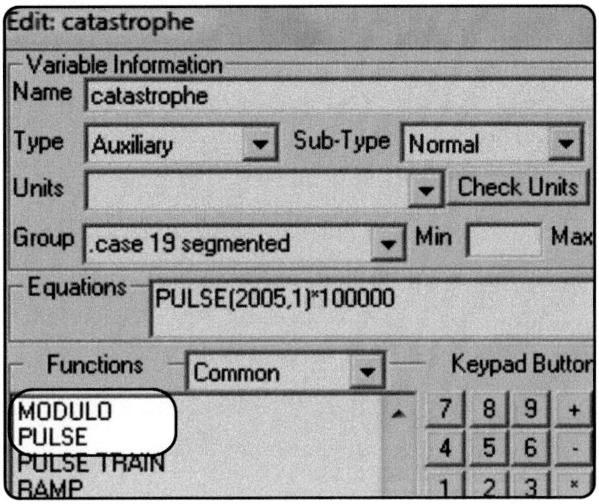

PULSE 함수의 세부 사항은 "Functions, Tables and Delays" 장에서 확인할 수 있지만, 기본적으로 이 함수는 기간 t (이 경우 2005년)까지 0의 값을 가지며, n 기간 (우리 모델에서는 1) 동안 1의 값을 가진다. 100,000명의 사망을 시뮬레이션하려고 하므로, PULSE 함수의 결과 (1)을 100,000으로 곱한다.

모델을 시뮬레이션하기 전에, 20년 후 어떤 상황을 예상하는지 스스로에게 물어봐야 한다. 즉:

a) 인구는 1,000,000명에서 100,000명을 뺀 900,000명으로 안정될 것이다.

b) 인구는 몇 년(a few years) 내에 초깃값을 회복할 것이다.

c) 인구는 수년(many years)에 걸쳐 초깃값을 회복할 것이다.

모델을 실행하기 전에 예상되는 변화에 대한 예측을 하는 것이 중요하다. 만약 우리가 예측을 확인하는 결과를 얻으면, 이는 향후 연구의 기초를 제공해 준다.

그러나 결과가 예측과 다를 수 있다. 이 경우 모델에 오류가 없다면 (이를 검증해야 하며), 우리가 예측을 기반으로 설정한 가정에 대해 다시 생각해 보고 재고해야 한다.

이 연구에서는 인구의 변화가 우리가 예상한 상황과 일치하지 않는다. 인구는 새로운 수준에서 안정되지 않거나 원래 수준으로 돌아오지 않고, 오히려 더 감소한 후 안정된다. 모델은 전체 인구수의 변화가 우리의 기대와 일치하지 않음을 분명히 보여준다.

인구는 900,000명에서 안정되지 않으며, 우리가 정의한 광범위한 시간 프레임 내에서 원래 수치로 돌아오지 않고, 900,000명보다 분명히 낮은 수치에서 안정된다. 우리는 하나의 변수가 다른 변수들에 의해 어떻게 영향을 받는지를 보여주는 그래프를 사용하여 다양한 집단에서 무슨 일이 일어나는지 모니터링할 수 있다.

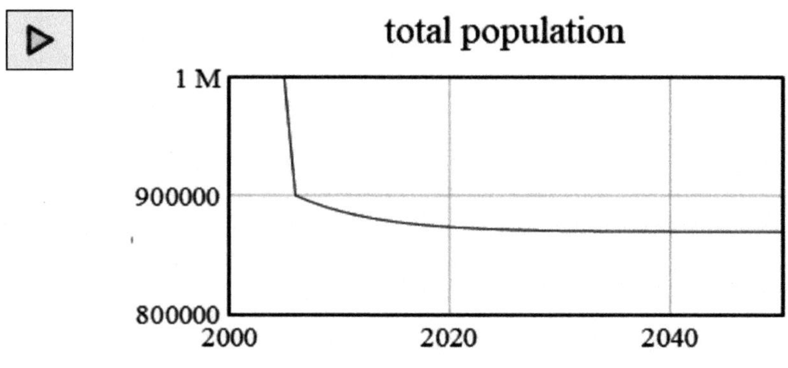

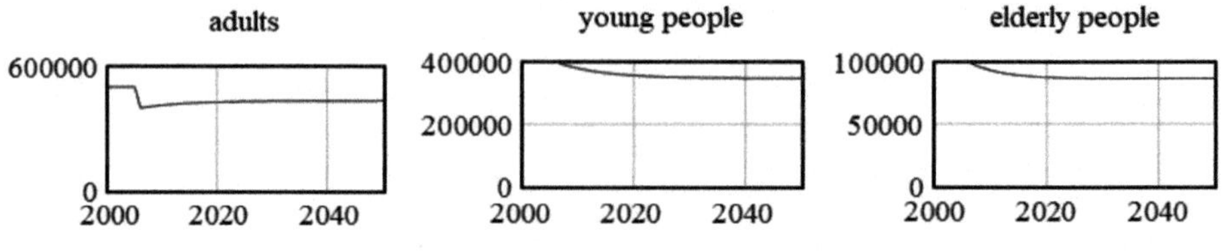

Total Population(총인구수) 변수를 선택한 다음 Cause Strip(원인 스트립) 아이콘을 선택하여 세부 사항을 확인한다.

재난이 일주일 동안 발생했다고 보고되었음을 참고하기 바란다. 50년 동안의 영향을 정확하게 시뮬레이션하려면 50에 52를 곱한 값을 고려해야 하며, 총 2,600주가 된다. 그러나 시스템의 동작을 관찰할 목적에서는 비록 1년에 걸쳐 발생했더라도 이 기간 중 어느 한 기간 내에 재난이 발생했다고 보는 것이 합리적이다.

3.20. 야심찬 젊은 근로자 The young Ambitious Worker

20세의 야심찬 젊은 근로자는 고등학교 공부를 마친 후 아버지가 '젊었을 때부터 일하다 스스로 목숨을 끊었다'는 말을 여러 번 들었고 이로 인해 궤양과 심장병이 생겼다고 말했다. 젊은 근로자는 아버지처럼 살지 않겠다고 결심했다.

그와의 대화를 통해 우리는 다음과 같은 점을 알 수 있다(다소 무질서함).

- 그의 희망 소득은 연간 5,000€이다.
- 근무시간: 그는 건강하고 일에 대한 열정이 있기 때문에 일자리를 찾을 수 있다고 가정한다.
- 시간당 급여: 일반적인 근무만으로 시간당 5€를 계산한다.
- 실질 소득: 이는 급여와 근무시간에 따라 다르다.

- 모든 사람이 그렇듯 그에게도 몇 시간의 휴식이 필요하다. 그에게 있어서 휴식은 자고, 먹고, 읽는 것이 전부이다.
- 건강: 아무런 문제가 없다.
- 피로: 비록 그는 어리지만 기계는 아니다. 그가 일하는 시간에 따라 달라진다.
- 지출: 현재 그는 어머니와 함께 살고 있다(지출 = 0).
- 희망 소득(5000€)과 시간당 급여(5€/시간)를 염두에 두고 연간 1,000시간(하루 4시간)을 일해야 한다고 계산한다.
- 아버지의 경험을 통해 그는 하루에 12시간씩 일하게 되면 건강이 나빠질 것임을 알고 있다.
- 그는 35세에 결혼하여 자녀를 갖기를 희망하며, 그 다음에는 연간 20,000€ 정도의 더 많은 수입이 필요할 것이다.

그는 자신의 삶을 결정하고 자신의 생각을 정리하기 전에 우리에게 자신의 미래를 더 잘 계획할 수 있는 간단한 모델을 만들어 달라고 요청하였다.

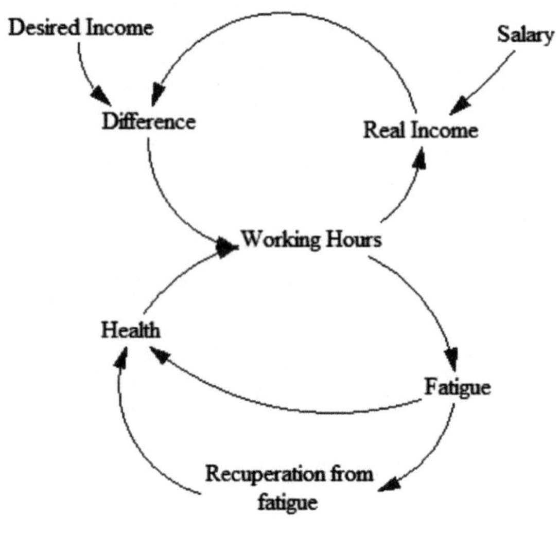

Comments:

- 모델에는 그의 직장 생활 전체(20세~65세)가 포함되어야 한다.
- 그가 고려하는 두 가지 측면은 건강과 수입이다.
- 그는 우리가 자신의 미래를 추측하기보다는 대안을 제안하기를 원한다.
- 우리가 필요하다고 생각하는 요인은 대안을 제안하기 위해 모델에 통합될 수 있다.

우리는 경제 영역과 건강 영역이라는 두 영역으로 구성된 인과관계 다이어그램에서 수집된 모든 정보를 구조화할 것이다. 인과관계 다이어그램을 저량유량도(Stock and Flow Diagram, SDF)로 변환하는 작업은 컴퓨터에서 작업을 수행하는 데 필요하며 자동 프로세스가 아니라 때로는 유량이라는 새로운 요인을 생성해야 하는 프로세스이다.

한 가지 가능한 해결책은 모델에 반영하였다. 근무시간은 흐름도에 저량으로 정의되어 있다. 이것은 단순화된 모델이다. 이 실습의 후반부에서는 이 모델을 더욱 발전된 버전으로 만들 것이다.

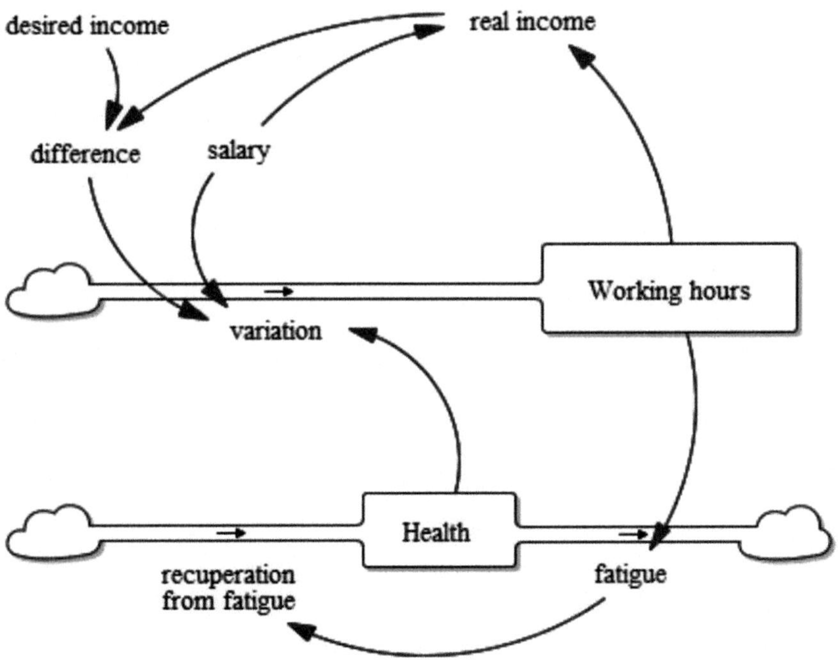

Model – Settings

INITIAL TIME= 20 FINAL TIME= 65 TIME STEP=1

Units for time = Years

Equations

(01) Difference = desired income – real income

그가 현재 받는 실제 수입과 원하는 수입의 차이이다.

(02) Fatigue = WITH LOOKUP (Working hours)

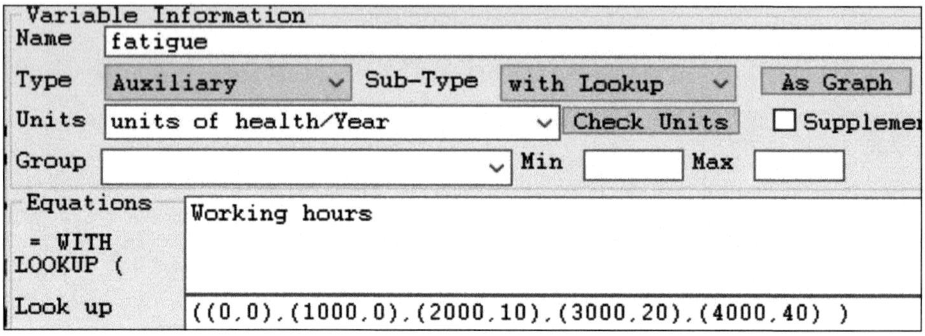

피로는 표에 따라 그가 연간 몇 시간 일하는지에 따라 달라진다. 함수식에서 독립 변수는 근무 시간이고 종속 변수는 피로를 나타낸다. 두 변수 간의 관계는 테이블에 정의되어 있다(0,0),(1000,0),(2000,10),(3000,20),(4000,40).

입력 값으로는 매년 일한 시간이 주어지고 출력 값으로는 피로도가 나오며, 이는 건강 단위로 측정된다. 일반적인 근로 시간이 1,600~1,800시간일 때, 작업 시간이 1,000시간일 경우 피로도는 0이 되고, 2,000시간일 경우 피로도는 10이며 그에 따라 계속 증가할 것이다. 우리는 이 표를 Type Lookup으로 정의할 것이며, 이는 두 요인 간의 관계를 반영하지만, 흐름도에 표시된 모습이 혼란스러울 수 있어도 시스템의 요인은 아님을 명심하는 것이 중요하다.

(03) Working Hours = Variation

Initial Value: 0

이는 그가 매년 완료하는 작업 시간이다. 처음에는 0으로 시작한다.

(04) Desired Income = 5000 + STEP (15000,35)

초기에는 연간 5,000유로이며, 35세가 되면 가족 부양 책임 때문에 연간 20,000유로로 증가 한다.

(05) Real Income = Salary* Working Hours

실제 소득은 시간당 급여와 작업 시간의 곱이다.

(06) Recuperation from fatigue = WITH LOOKUP (fatigue)

피로 회복은 피로에 따라 달라지는데, 피로가 없으면 (건강에 위협이 없는 경우) 회복할 것이 없다고 가정한다. 이 함수는 다음 표로 정의된다: (0,0), (10,10), (20,15), (30,20), (40,20).피로가 없을 때는 회복도 없으며 (0,0), 적당한 피로는 완전한 회복(10,10)에 해당한다. 피로가 높을 경우 (20, 30, 40) 회복은 피로로 인한 건강 손실을 완전히 커버하지 못한다.

(07) Salary = 5 + STEP (0,35)

급여는 시간당 5유로이다. 초기 모델의 변수 변화를 보면, 65세에는 건강이 나쁘고 소득이 낮을 것이다. 하지만 35세가 되면 시간당 2유로의 임금 인상을 포함할 수 있다 → STEP(2, 35). 만약 20세에서 35세 사이에 자신이 좋아하는 공부를 한다면, 매우 적은 임금 인상처럼 보이지만, 결과는 건강과 소득 모두에서 완전히 달라진다.

(08) Health = Recuperation from fatigue – fatigue

Initial value = 100

건강 척도는 +100에서 -100까지로, 처음에 20세의 젊은 사람의 건강은 100이다. 건강은 피로에 따라 감소하고 회복에 따라 증가한다.

(09) Variation = (difference/(salary*5))*(health/100)

급여 차이(유로)와 시급(유로/시간)에 따라 더 많은 시간을 일해야 하는지 계산한다. 이 변화는 즉각적인 것이 아니기 때문에 5로 나눈다.

이를 통해 원하는 직업을 찾기까지 5년이 걸린다는 아이디어를 유추할 수 있다. 이 가설을 다양하게 설정할 수 있다. 또한 건강 상태(+100에서 -100)에 따라 작업 시간을 증가시킬 수 있다고 가정한다. 만약 건강이 100이면, 원하는 만큼 작업 시간을 늘릴 수 있다.

Results

모델의 결과는 매우 만족스럽지 않다. 그는 가난해지며 (소득이 5,000유로에 도달하지 못함) 건강 상태도 매우 나빠진다.

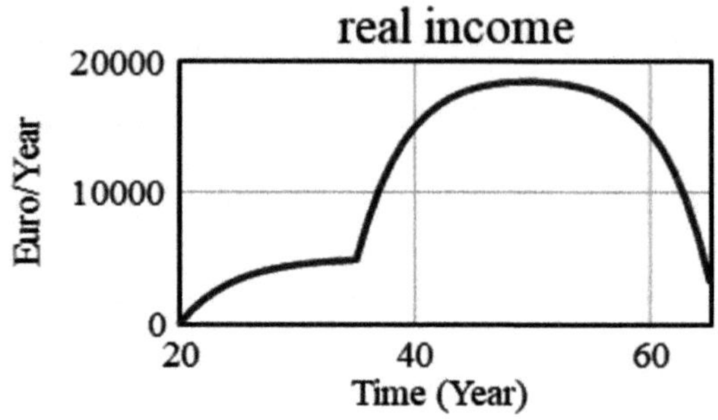

Proposal

그는 더 높은 시급(시간당 2유로 증가)을 받기 위해 35세까지 추가로 학업을 하기로 결정한다 (연간 1,000시간). 우리는 이 변화를 급여 방정식에 다음과 같이 반영한다:

$$급여 = 5 + STEP(2,35)$$

시뮬레이션 결과에 따르면, 그는 현재보다 건강이 조금 더 악화된 상태로 은퇴할 것이지만, '과도하게 일하며 자신을 망치지 않았고' 원하는 수준의 소득을 달성하게 된다.

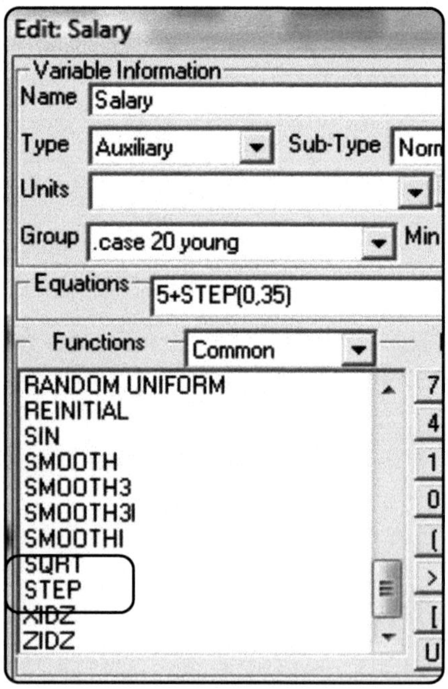

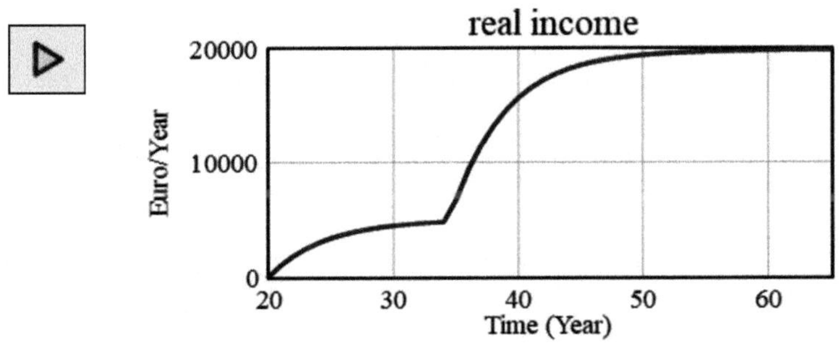

모델 결과에 따른 최종 권장 사항은 그가 젊을 때 공부하여 35세부터 더 높은 임금을 받을 수 있도록 준비하는 것이다.

Final Comments

이 모델에서 우리는 건강, 피로와 같은 질적 요인을 근무 시간, 소득 수준과 같은 정량적 요인과 함께 사용하는 방법을 살펴보았다.

3.21. 전염병의 전개 Development of an epidemic

이 시나리오에서, 처음에는 건강한 인구가 있다. 이 인구 안에서 전염성 질병에 감염된 사람들이 나타난다. 개인은 다른 사람들로부터 질병이 감염되거나 다른 사람들에게 질병을 전염시킬 수 있다. 질병의 전파는 신체적 근접성에 의해 발생하며, 감염 과정에서 개인은 다음의 상태를 일부 또는 전부 거칠 수 있다:

- 취약성 상태(S): 개인이 감염된 다른 사람으로부터 질병에 걸릴 수 있는 상태.
- 감염 상태(I): 개인이 감염되어 다른 사람들을 감염시킬 수 있는 상태.
- 회복 상태(R): 개인이 면역을 얻어 (일시적이거나 영구적일 수 있음) 더 이

상 감염되지 않거나 감염시킬 수 없는 상태, 즉, 개인이 회복되었거나 질병의 전염 단계가 끝난 상태.

다양한 전염병에서 우리는 두 가지 주요 그룹을 찾을 수 있다.

- 면역(일시적 또는 영구적)을 가지게 된 사람들로, 감염되었다가 회복된 경우이다. 이러한 질병들의 대부분은 바이러스성 질병이다(홍역, 수두, 소아마비).
- 한번 회복된 후에도 다시 감염될 가능성이 있는 질병들입니다. 이러한 질병들은 주로 세균성 병원체(성병, 페스트, 일부 형태의 뇌수막염) 또는 원생동물(말라리아)에 의해 발생한다.

감염 과정의 다양한 상태를 염두에 두고 역학 모델은 크게 세 개의 그룹으로 나눌 수 있다.

SIR 모델: 취약성-감염-회복 모델로, 영구 면역을 생성하는 질병과 세 가지 상태가 포함된 전형적인 주기를 다룬다. 모든 인구가 이 단계들을 반드시 거쳐야 하는 것은 아니다. 일부는 감염되지 않고 건강한 상태를 유지하며 (즉, 취약성 상태(S)에 머물 수 있다), 다른 사람들은 인공적으로 예방접종 등으로 면역이 생기고 감염 없이 직접 회복 상태(R)로 이동할 수 있다.

SIRS 모델: 취약성-감염-회복-취약성 모델로, 면역이 영구적이지 않은 경우에 적용된다. 일정 시간 후에 다시 감수성 상태가 되어 감염될 수 있는 경우를 다룬다. 예를 들어, 독감과 같은 질병이 해당된다.

SIS 모델: 감수성-감염-감수성 모델로, 질병이 면역을 생성하지 않는 경우에 사용된다. 감염된 개인이 회복 단계를 거치지 않고 다시 감수성 상태로 돌아갈 수 있는 경우에 사용된다.

모델은 연구 기간, 질병의 특성 및 연구 대상 인구에 따라 삶의 역학(출생, 사망, 이주 이동)을 고려할 수 있다.

The Model

우리는 생물학에서 가장 잘 알려진 역학 모델 중 하나를 참조하여 모델을 만들 것이다. 이는 Kermack과 McKendrick 모델로 표현된다:

$$\begin{cases} S' = -\beta SI \\ I' = \beta SI - \gamma I \\ R' = \gamma I \end{cases}$$

S는 질병에 걸리기 쉬운 인구, I는 감염된 인구, R은 질병을 이겨내고 회복된 인구입니다. 감염률과 회복률이라는 두 가지 상수가 있다.

흐름도를 그리려면 다음 단계를 따라야 한다.

3개의 저량변수를 작성한다.

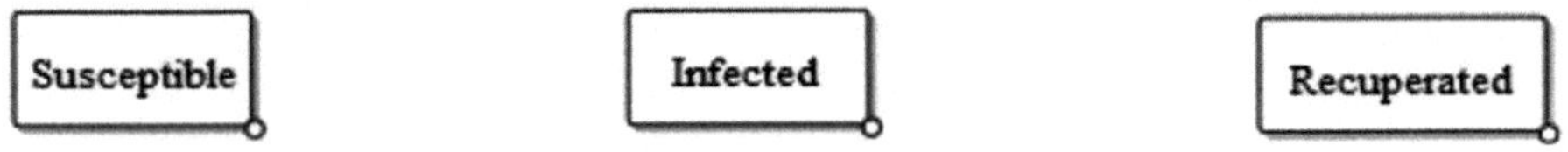

백신 접종을 받은 개인의 흐름을 추가한다.

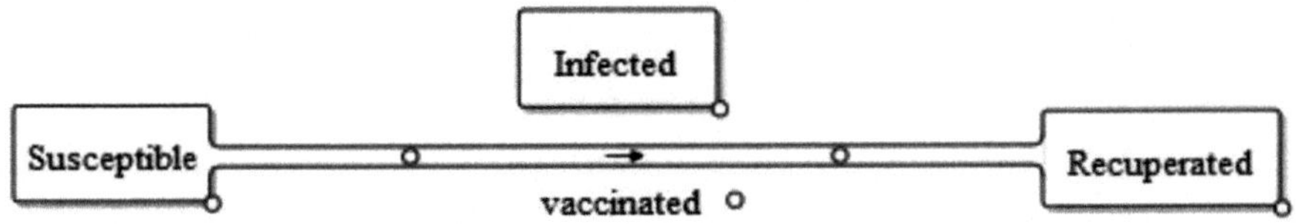

흐름을 드래그하여 백신 접종을 받은 개인의 위치 아래로 이동시킨다.

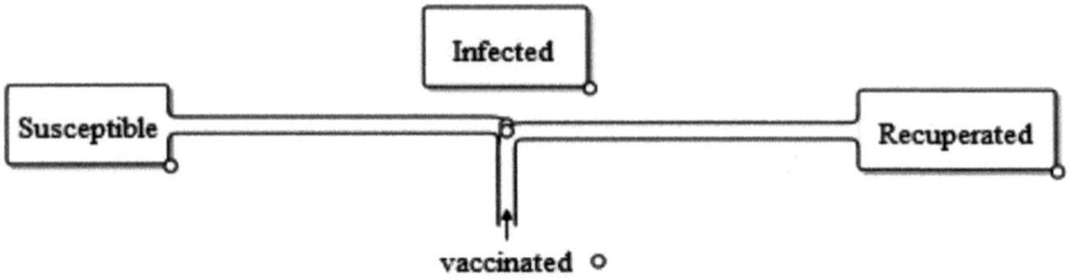

흐름 선상에 위치한 원을 클릭하여 오른쪽과 아래로 이동시켜 회복된 개인의 유입을 작성한다.

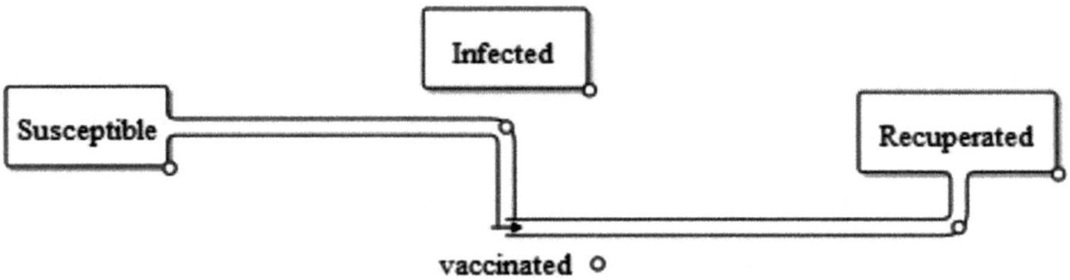

"exposed"의 경우처럼 직선이 아닌 모서리가 있는 유량을 그릴 수 있다. 이를 위해서는 Shift 키를 누른 상태에서 커서를 사용해 먼저 시작 지점인 저량(Recuperated) 안을 클릭하고, 그다음 채널의 각 모서리에서 클릭한 후, 마지막으로 도착 지점 저량(Susceptible)을 클릭하면 된다.

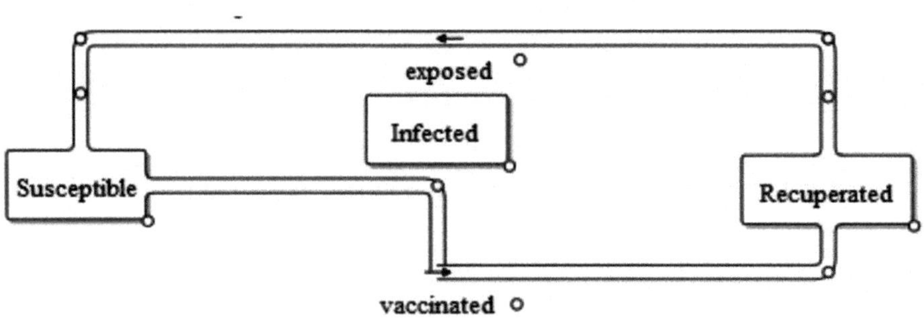

모델을 완성하기 위해 감염, 치료 및 사망의 유량을 추가한다.

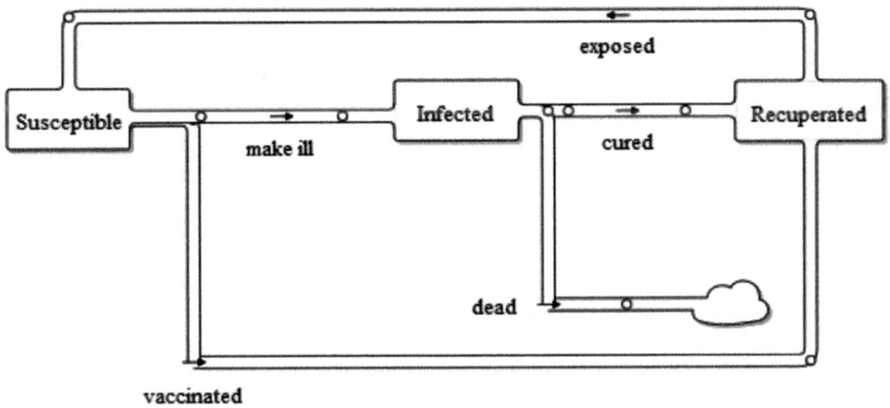

'dead' 유량 기호에 마우스 오른쪽 버튼을 클릭하면 텍스트의 위치와 색상을 변경할 수 있다.

화살표나 유량 선상의 원에서 마우스 오른쪽 버튼을 클릭하면 색상을 수정하여 모델의 특정 관계를 강조할 수 있다.

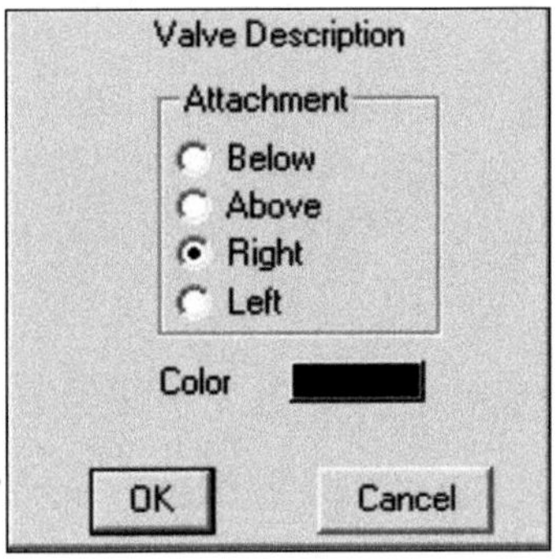

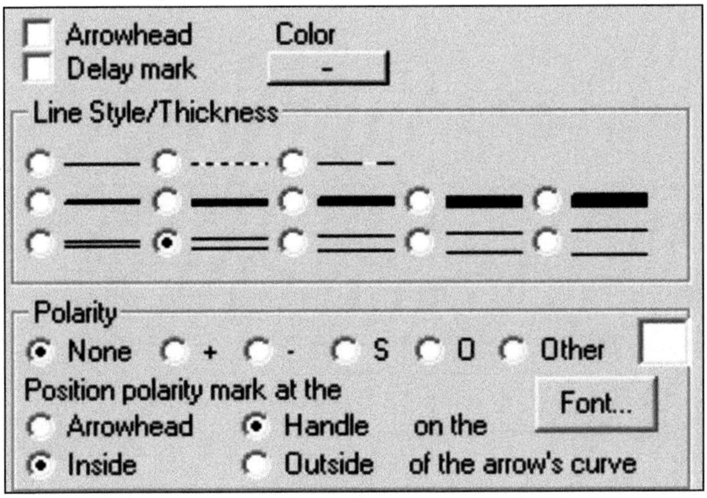

시스템의 나머지 요인을 추가하려면, 방적식을 입력하고 시뮬레이션을 실행한다.

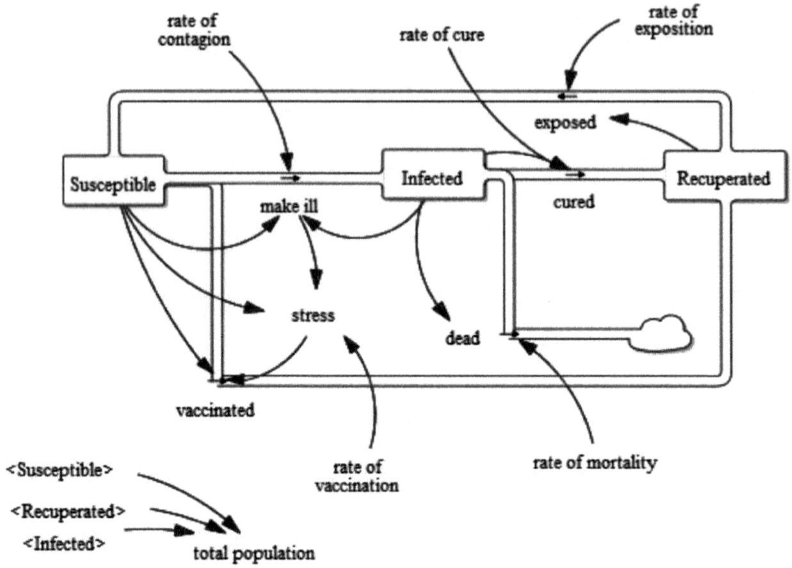

<V> ▾ 그림자 변수를 추가하려면 키를 클릭하여 메뉴를 열고 복사할 변수를 선택할 수 있다. 이러한 복사의 유용성은 모델에서 화살표가 과도하게 교차하는 것을 방지할 수 있다. 우리의 경우, 세 가지 가능한 상태의 합계로 총 인구 변수(Total Population)를 생성할 것이다.

시스템 다이내믹스 소프트웨어는 흐름을 작성한 방식에 따라 저량의 방정식이 자동으로 작성된다.

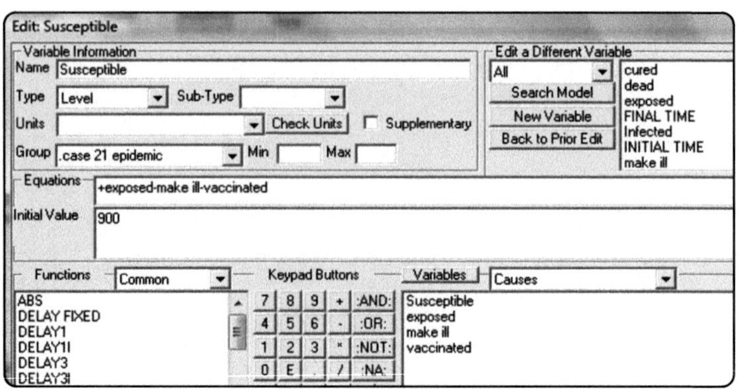

방정식은 간단하며, 저량은 우리가 흐름에 작성한 입력과 출력에 따라 변하고, 유량은 일반적으로 저량의 값과 비율의 값의 곱으로 이루어진다.

그럼에도 불구하고, 감염의 공식은 약간 더 복잡하다:

'감염시키다(make ill)'

Kermack과 McKendrick 모델의 방정식을 적용할 수 있다. 이 모델에 따르면, 감염시킬 수 있는 인구 수는 취약성 인구 수와 감염된 인구 수, 그리고 전염 속도의 곱으로 계산할 수 있다.

'스트레스(stress)'

스트레스 개념을 반영하여 감염시킬 수 있는 사람의 수가 감염에 대한 취약성 있는 사람의 수와 관련하여 'vaccinated'을 받은 사람의 수에 영향을 미친다는 것을 고려한다.

Model – Settings

INITIAL TIME = 0   FINAL TIME = 20   TIME STEP = 1

이 모델에서는 방정식의 단위에 대해 고려하지 않는다. Kermack과 McKendrick 방정식에서 단위가 유효하긴 하지만, 이 모델에서는 단위를 맞추는 것이 중요하지 않다.

Equations

Stocks

(01) Susceptible = + exposed – make ill – vaccinated

Initial Value = 900

(02) Infected = + make ill – cured – dead

Initial Value = 100

(03) Recuperated = cured + vaccinated –exposed

Initial Value = 0

Flows 

(04) cured = Infected * rate of cure

(05) make ill = Susceptible* rate of contagion* infected

(06) exposed = Recuperated* rate of exposition

(07) dead = Infected* mortality rate

(08) vaccinated = Susceptible* stress

Auxiliary Variables 

(09) rate of contagion = 0.001

(10) rate of cure = 0.4

(11) rate of exposition = 0.05

(12) rate of mortality = 0.1

(13) rate of vaccination = 0.5

(14) stress = (make ill / Susceptible) * rate of vaccination

(15) total population = Infected + recuperated + susceptible

Simulations

자동 시뮬레이션 아이콘을 클릭하면 모델 내 각 변수의 변화를 동시에 관찰할 수 있으며, 커서를 좌우로 이동시켜 일정한 비율로 유

지되는 변수에 대한 변화의 영향을 시뮬레이션할 수 있다.

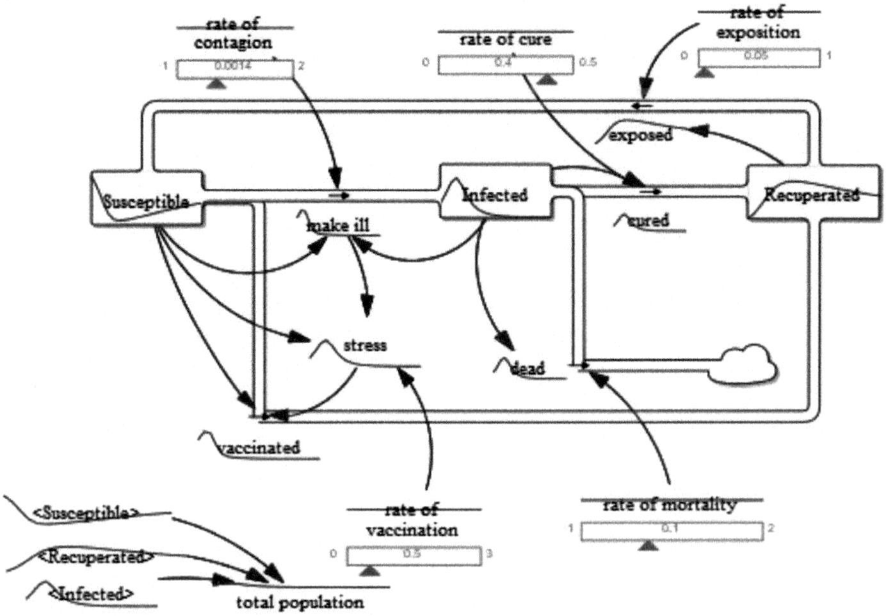

 Control Panel – Custom Graphs 아이콘을 누르면 특정 변수의 동작을 더 자세히 볼 수 있다.

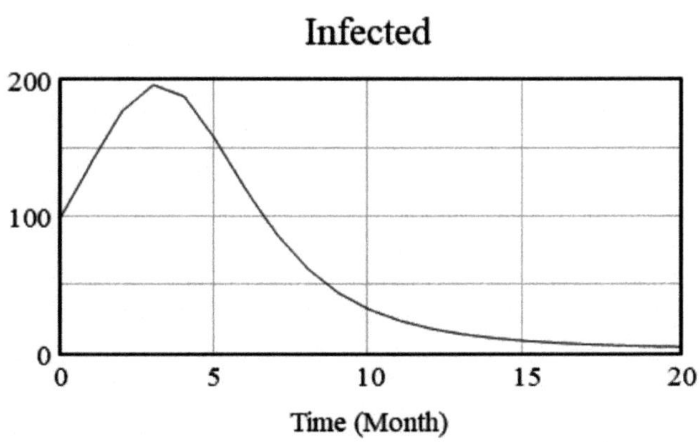

3.22. 두 시계의 역학 The Dynamics of Two Clocks

한 병사가 매일 아침 8시에 시계 상점 앞에 멈추어 서서 진열창에 있는 크로노미터와 자신의 시계를 비교하며 시간을 맞췄다. 어느 날 병사는 상점 안으로 들어가서 크로노미터의 정확성을 칭찬했다.

'웨스트민스터의 시간에 맞추고 계신가요?'라고 병사가 물었다.

'아니오'라고 주인이 대답했다. '나는 시계 시간을 성에서 오후 5시에 발사하는 대포 소리에 맞추어 조정합니다. 당신은 왜 매일 여기에서 시계 시간을 확인합니까?'

병사는 대답했다. '나는 대포를 발사하는 사람입니다.'

시계 상점의 크로노미터가 매 24시간마다 약 1분 지연되고, 병사의 시계가 매 8시간마다 1분 지연된다고 가정할 때, 15일 후 성의 대포 발사 시간이 얼마나 오차가 생길까?

이런 상황을 다음과 같은 인과관계 다이어그램으로 요약할 수 있다.

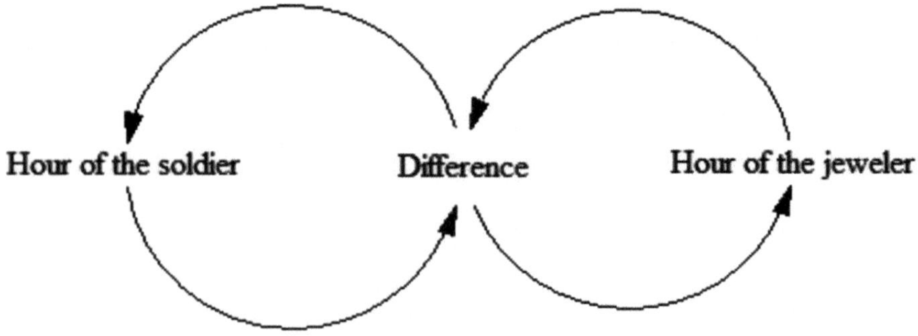

이 개념을 컴퓨터에 적용하려면 이를 저량유량도(Stock and Flow Diagram, SFD) 형식으로 변환해야 한다. 이 모델은 시간이 하나의 저량으로

표현되는 특수성을 가진다. 우리는 실제 시간(24시간/일, 1440분)과 시계에 의해 측정된 시간(거의 물리적인 것으로 조작할 수 있는 것)을 구별해야 한다.

우리는 측정된 1분은 = 테니스 공 1개로 상상할 수 있으며, 이 공들이 들어가고 나오는 두 개의 상자가 시계이다.

제시된 다이어그램을 참조하여 방정식을 정의할 수 있다.

매개 변수:

- 하루는 24시간, 즉, 1,440분이다.
- 시계상점의 시계는 1440-3분을 기록하고, 병사의 시계는 1440-1분을 기록한다.
- 각 시계는 1,440분을 기록한다.
- 모든 사람은 서로의 시계 차이에 맞추어 시계를 조정한다(들어오거나 나가는 것).
- 15일이 끝날 때 시스템의 상태를 확인해야 한다.

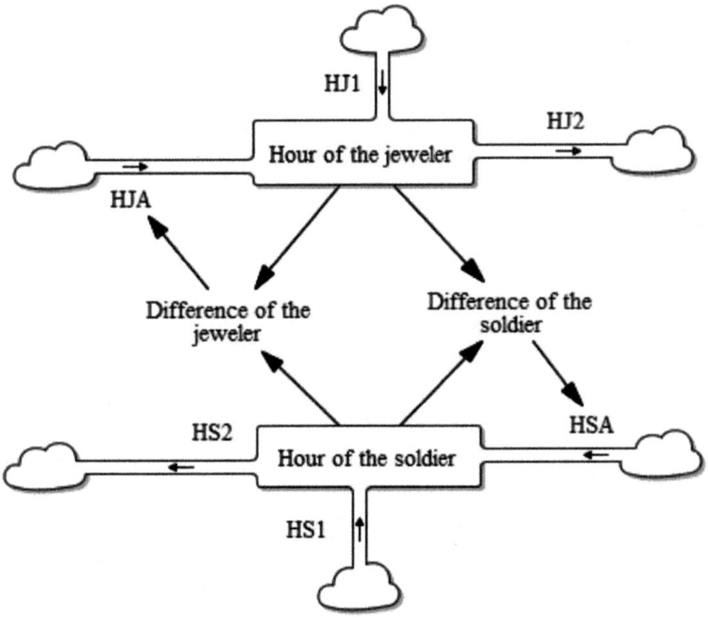

Model – Settings:

INITIAL TIME = 0 FINAL TIME = 15 Units for time: Day

Equations

(01) Difference of the jeweler=Hour of the soldier-Hour of the jeweler

(02) Difference of the soldier=Hour of the jeweler-Hour of the soldier

(03) HJ1= 1440-1

(04) HJ2= 1440

(05) HJA= Difference of the jeweler

(06) Hour of the jeweler= INTEG (HJ1+HJA-HJ2
Initial time:0

(07) Hour of the soldier= INTEG (+HSA+HS1-HS2
Initial time:0

(08) HS1=1440-3

(09) HS2=1440

(10) HSA=Difference of the soldier

▷ 이 경우, 결과를 그래픽 형식의 나타내는 것은 그다지 유용하지 않다. 모델의 목적은 시간흐름에 따른 변화가 아니라 날짜(시간)이다.

화면 왼쪽에 있는 아이콘을 사용한다. 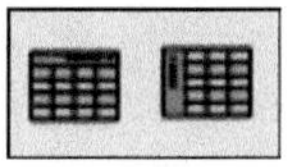

시뮬레이션 결과를 수직 테이블 형식으로 나타내면, 15일이 끝날 때의 차이는 31분이다.

Table Time Down

Time (Day)	"Hour of the soldier" Runs: Current	Hour of the soldier
0		0
1		-3
2		-4
3		-7
4		-8
5		-11
6		-12
7		-15
8		-16
9		-19
10		-20
11		-23
12		-24
13		-27
14		-28
15		-31

기계 분야

Mechanical Area

3.23. 저장 탱크의 역학 Dynamics of a Tank

물이 들어 있는 탱크의 변화를 시뮬레이션하려고 한다. 이 탱크는 하나의 입구와 하나의 출구가 있으며, 두 개 모두 항상 열려 있다. 탱크의 용량은 100리터이고, 처음에는 50리터의 물이 들어 있다. 입구와 출구의 흐름을 변경하기 전에 탱크의 내용물 변화를 알고 싶다. 즉, 탱크가 넘치지도 (않고) 비어 있지도 않도록 확인하고자 한다.

입구는 탱크가 비워질수록 흐름이 증가하고, 탱크가 가득 차면 흐름이 감소하도록 조절된다. 초기에는 탱크가 비어 있는 부피의 1/10에 해당하는 물이 들어오도록 조절한다.

반면에 탱크가 비워지는 것을 방지하기 위해 출구는 탱크가 거의 가득 차면 출구 흐름이 증가하고, 탱크가 비워지면 출구 흐름이 감소하도록 조절된다. 초기에는 탱크의 부피의 1/10에 해당하는 물이 나가도록 설정한다.

질문:

1. 초기 상태에서 탱크가 비어 있는 부피의 1/10 속도로 채워지고 같은 속도로 비워진다면 어떤 변화를 예상할 수 있는가?

2. 만약 탱크에 처음에 80리터가 들어 있다면 어떻게 될 것인가?

3. 입구가 탱크의 빈 부피의 1/20으로 조절되고 출구가 탱크의 부피의 1/10으로 조절된다면 어떻게 될 것인가?

우리는 이러한 질문에 답할 수 있도록 탱크 내용물의 역학을 이해하는 모델을 개발한다.

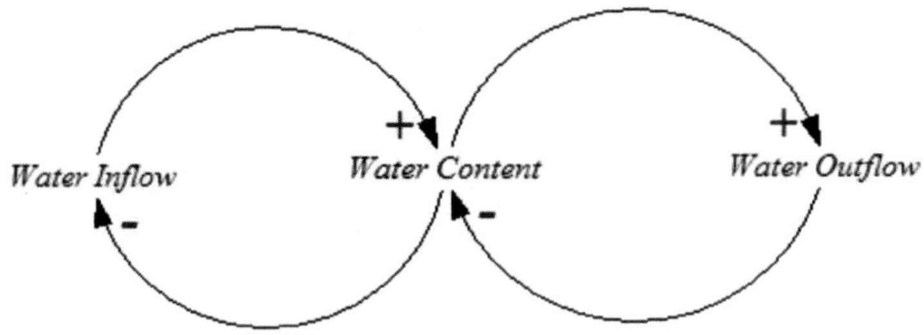

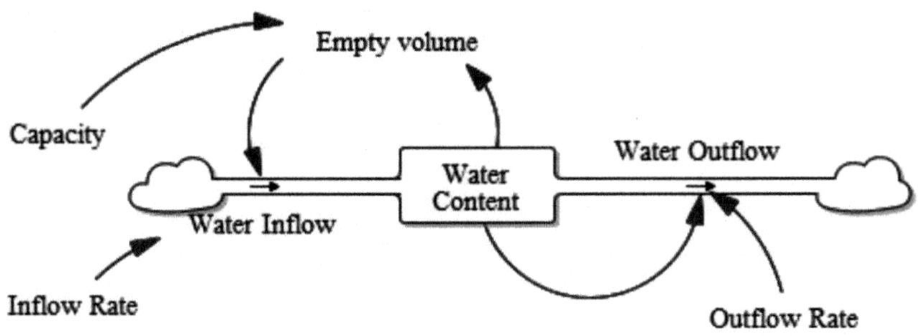

Model – Settings:

INITIAL TIME=0 FINAL TIME=100 TIME STEP=1

Units for time=Hour

(01) Capacity = 100

Units: Litres (write "Litres" because it is not on the menu)

(02) Empty volume = Capacity-Water Content

Units: Litres

(03) Inflow Rate= 1/10

Units: 1/Hour

탱크는 매시간 비어 있는 부피의 10%만큼 채워진다.

(04) Outflow Rate = 1/10

Units: 1/Hour

매시간 탱크의 내용물의 10%가 비워진다.

(05) Water Content= Water Inflow-Water Outflow Initial value: 50

Units: Litres

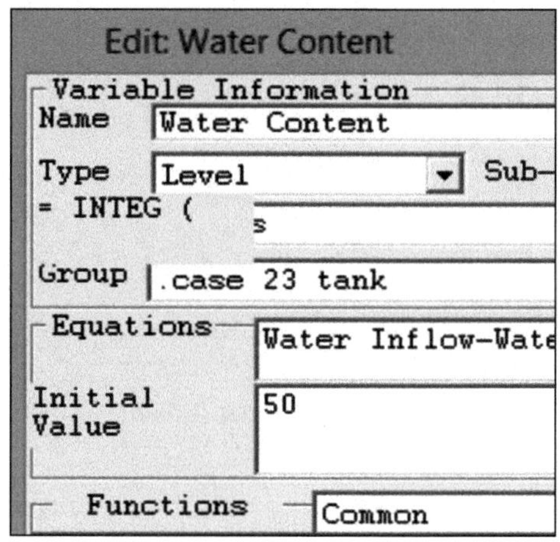

(06) Water Inflow= Empty volume*Inflow Rate

Units: Litres/Hour

(07) Water Outflow=Water Content*Outflow Rate

Units: Litres/Hour

Units Check 아이콘을 클릭하면 다음과 같은 메시지가 나타나면 OK를 클릭한다.

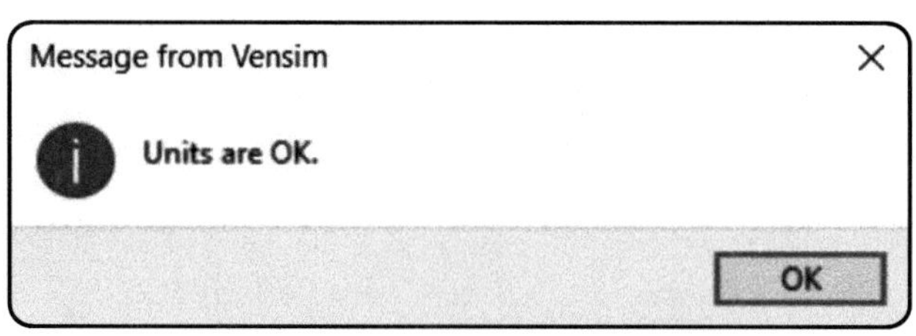

이제 모델을 실행하고 시뮬레이션을 진행한다. 

1. 초기 상태에서, 탱크가 비어 있는 부피의 1/10 속도로 채워지고 같은 속도로 비워진다고 했을 때 어떤 동작을 예상할 수 있는가?

물의 양은 50리터로 일정할 것이며, 물의 유입과 유출 속도는 각각 5리터로 일정할 것이다.

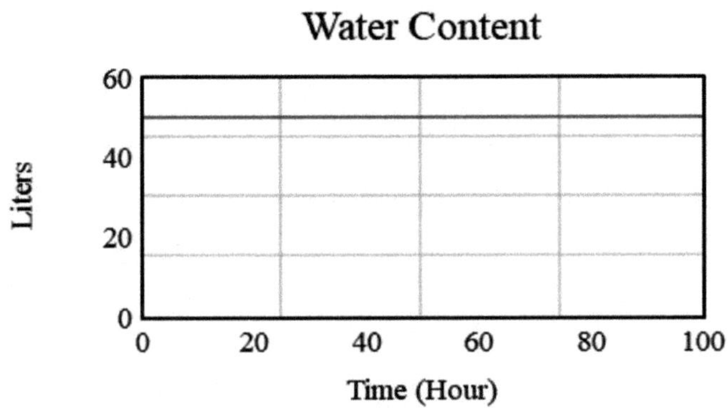

2. 초기 상태에서 탱크에 80리터가 들어 있다면 어떻게 될까?

초깃값의 변경을 저장하고 시뮬레이션을 진행한다. “Yes”를 클릭하여 덮어쓰기를 승인한다.

첫 번째 기간 동안 유입 속도는 (100−80)/10=20/10=2 리터 이며, 유출 속도는 80/10=8 리터이다. 이로 인해 내용물이 감소하여 50리터에 도달하면, 이 시점에서 유입 속도와 유출 속도는 각각 50/10=5 리터가 되고, 물의 양은 안정적으로 유지된다.

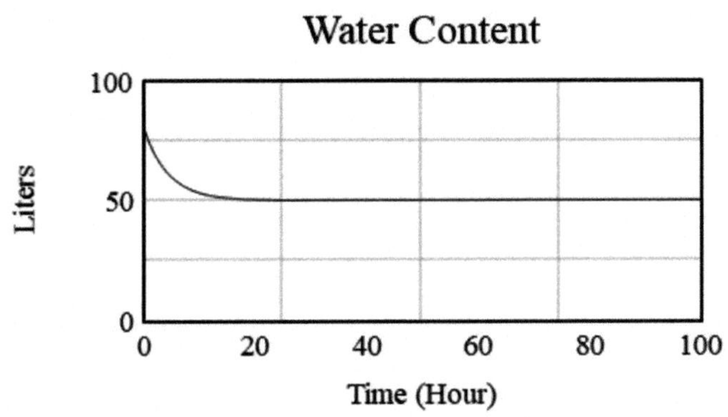

3. 초깃값을 50리터로 변경한다. 입구가 탱크의 빈 부피의 0.05로 조절되고 출구가 현재 내용물의 0.10으로 조절된다면 어떻게 변화될까?

처음에는 물의 양이 빠르게 감소하여 20시간 후에는 약 33리터로 안정된다. 물의 유입 속도는 처음에는 증가하고, 유출 속도는 감소하다가 나중에는 약 3리터로 일정하게 유지된다.

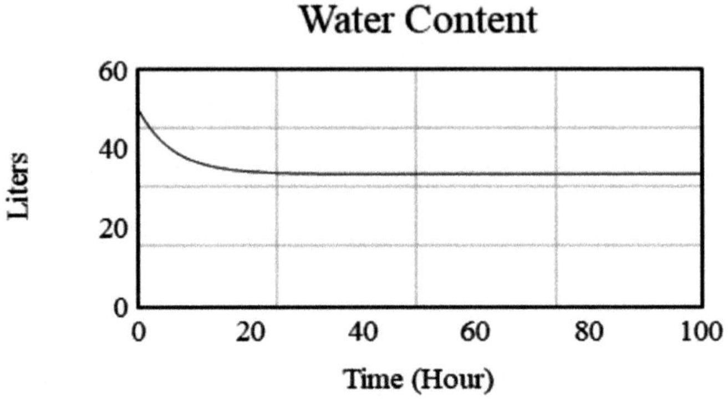

시뮬레이션을 실행하면 이를 데이터셋으로 저장할 수 있다. 이러한 데이터셋은 Control Panel에서 관리한다. 시뮬레이션 데이터셋의 기본 이름은 current.vdfx이다.

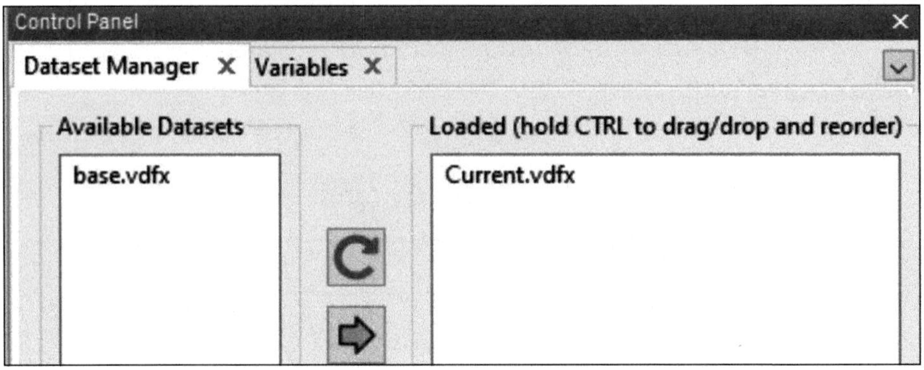

3.24. 주유소 관리 Gas Station Management

우리는 주유소에서 얻는 수익을 시뮬레이션하여 각 공급 주문의 수익, 비용 및 수량 매개변수에 대한 민감도 분석을 수행하고, 이를 통해 월평균 수익을 극대화하고자 한다.

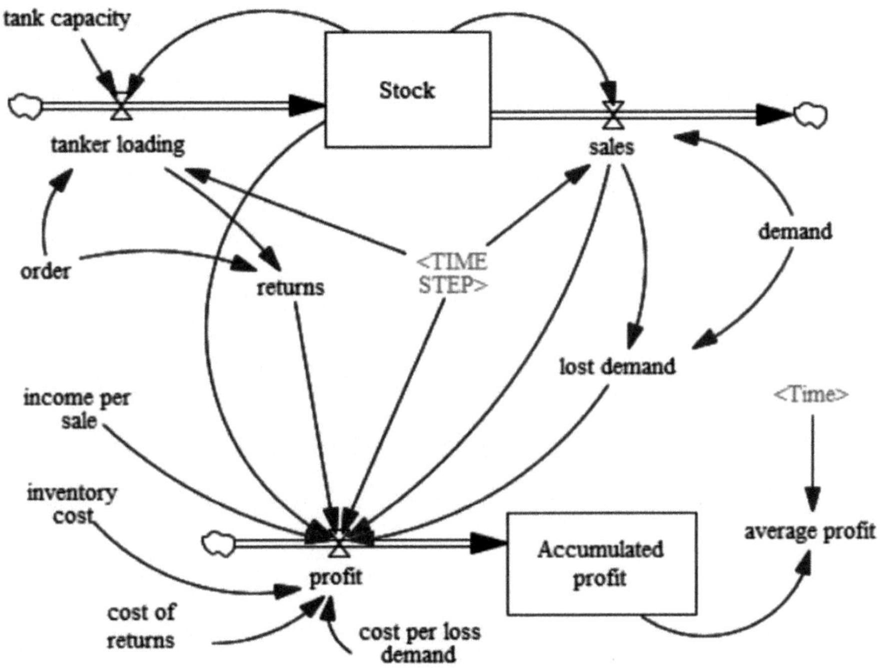

매주 초에 주문한 휘발유 공급이 도착한다. 기간은 6개월, 24주를 시뮬레이션한다. 주유소의 휘발유 탱크는 10,000리터를 저장할 수 있다. 판매된 리터당 이익은 0.10유로/리터이고, 휘발유가 없어 판매를 하지 못한 경우 리터당 0.12유로/리터의 손실이 추정된다. 이는 고객이 일정 기간 내에 돌아오지 않기 때문이다. 탱크가 이미 가득 차서 공급 트럭이 휘발유를 하역하지 못하는 경우 리터당 0.03유로/리터의 반환 비용이 발생한다.

Control of Temporary Parameters

Initial time = 1   Final time =24   Units of time= week

TIME STEP=1

Equations

(01) Stock= INTEG (tanker loading-sales,
Initial value:4000)
Units: liters
탱크에 있는 휘발유의 리터 수이다.

(02) tank capacity= 10000
Units: liters

(03) tanker loading=IF THEN ELSE(Stock/TIME STEP+order<=tank capacity/TIME STEP,order,tank capacity/TIME STEP-Stock/TIME STEP)
Units: liters/week

(04) demand= RANDOM UNIFORM(2000, 8000 , 12345)
Units: liters/week

(05) order= 4000
Units: liters/week
Liters ordered that are received on the first day of the week.
주 초에 받은 주문이다.

(06) lost demand= demand-sales
Units: liters/week
재고 부족으로 인해 판매할 수 없는 수요(리터 수)이다.

(07) cost of returns= 0.05
Units: euros/liters

(08) cost per loss demand= 0.12
Units: euros/liters

(09) income per sale= 0.1
Units: euros/liters

(10) inventory cost= 0.02
Units: euros/liters

(11) profit= income per sale*sales-cost per loss demand*lost demand -cost of returns*returns-Stock/TIME STEP*inventory cost
Units: euros/week
판매로 인한 수익, 미충족 수요, 그리고 반품으로 인한 이익이다.

(12) returns= order-tanker loading
Units: liters/week

(13) sales= IF THEN ELSE(Stock/TIME STEP>=demand,demand,Stock /TIME STEP)
Units: liters/week
수요와 판매 가능한 재고에 따라 제공된 판매량이다.

(14) Accumulated profit= INTEG (profit, Initial value: 0
Units: euros

(15) average profit= Accumulated profit/Time
Units: euros/week
시뮬레이션 기간이 종료될 때까지의 주간 평균 누적 이익이다. 이 방정식에서는 시간 카운터로 나누기 때문에 시뮬레이션의 초기 기간을 0 대신 주 1로 설정한다. 시간이 0이면 모델이 붕괴된다.

우리는 주당 4,000, 5,000, 6,000 리터의 주문을 시뮬레이션한다. 수요의 불규칙성 때문에 재고는 변동한다. 판매 그래프에서 어떤 주는 수요(예: 6,000)가 재고(예: 5,000)보다 많아 판매를 하지 못한 손실이 있음을 나타낸다.

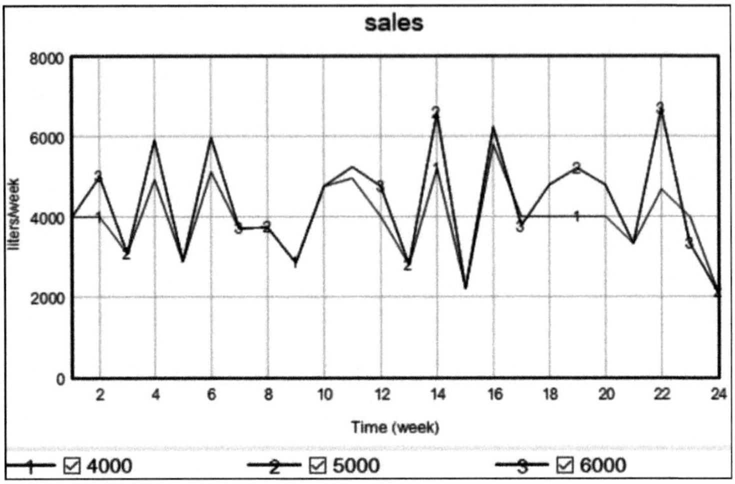

다음 그래프는 주당 5,000리터(라인 2) 주문이 24주 동안 가장 높은 평균 이익이 달성된다는 것을 보여준다.

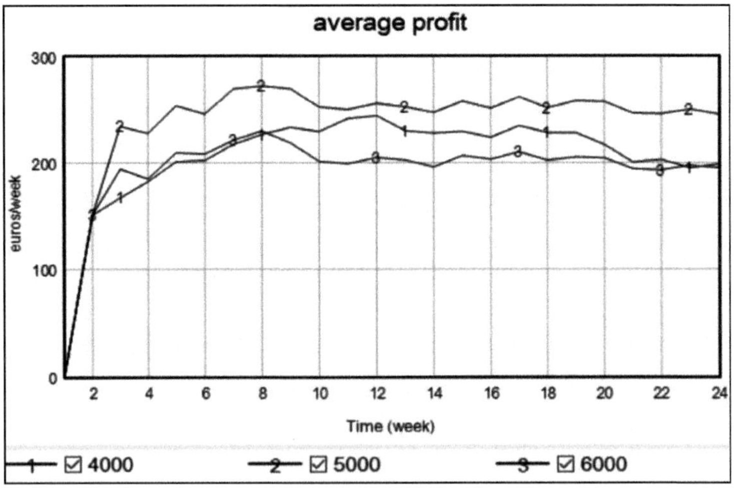

때로는, 주문이 1,000리터의 배수로 이루어져야 하는 이전 예와 같이, 이전과 같은 분석만으로도 결정을 내리는 데 충분하다. 다른 경우에는 시스템 상수를 더 자유롭게 수정할 수 있으며, Vensim의 Discrete Sensitivity Analysis 도구를 사용하여 선택된 변수에 가장 큰 영향을 미치는 변수를 파악할 수 있다.

민감도 분석 아이콘을 클릭하고, 분석하려는 시스템 요인인 "net benefit" 변수를 선택한다.

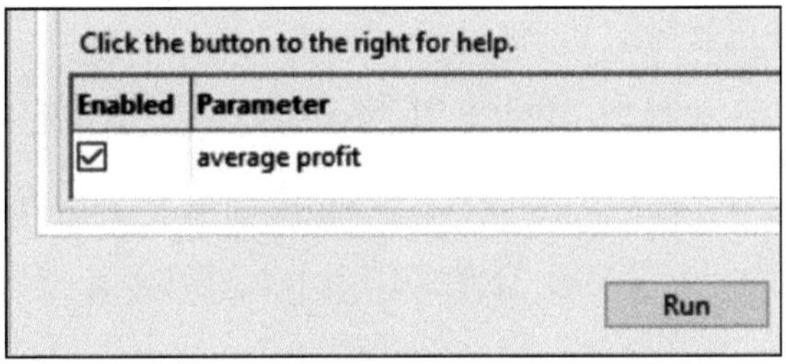

"average profit"에 가장 큰 영향을 미치는 시스템 요인들이 크기 순으로 나열된 창이 나타난다. 이전에 분석한 "liters ordered" 변수를 제외하면 "income per sale" 변수가 가장 관련성이 높다는 것을 알 수 있다. 따라서 최우선적으로 이 요인를 증가시킬 수 있는 방안을 분석해야 한다는 결론을 내릴 수 있다.

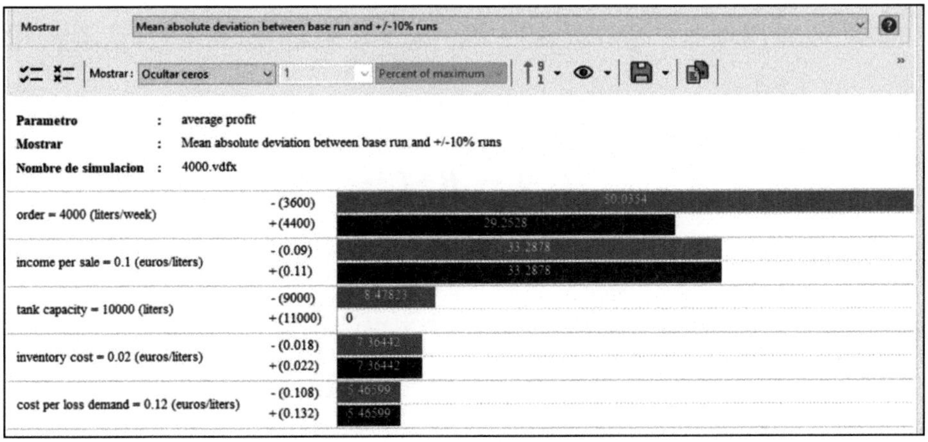

3.25. 화학 반응기 설계 Design of a Chemical Reactor

산업 공정의 독특한 특징 중 하나는 일반적으로 하나의 단계가 수많은 하위 구성 요인으 로 구성된 여러 단계로 설계된 복잡한 구조라는 것이다. 이러한 공정 과정은 간단한 것에서부터 매우 복잡한 것까지 다양한 수학적 계산을 요구하는 방정식이 필요하다.

여기에 하위 구성 요인의 특성에 대한 충분한 지식 부족과 변수들 간의 높은 상호작용 수준이 더해지며, 이는 비선형 결과를 발생시켜 방정식의 정확한 해석을 복잡하게 만든다.

따라서 새로운 공장의 설계와 기존 공장의 최적화라는 두 가지 작업은 일반적으로 직관적 기준이 필요하다. 이는 경제적 이유나 안전 문제로 인해 기존 공장에서 과도한 실험실 시뮬레이션이나 실험을 수행하는 것은 불가능하기 때문이다.

결과적으로, 체계적인 분석과 동적 시뮬레이션 모델의 개발은 이 문제에 대한 매우 매력적인 해결책이다.

Physiochemical Characteristics of the Process Considered.

현재 모델은 완전히 혼합된 일정한 부피의 단속식 반응기의 동작을 시뮬레이션한다. 이 반응기는 내부 코일을 사용한 온도 조절 시스템을 갖추고 있으며, 1차 기체 상태에서 반응이 완료되는 시스템이다. 반응은 다음과 같은 형태로 이루어진다:

$$A \leftarrow B + C$$

그림에서는 반응기의 단순화된 도식이 나타나 있으며, 완벽한 혼합을 보장하는 교반기와 냉각 코일이 있다. 냉각 코일을 따라 냉각 흐름이 Tm에서 순환하며, 온도에 큰 변화가 생기지 않을 만큼 충분한 흐름을 유지한다.

물질과 에너지의 균형을 나타내는 방정식은 다음과 같다.

성분 A에 대한 물질 균형:

$$dn_A / dt = - kn_A$$

여기에서

nA = 시간 t에서 A의 몰수

k = 반응 속도 상수로, 1차 반응이며 1/hr의 단위를 가지며, 온도에 따라 k = A1* exp (-B1/T)형태로 나타난다. 여기서 A1과 B1은 특정 반응에 속하며, T는 절대 온도이다.

에너지 균형:

$$Cv(dT/dt) = \Delta H_R(-kn_A) - UA(T-T_m)$$

여기에서

Cv = 반응기 내 혼합물의 열용량, 일정 부피에서 Btu / mol lb °F

AHr = 반응 열, Btu/mol-lb A

U = 열 전송의 전반적인 계수, Btu/h ft2 °R

T = 반응기의 온도, °R

Tm = 평균 냉각 온도, °R

A = 코일이 제공하는 열 전달 면적, ft2

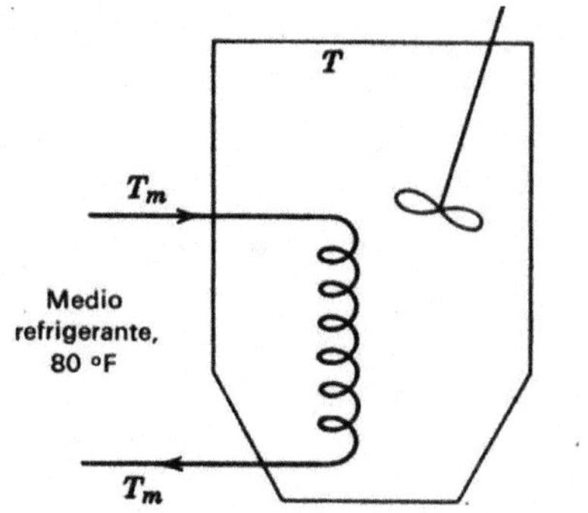

A에서 제품 B와 C로의 변환 반응은 발열 반응이다. 이 반응의 진행 동안 반응 열인 HR을 기반으로 계산할 수 있는 양의 열을 생성한다. 따라서 냉각 시스템을 적용하지 않으면 반응기의 온도는 지속적으로 상승할 것이다. 또한 고려해야 할 다른 요인들도 있다.

반응기에서 온도의 상승은 혼합물의 전체 열용량과 관련이 있으며, 이는 A가 B와 C로 대체됨에 따라 반응의 진행에 따라 계속 변동한다. 반응기 내에서 특정 구성은 다음과 같을 것이다:

1) 여기서 n_i는 각 성분의 몰수이며, C_i는 각각의 열용량으로, 온도의 값과 관계없이 상수로 간주된다. 반응의 특정 화학량론에 따라, 이 식은 NA에만 의존하도록 단순화할 수 있다.

$$Cv = n_A \ C_A + n_B C_B + n_C C_C$$

2) 반응의 상수 K는 온도에 의존하며, 이는 반응기 내에서 시간 t에 존재하는 A의 몰수에 따라 생성되는 열과 관련이 있다. 이는 에너지 균형 방정식에서 볼 수 있으며, 이로 인해 공정의 대표 방정식 사이에 이중 연결이 발생하고 해결에 어려움을 초래한다.

동적 시뮬레이션 모델을 구축하기 위해 두 개의 저량변수(Stock)가 고려되었다. 하나는 A의 반응에 의한 소멸을 나타내고, 다른 하나는 반응에 의해 발생한 열의 축적과 냉각을 통한 열의 소멸을 나타낸다. 이때, 온도를 사용하여 냉각 과정을 측정한다. 방정식의 기호는 화학 공학 분야에서 일반적으로 사용되는 방정식을 그대로 유지하였다.

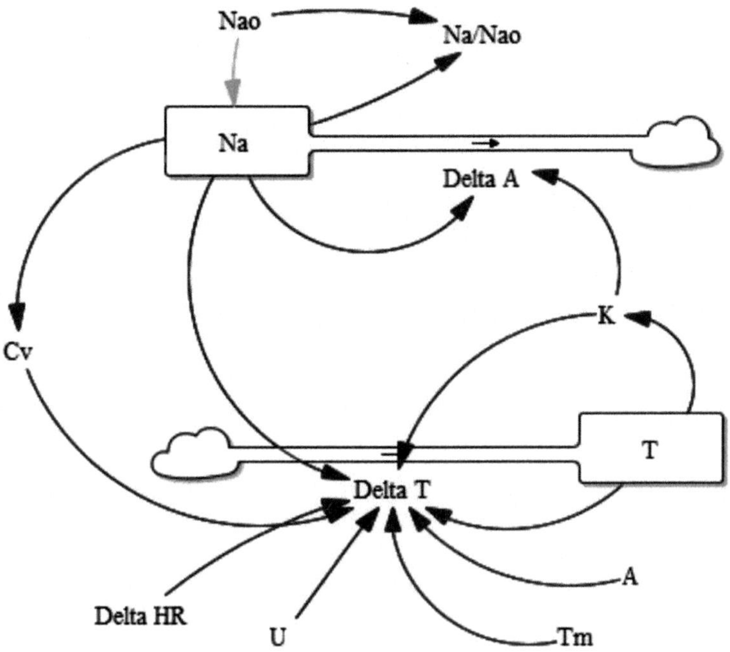

모델에 사용된 데이터는 다음과 같다:

nAo = 0.1 (반응 시작시 존재하는 몰 수)

T = 600° R (반응기에 담긴 물질의 초기 온도)

$k = 0.5 * 10^{10} * \exp(-1.394 * 10^4/T)$

Δ HR = -2500 Btu/mol-lb A

U = 3 Btu/h ft2 °R

Tm = 540 °R

A = 0.2 ft^2

C_A = 30 Btu / mol lb °F

C_B = 25 Btu / mol lb °F

C_c = 25 Btu / mol lb °F

Cv = 5 – 20*n_A (반응의 화학량론을 고려한 열용량)

Model – Settings

INITIAL TIME=0 FINAL TIME= 90 Units for time= Second TIME STEP= 0.0625

Equations

(01) A = 0

(02) Cv = 5-20*Na

(03) Delta A = K*Na/60

(04) Delta HR = -2500

(05) Delta T = (Delta HR*(-K*Na)-U*A*(T-Tm))/(Cv*60)

(06) K = 1.712*1e+010*EXP(-1.394*10000/T)
Units: 1/hr

(07) Na = -Delta A,
Initial Value = Nao
Units: mollb

(08) Na/Nao = Na/Nao

(09) Nao = 0.1

(10) T = Delta T
Initial Value: 600
Units: Grados R

(11) Tm = 540

(12) U = 3

모델은 Himmelblau와 Bischoff의 복잡한 유사 모델을 적용하여 얻어진 동작을 재현한다. 이를 통해 냉각기의 온도, 열 전달 면적, 공정의 초기 온도 및 열 전달의 전반적인 계수를 변경하여 이 반응기의 작동 조건에 따른 동작을 명확하게 확인할 수 있다.

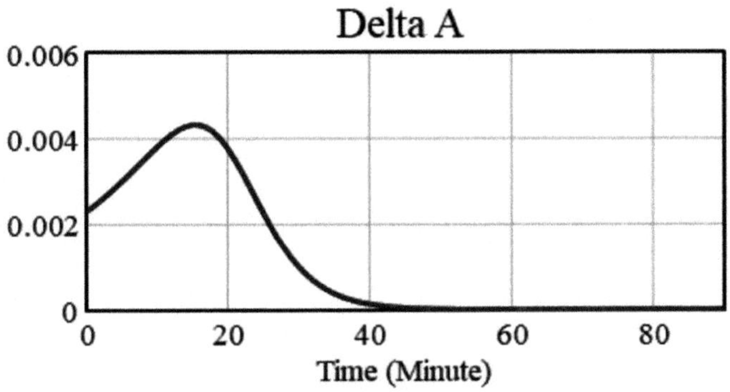

3.26. 나비 효과 The Butterfly Effect

시뮬레이션 모델이 생성되면, 시스템의 요인들이 놀랍고 전혀 예상치 못한 방식으로 동작하는 경우가 종종 있다. 초기 조건을 변경하면 예상했던 것과 정반대의 결과를 초래하거나 전혀 다른 효과가 나타날 수도 있다. 또한 초깃값의 작은 변화가 시스템 요인의 동작에 상당한 차이를 일으킬 수 있다.

우리도 모르는 사이에, 특정 조건에서 '카오스(혼돈)'라고 알려진 방식으로 동작하는 (구조와 변수 간의 관계를 가진) 시뮬레이션 모델을 만들 수 있다. 카오스의 정의는 '초기 조건에 매우 민감한 결정론적 시스템의 비주기적 동작'이다.

시뮬레이션 모델이 복잡하고 많은 변수와 매개변수, 피드백을 가진 경우에만 혼돈이 발생하는 것은 아니다. 수많은 연구에서 세 개의 미분 방정식과 그중 하나가 비선형인 경우 혼돈 행동이 발생할 수 있는 조건이 갖춰진다는 것이 입증되었다.

20세기 후반 몇십 년 동안 혼돈 이론은 큰 관심을 끌었다. 이 이론은 우리를 둘러싸고 있는 상호 연결된 현실을 보여주며, 각 구성 요인이 독립적으로 행동하지 않고 전체의 통합된 행동에 따라 환경의 행동을 수정하는 피드백 루프를 형성한다. 이 이론은 선형적 원인-결과 관계 측면에서 항상 복잡하고 해결하기 어려운 사회 현상 연구를 다루는 데 특히 유용하다.

다행스럽게도 강제 진자(물리적 현상 또는 3차 미분 방정식)와 같은 물리적 현상 또는 순수 수학적 시스템의 예가 있다. 이는 사회와 같은 훨씬 더 어려운 상황을 모델링하기 전에 혼란스러운 행동을 더 쉽게 이해할 수 있게 해주는 수학적 모델이다.

유명한 예로는 기상학자 Edward Lorenz의 연구가 있다. 그는 40여 년 전 기상 행동을 간단히 모델링하기 위해 3개의 미분 방정식 시스템을 구성하였고, '나비 효과'로 잘 알려진 놀랍고 주목할 만한 결과를 얻었다.

1960년대에 Lorenz는 기상 예측 문제를 해결하기 위해 연구를 시작했다. 하층이 상층보다 높은 온도를 가진 2차원 직사각형 대기에서 연속성 방정식, 운동량, 열 균형을 사용하여, 다음과 같은 세 개의 미분 방정식으로 구성된 간소화된 시스템을 개발하였다.

$$dx/dt = a\,(y - x)$$
$$dy/dt = r.x - x.z - y$$
$$dz/dt = x.y - c.z$$

여기서 두 개의 비선형성, 'x.y'와 'x.z'가 포함된 세 개의 미분 방정식이 있다는 점이 중요하다. 이러한 이유로 이 시스템은 혼돈 행동이 상태 변수('상태 변수'를 시스템 다이내믹스에서 저량이라고 함)에서 나타날 수 있는 조건을 충족하였다.

이 방정식들을 동적 시뮬레이션 모델로 나타낼 수 있다. 그러나 앞의 방정식들은 물리적 및 화학적 현상을 분석할 때 일반적인 과정의 결과임을 염두에 두는 것이 중요하다. 이 과정은 변수를 무차원화하는 것을 포함한다.

이 과정의 결과는 시스템의 변화 원동력 간의 관계를 설정하는 무차원 숫자 그룹(예: 특성 밀도, 점도, 길이)이 나타난다. 이러한 숫자들은 시스템의 동적 행동을 설명하는데 사용된다.

생성된 모델은 'Convective Flow', 'Horizontal Temperature Difference ', 'Vertical Temperature Difference'라는 세 개의 저량으로 구성되며, 이는 각각 'Convective Flow Variation', 'Horizontal Temperature Variation ', 'Vertical Temperature Variation'라는 유량에 의존한다.

또한 유체의 점도와 열전도율 사이의 관계를 설정하는 프란틀 수(Prandtl Number), 내부 열 복사를 통해 유체 층의 열전달을 정량화하는 레일리 수(Rayleigh Number), 그리고 연구되는 층의 두께를 측정하는 높이(Height)라는 세 가지 무차원 매개 변수가 있다. 모델은 기본적으로 대류 흐름과 기단의 온도 변화 간의 관계를 설정한다. 온도 차이가 대류 흐름을 생성하고, 이 흐름이 다시 온도 차이를 수정하며, 이 모든 것이 점도, 밀도 또는 열 전도도와 같은 매체의 특성에 따라 달라지기 때문에 복잡하다. 이러한 특성들은 무차원 숫자로 그룹화되어 모델 매개변수로 나타난다.

시뮬레이션 모델은 다음과 같은 값을 갖는다.

Prandtl Number = 10

Rayleigh Number = 28

Height = 8/3

그리고 저량의 초깃값은 다음과 같다:

Convective Flow = 0

Horizontal Temperature Difference= 1

Vertical Temperature Difference= 0

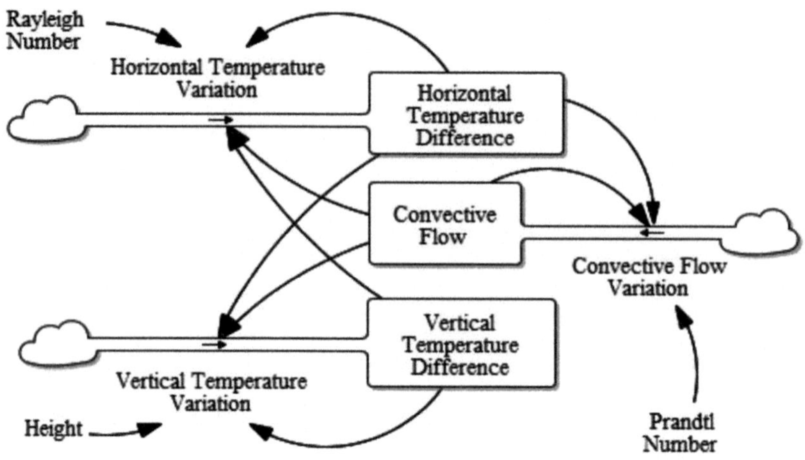

Model – Settings

INITIAL TIME= 0 FINAL TIME= 50 TIME STEP= 0.0078125

Units for time=Month

Equations

(01) Height = 8/3

(02) Horizontal Temperature Difference= Horizontal Temperature Variation
Initial value = 1

(03) Vertical Temperature Difference= Vertical Temperature Variation
Initial value = 0

(04) Convective Flow = Convective Flow Variation
Initial value = 0

(05) Prandtl Number = 10

(06) Rayleigh Number = 28

(07) Horizontal Temperature Variation= Convective Flow*(Rayleigh Number-Vertical Temperature Difference)- Horizontal Temperature Difference

(08) Vertical Temperature Variation= Convective Flow*Horizontal Temperature Difference-Height*Vertical Temperature Difference

(09) Convective FlowVariation= Prandtl Number*(Horizontal Temperature Difference-Convective Flow)

Integration Method

모델은 저량 조건을 계산할 때 각 시뮬레이션 기간에 작은 오차가 추가된다. 이 오차를 최소화하려면 Runge-Kutta 적분 방법을 사용할 수 있다. 모델을 구성한 후, Model - Settings을 클릭하여 이 적분 방법을 선택한다. 도구 모음이 다음과 같이 나타난다. Euler라는 단어를 클릭하여 RK4가 나타날 때까지 클릭한다.

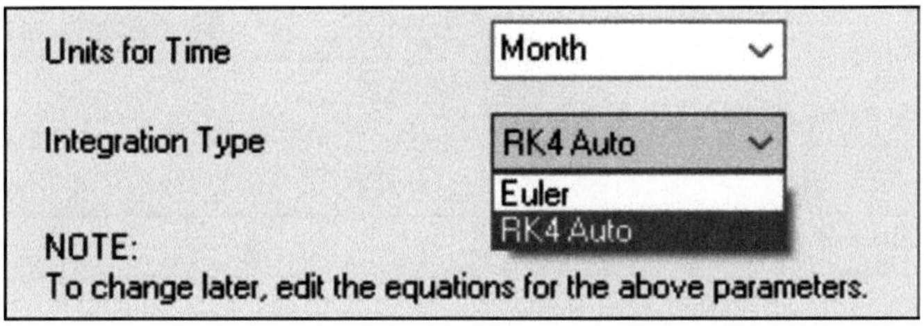

이제 모델을 시뮬레이션할 수 있다. 시뮬레이션이 완료되면 상태변수 또는 저량변수에서 매우 복잡한 동작이 관찰된다.

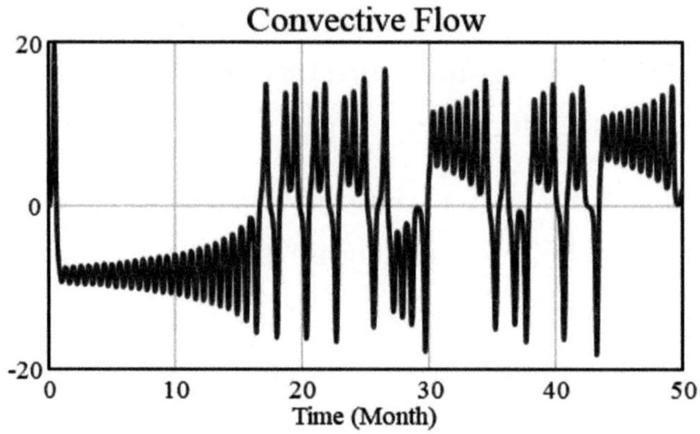

XY 그래프를 만들어 두 변수의 동시 변화를 비교할 수 있다. 예를 들어, X축에 대류 흐름 그래프를, Y축에 수직 온도 차이를 설정할 수 있다. 이를 만들기 위해서는 제어판 아이콘을 클릭하고, 다음 그림에서 표시된 대로 변수를 선택하면 된다.

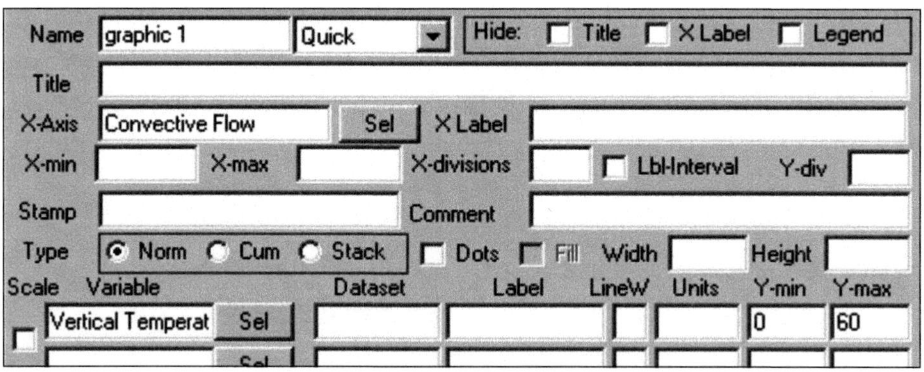

엄밀히 말하면, 우리가 하는 것은 위상 공간의 그래프를 만드는 것이다. 위상 공간은 동적 시스템을 설명하는 변수들로 만들어진 수학적 공간이다. 위상 공간의 각 점은 시스템의 가능한 상태를 나타낸다. 시스템의 시간에 따른 변화는 위상 공간에서 궤적으로 표현된다.

위상 공간 연구는 특별히 흥미롭다. 소산 시스템에는 특정 지역에서 시작된 궤적이 'attractor basin(집합 기저)'라고 불리는 지역으로 수렴하는 위상 공간의 영역을 가진다. 집합 기저는 점이나 극한 주기와 같은 단순한 구조를 가진 예측 가능한 집합 기저가 있다. 그러나 초기 위치의 작은 차이가 완전히 다른 위치로 이끄는 'strange attractors(이상 집합 기저)'도 있다. 이것이 바로 나비와 비슷한 독특한 형태를 가진 로렌츠 집합 기저의 경우이다.

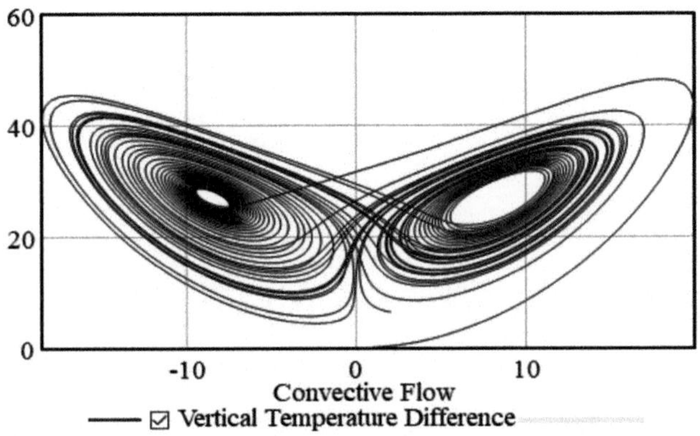

변수의 시간에 따른 변화는 일반적으로 복잡하여 빠른 결론이나 유효한 예측으로 이어지지 않을 수 있지만, 위상 공간 분석을 통해 시스템의 상태가 어디로 수렴하고, 변수의 최댓값과 최솟값 사이에서 어떻게 변화하는지를 알 수 있다. 이는 우리가 살고 있는 복잡한 상황을 연구할 때 매우 귀중한 정보가 된다.

Edward Lorenz는 자신이 연구하던 모델로 첫 시뮬레이션을 할 때 이러한 예상치 못한 행동을 발견했다. 의도치 않게 그는 이론적으로 수년 전부터 제안된 혼돈 행동의 귀중한 실제 사례를 개발하였고, 이는 이미 이론적으로 제안된 내용을 증명한 것이다.

1890년 앙리 푸앵카레(Henri Poincaré)는 태양-지구-달 시스템이 전통적인 역학으로 설명될 수 없다는 사실을 설명하는 기사를 발표했다. 그의 말에 따르면, "초기 조건의 작은 차이가 최종 현상에서 매우 큰 차이를 만들어낸다. 초기의 작은 오차는 후자의 엄청난 오차를 초래한다. 예측은 불가능해진다.” 이후 이 주제에 대한 연구는 물리적, 화학적, 생물학적, 수학적 시스템에서 이러한 예측 불가능성 현상, 즉, ‘결정론적 혼돈’의 많은 사례를 개발할 수 있게 했다.

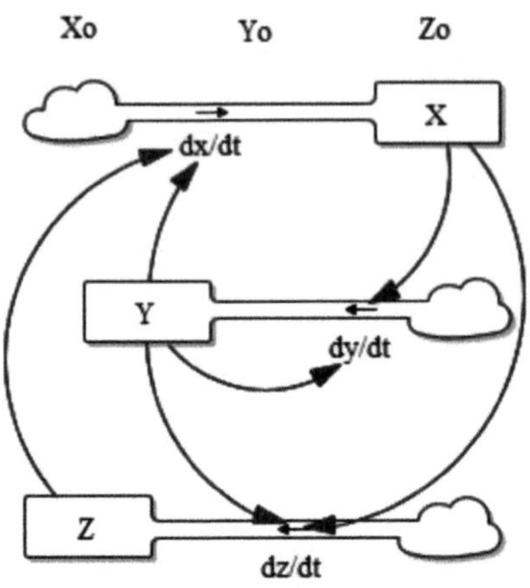

Julien Sprott의 책 ‘Chaos and Time-Series Analysis’에는 좋은 예가 있다. 이 책은 다음과 같은 세 가지 변수를 가진 간단한 모델을 제안한다:

$$dx/dt = y*z$$
$$dy/dt = x-y$$
$$dz/dt = 1-x*y$$

모델의 방정식은 Edward Lorenz의 모델에 설명된 것과 매우 유사하므로 생략한다. 초깃값 X, Y, Z = 1로 테스트하면 완전한 안정성을 관찰할 수 있다. Y=0.99로 초깃값을 변경하면 다음과 같은 그래프를 얻을 수 있다.

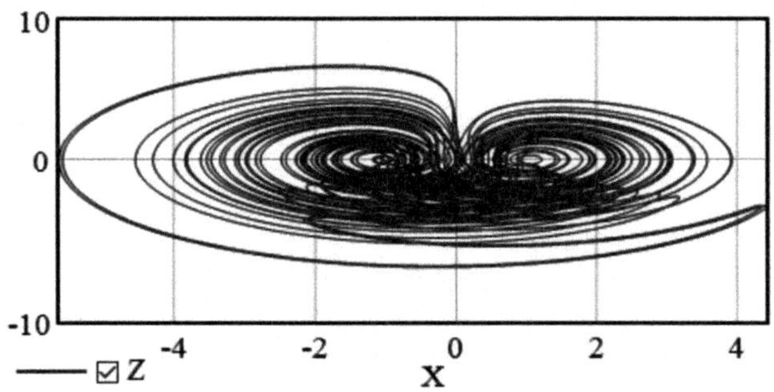

오늘날의 시스템적 관점과 강력한 계산 도구들은 혼돈 행동 문제를 매우 신속하게 분석할 수 있게 해주며, 시스템의 구조와 상호 관계에 대한 명확한 시각적 이미지를 제공하는 이점을 가진다. 마찬가지로, 위상 공간의 구성과 집합 기저의 탐색은 즉시 이루어질 수 있지만, 단순한 수학적 연습으로 간주해서는 안 된다.

3.27. 수력 발전소 A hydroelectric Power Station

수력 발전소는 전기를 생산하는 터빈을 움직이는 상부 저수지와 물을 상부 저수지로 다시 보내 전기를 재생산하는 하부 저수지 구조로 되어 있다

두 저수지는 운영 이유와 공공 사용 이유로 물의 수위를 조절해야 하므로, 최소 및 최대 수위 범위 내에서 유지하려고 노력한다. 이로 인해 배출과 반환은 이러한 수위에 기반하여 조절된다.

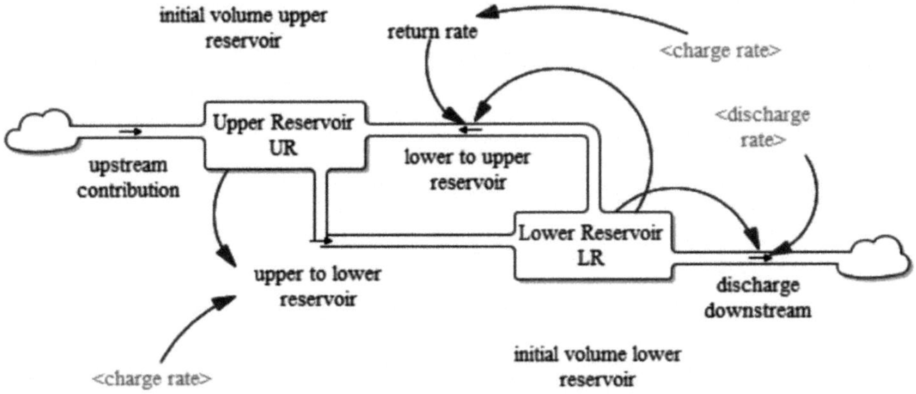

모델은 상부 저수지가 상류의 강에 의해 공급되고 하부 저수지로 배출되어 발전소의 터빈을 구동하는 상호 작용을 시뮬레이션한다. 하부 저수지는 터빈을 통과한 물을 저장하고, 발전소의 지시 사항에 따라 강으로 방류하거나 다시 반환하는 역할을 한다. 두 저수지는 기술적인 이유로 수위 조절을 유지해야 한다. 이러한 상황은 저수지 간의 상호 작용을 조절하는 세 가지 비율, 즉, 충전 비율, 배출 비율, 반환 비율로 모델링된다.

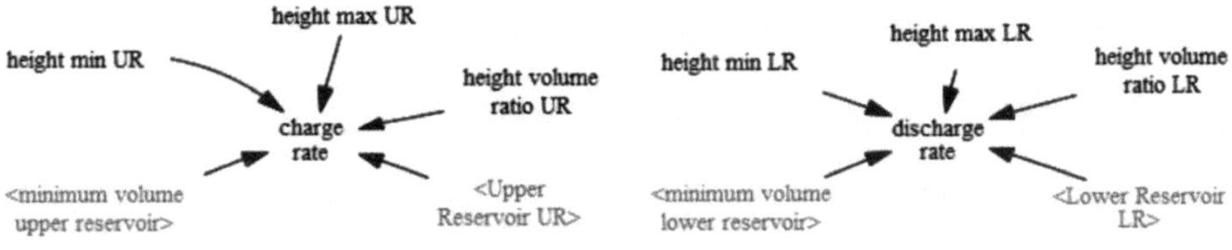

다음 다이어그램 각각에 대해 두 개의 뷰를 작성한다. 그림자 변수를 사용하여 이들을 연결한다.

Model – Settings

INITIAL TIME = 0 FINAL TIME = 100 Units of Time: Hour
TIME STEP = 1

Equations

(01) Upper Reservoir UR= INTEG (upstream contribution +lower to upper reservoir-upper to lower reservoir,
Initial value: initial volume upper reservoir
Units: Hm^3
저수량이다.

(02) Lower Reservoir LR= INTEG (+upper to lower reservoir-discharge downstream-lower to upper reservoir,
Initial value: initial volume lower reservoir
Units: Hm^3

(03) upper to lower reservoir= charge rate*Upper Reservoir UR
Units: Hm^3/Hour

(04) lower to upper reservoir= Lower Reservoir LR*return rate
Units: Hm^3/Hour
하부 저수지에서 상부 저수지로 반환하는 물의 흐름이다.

(05) charge rate= IF THEN ELSE(((minimum volume upper

reservoir+(Upper Reservoir UR-minimum volume upper reservoir))/ height volume ratio UR)<=height min UR,0.005,IF THEN ELSE (((minimum volume upper reservoir+(Upper Reservoir UR-minimum volume upper reservoir))/height volume ratio UR)>=height max UR,0.02,0.01))

Units: Dmnl/Hour

전문가 관리 규칙을 기반으로 한 방정식이다.

(06) discharge rate= IF THEN ELSE(((minimum volume lower reservoir+(Lower Reservoir LR-minimum volume lower reservoir))/height volume ratio LR)<=height min LR,0.005,IF THEN ELSE (((minimum volume lower reservoir +(Lower Reservoir LR-minimum volume lower reservoir))/height volume ratio LR)>=height max LR,0.02,0.01))

Units: Dmnl/Hour

(07) discharge downstream= discharge rate*Lower Reservoir LR

Units: Hm^3/Hour

(08) return rate= IF THEN ELSE(charge rate<0.1,charge rate,0)

Units: Dmnl/Hour

(09) height max LR= 35

Units: meter

(하부)저수지에서 허용되는 최대 높이이다.

(10) height max UR= 45

Units: meter

(상부) 저수지에서 허용되는 최대 높이이다.

(11) height min LR= 30

Units: meter

((하부) 저수지에서 허용되는 최소 높이이다.

(12) height min UR= 40

Units: meter

(상부) 저수지에서 허용되는 최소 높이이다.

(13) height volume ratio LR= 10

Units: Hm^3/meter

(하부) 저수지의 높이와 저수량 간의 비율이다.

(14) height volume ratio UR= 12.5

Units: Hm^3/meter

상부 저수지의 높이와 저수량 간의 비율이다.

(15) initial volume lower reservoir= 400

Units: Hm^3

하부 저수지의 초기 저수량이다.

(16) initial volume upper reservoir= 400

Units: Hm^3

상부 저수지의 초기 저수량이다.

(17) upstream contribution= 2-RAMP(0.05,10,20)

Units: Hm^3/Hour

Simulate

우리는 시작 지점에 관계없이 시스템이 정의된 매개변수에 맞춰 유입과 유출을 조정하는 것을 볼 수 있다.

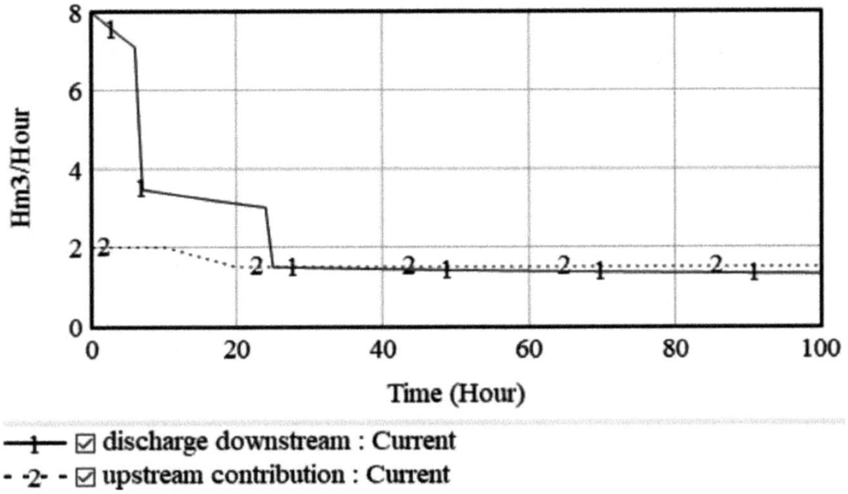

저수지의 저수량은 시뮬레이션 동안 변동하며, 초깃값과는 다른 값으로 안정화된다.

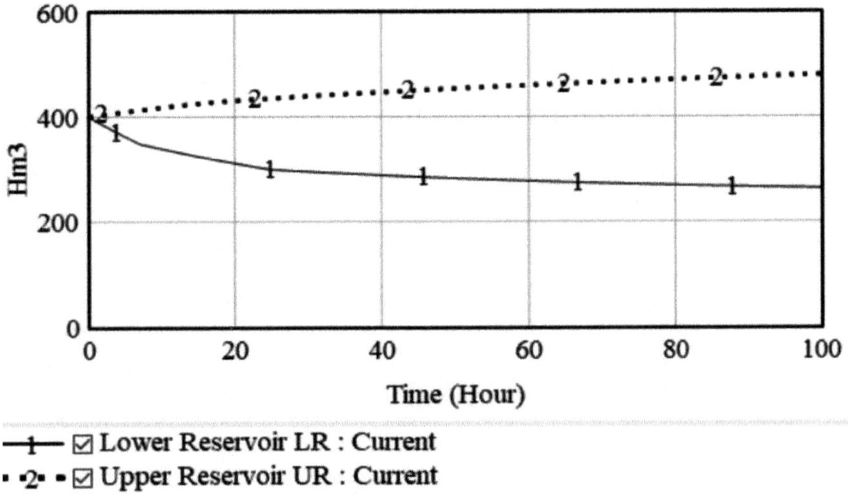

Simulation 2

'상부 저수지의 초기 저수량'을 400에서 200으로 변경하고, 시뮬레이션의 이름을 Current2로 변경한 후 시뮬레이트를 클릭한다.

아이콘 Runs Compare를 클릭한다.

두 개의 활성 시뮬레이션(Current 및 Current2)이 있으며, 모델 상수의 값이 서로 다르고 그 값이 무엇인지 알려주는 새 창이 열린다.

Comparing Current2.vdfx and Current.vdfx

Information about run Current2.vdfx
Origin: (Thu Nov 2 2023) From Two Reservoirs.mdl
Command line: sim Current2

Information about run Current.vdfx
Origin: (Thu Nov 2 2023) From Two Reservoirs.mdl
Command line: sim Current

Variable	Type	Difference	At Time	Current2.vdfx	Current.vdfx
initial volume upper reservoir	Constant	value		200	400

두 시뮬레이션 간의 차이점(상수의 값)을 신속하게 보여주고 싶을 때 이 도구는 매우 유용하다.

제어판으로 가서 Current2 시뮬레이션을 비활성화하거나 삭제한 후 계속 진행한다. Current 시뮬레이션만 활성화된 상태로 둔다. '상부 저수지의 초기 저수량'을 초깃값(400)으로 수정한다. 시뮬레이션의 이름을 Current로 변경한다.

민감도 분석(Sensitivity Analysis)은 모델의 입력 변수 변화가 출력에 미치는 영향을 평가하는 방법이다. 이 분석은 중요한 요인을 식별하고, 불확실성을 이해하며, 결정을 내리는 데 도움을 주어 결론의 확실성을 보장한다.

이 도구를 사용하면 4가지 다른 분석 접근 방식을 사용할 수 있다.

평균절대편차(MAD)

입력 변수의 변화가 모델 출력에 미치는 영향을 평가하는 데 사용된다. 다른 변수를 일정하게 유지하면서 하나의 입력 변수만을 체계적으로 변경한다. 각 변화에 대해 모델 출력과 기준 값 사이의 절대 차이를 계산한다. 평균 절대 편차는 이러한 절대 차이를 평균하여 계산된다. 이는 각 입력 변수의 변화에 대한 출력의 평균 민감도를 나타낸다. 평균 절대 편차가 클수록 모델 출력이 해당 입력 변수의 변화에 더 민감하다는 것을 의미한다.

오차 제곱합(SSE)

모델의 예측과 실제 관측 데이터 간의 적합도를 평가한다. 회귀 분석에서 일반적으로 사용되며, 모델이 데이터 포인트에 맞는 곡선이나 선을 시도할 때 사용된다. SSE는 모델이 예측한 값과 실제 관측값 간의 제곱 차이를 계산하고, 이 제곱 차이들을 합산한다. SSE가 낮을수록 모델이 데이터에 더 잘 맞는다. 민감도 분석에서 입력 변수를 변화시키면 SSE가 변할 수 있으며, 이는 모델의 예측이 입력 데이터의 변화에 얼마나 민감한지를 나타낸다.

분산의 차이

입력 변수가 변화할 때 모델 출력의 변동성을 측정한다. 모델 출력의 분산(퍼짐 정도 또는 변동성 측정치)을 서로 다른 시나리오나 조건에서 비교한다. 분산 차이를 분석하여 분석가는 어떤 입력 변수가 출력의 전체 변동성에 가장 큰 영향을 미치는지를 결정할 수 있다. 특정 입력 변수의 분산 차이가 클수록, 해당 변수의 변화가 모델 출력에 더 큰 변동을 초래한다는 것을 의미한다.

수익률 비율

입력 변수(예: 이자율, 시장 조건, 프로젝트 비용)의 변화가 투자 또는 비즈니스 결정의 전체 수익성에 미치는 영향을 평가한다. 수익률 비율은 입력 변수의 변화로 인해 발생하는 순수익 또는 이익의 백분율 변화를 계산하여 얻는다. 이 지표는 결정권자가 투자 수익의 민감성을 이해하는 데 도움을 준다. 수익률 비율이 높을수록, 해당 입력 변수의 변동에 대해 투자 수익성이 더 민감하다는 것을 의미한다.

이산 민감도 분석을 수행하려면 'discharge downstream' 변수를 선택한 후, 상단 바에 위치한 Sensitivity2All 아이콘을 클릭한다. 새 창이 열리면 실행을 클릭한다.

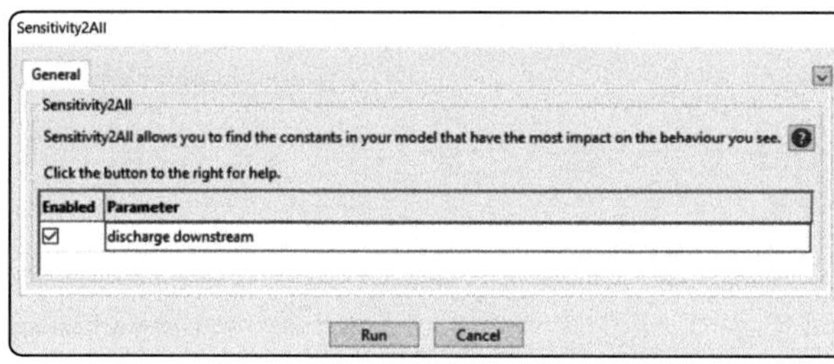

새 창이 열리면 상단에 관심 변수가 표시된다. 그런 다음 Display 메뉴에서 여러 옵션을 제공하며, 기본적으로는 모든 상수의 +/-10% 변동에 대한 MAD(평균 절대 편차)가 표시된다.

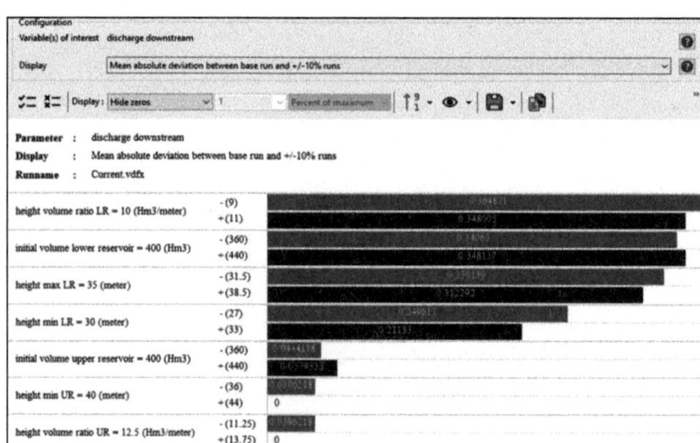

이 경우, 'discharge downstream'을 관리하려면 'height volume ratio LR' 변수를 제어하는 것이 가장 중요한 것으로 보인다.

CHAPTER

04

모델 개발 가이드

Guide to Creating a Model

이론과 실습이 완료되면 독자는 관심 있는 주제에 대하여 시뮬레이션 모델을 만들 수 있을 것이다

이 시점에서 모델 작성의 불확실성과 걱정을 느끼는 것이 당연하지만, 차분함을 잃지 않기를 바란다. 시스템 다이내믹스를 적용하여 모델을 생성하는 것은 어느 정도 이론적 지식과 경험이 필요하며, 독자는 이를 이전의 장에서 충분히 습득했을 것이다. 또한 이는 많은 인내가 요구되는 창조 프로젝트라는 인식을 가져야 한다.

이 과정에서 일정한 순서를 유지하는 것이 필요하다. 다음 Schema는 따라야 할 단계를 보여주며, 각 단계의 필수적인 특성을 설명한다. 비록 선행 단계를 완료하였다 하더라도, 분석 중인 주제에서 얻은 새로운 정보를 바탕으로 일부 단계를 반복해야 할 경우도 있을 수 있다.

SCHEMA

A – 인과관계 다이어그램(CLD) 작성

1. 문제 정의
2. 가장 중요한 요인 식별
3. 부차적으로 중요한 요인 식별
4. 3차적으로 중요한 요인 식별
5. 관계 정의
6. 피드백 식별
7. 관련 없는 요인 제거
8. 문제 해결을 위한 가능한 해결책 제안

B - 저량 및 유량 다이어그램 작성

9. 요인 특성화
10. 방정식 작성
11. 매개변수에 값 할당
12. 모델의 첫 번째 버전 생성
13. 모델 안정화
14. 주요 요인 식별
15. 시뮬레이션 실행

C- 결론 작성

4.1. 인과관계 다이어그램(CLD) 작성 Creating a Causal Loop Diagram (CLD)

일부 저명한 저자들은 인과관계 다이어그램을 만들 필요가 없다고 주장한다. 심지어 약간 복잡한 시스템 조차 수많은 곡선으로 구성 되어 그 행동을 분석하는 것이 매우 어려울 수 있으므로, 최소한 성공을 보장할 수 있는 해법을 추정 하거나 찾으려는 시도 조차할 필요가 없다는 것이다. 그들은 저량 유량도가 훨씬 더 명확하고 유용하다고 결론 내리는데, 이는 시스템에 존재하는 곡선들을 명확하게 보여주며, 이 곡선들이 우리가 통제해야 할 정의된 요인들이기 때문이다.

이러한 주장은 이해할 만하지만, 우리는 인과관계 다이어그램이 가지는 분명한 가치를 잊어서는 안 된다. 첫째, 가장 중요한 가치는 연구의 초기 단계에서 불명확해 보일 수 있는 아이디어들을 정리하는 간단한 방법이라는 점이다. 둘째, 인과관계 다이어그램은 단순한 예비 단계로서 시스템의 요소와 관계를 저량유량도로 쉽게 전달할 수 있게 한다. 셋째, 최종 사용자와 명확하고 원활하게 의사소통할 수 있게 해 주는데, 이는 저량유량도 로는 할 수 없는 일이다.

1. 문제 정의

이 단계는 프로젝트에서 핵심적인 단계임이 틀림없다.

종종 고객은 모델을 만들 컨설턴트에게 연구의 최종 목적을 명확히 설명하지 않는다. 우리는 분석해야 할 문제를 명확하게 정의하기 위해 가능한 한 많은 노력을 해야 한다. 가능하다면 분석해야 할 문제의 정의를 고객이 서명한 서면으로 받는 것이 좋다. 우리는 우리의 노력을 한 방향으로 집중해야 한다. 만약 이 방향이 잘못되었거나 수정되어야 한다면, 우리의 노력은 최선의 경우에도 쓸모없게 되고, 자주 좌절감을 느끼게 될 것이다.

문제를 명확하게 인식할 수 있도록 정의하는 것이 좋다. 이러한 정의는 유효한 양적 정의(예: 고객 대기 시간)와 질적 정의(예: 비행에 대한 두려움)를 포함할 수 있지만, 우리는 이러한 정의를 구체화하려는 노력이 필요하며, 이 노력은 곧 보상을 받을 것이다.

문제를 다음과 같이 정의하는 것은 전혀 유용하지 않다. 예를 들어, '문제는 소매 업체들 간의 의사소통 부족으로 인해 잘못된 의사결정이 발생하는 것인데, 이는 방법론적인 차이와 고객 지식의 개발 및 개선에서 비롯된 결과이다'라고 정의하는 것은 도움이 되지 않는다.

문제를 A4 크기의 흰 종이 중앙에 기술하는 것이 바람직하다.

2. 가장 중요한 요인 식별

이 단계에서는 문제에 영향을 미치는 모든 요인의 이름을 작성하는 것이 필요하다. 이들은 질적 요인일 수도 있고 양적 요인일 수도 있지만, 우리는 항상 개선 또는 증가, 감소 또는 악화를 평가할 수 있어야 한다.

우리가 다루어야 할 문제에 대한 인과관계를 증명하는 과학적 또는 기술적 연구나 전문가의 의견에 대한 정보를 수집하는 것이 매우 유용하다. 이 단계에서는 이 관계의 크기나 이를 어떻게 수량화할지, 형상화할지 걱정할 필요가 없다.

이러한 요인들의 이름은 문제 중심으로 브레인스토밍 스타일로 페이지 중앙에 기록해야 한다.

3. 부차적으로 중요한 요인 식별

문제의 상태에 직접적으로 영향을 미치는 요인을 찾았다면, 이차적인 중요성을 가지며 이차적인 영향을 미치는 요인들을 식별하는 것이 필요하다.

이 요인들은 문제와 직접적인 관련은 없지만 결정적인 영향을 미치는 요인들을 조건화하기 때문에 이 요인들의 상태와 변화를 염두에 두어야 한다. 이러한 요인들의 이름은 주요 요인들 주변에 기록해야 한다.

4. 3차적으로 중요한 요인 식별

이전 과정을 반복하여 더 적은 정도로 영향을 미치는 새로운 요인들을 찾아내야 하며, 이를 반복할 수 있다.

결국, 우리는 시스템의 정의로 돌아가서, 모든 상호 연관된 요인들로 구성된 모델을 구축할 것이며, 하나의 요인 상태를 변경하면 다른 요인의 변경으로 이어질 것이다.

언제 멈춰야 할지를 아는 것이 필수적이다. 모든 것 뒤에 신이 존재하며, 우리는 숫자 7(행운)을 사용하여 그에게 도달해야 한다고 한다. 실제로는, 인과관계의 7번째 단계에 반드시 도달할 필요는 없으며, 페이지 크기에 맞도록 요인의 수를 제한하도록 한다. 즉, 페이지에 기재하지 않은 요인들은 우리가 분석하려는 문제에 중요한 영향을 끼치지 않는다.

5. 관계 정의

다음 단계는 시스템 요인들 사이에 존재한다고 생각되는 영향력이나 화살표를 그리는 것이다. 요인들의 정의가 올바르면, 각 관계에 긍정적(+) 또는 부정적인(-) 기호를 표시하는 것이 어렵지 않을 것이다. 관계의 기호를 명확하게 결정할 수 없는 경우, 관련 요인들을 다시 정의해야 한다.

그러나 인과관계의 의미가 명확하지 않은 현상도 존재한다. 예를 들어, 비가 오기 때문에 사람들이 우산을 펴는지, 아니면 사람들이 우산을 펴기 때문에 비가 내리는지 식별하기 어려운 현상들이 있을 수 있다.

6. 피드백 식별

피드백 곡선은 시스템의 가능한 행동과 그 효과를 증대하거나 최소화하기 위한 조치에 대한 신호를 제공한다. 이를 위해 우리는 존재하는 곡선과 그에 따른 기호를 식별해야 한다. 긍정적인 곡선(+)에서는 변화의 원동력을, 부정적인 곡선(-)에서는 시스템의 안정성 원인을 볼 수 있다.

이 시점은 중요한 지연 (물질적 지연이든 정보의 지연이든)이 있는 관계를 식별할 수 있는 좋은 시점 이다. 이를 다이어그램에 표시하여 이 측면이 시스템에서 자체적인 역동성을 형성하도록 다이어그램에 표시한다.

7. 관련 없는 요인 제거

시스템에 초기에는 포함되었지만, 나중에 관계가 중요하지 않다고 밝혀진 요인들을 제거해야 한다. 이는 단순히 이러한 관계의 효과가 모델의 계획된 시간 범위를 벗어나 발생하기 때문일 수 있다.

어떤 면에서는 모델 구축이 모델 확장 단계, 새로운 요인 추가, 단순화 단계, 불필요한 요인 제거 단계가 있다는 점에서 아코디언의 동작과 비슷하다. 최종 결과물은 가능한 한 작을수록 좋다.

8. 문제 해결을 위한 가능한 해결책 제안

인과 관계가 식별된 인과관계 다이어그램, 각각의 기호를 가진 곡선, 물질 및 정보 지연, 불필요한 요인의 제거를 고려하여 시스템의 일부 행동 패턴을 식별할 수 있는지 시도해 볼 수 있다. 만약 가능하다면, 문제 해결을 위한 몇 가지 해결책을 제안할 수 있다.

많은 경우, 이는 작업의 종료를 의미하므로, 우리는 문제를 촉발시키는 원인들에 대해 깊은 이해와 지식을 습득하게 되고, 이러한 지식과 시스템의 역동성에 기반한 해결책을 제안할 수 있다.

가장 효과적인 해결책은 항상 요인의 본질을 수정하려는 시도보다 요인들 간의 관계를 수정하는 데서 나온다.

4.2. 저량 및 유량 다이어그램 작성 Creating a Stock and Flow Diagram (SFD)

저량유량도 작성은 우리가 사용하는 시뮬레이션 소프트웨어를 사용하여 컴퓨터 화면에서 직접 이루어지며, 인과관계 다이어그램이 이미 있다면 특별한 어려움을 겪지 않을 것이다. 그러나, 대부분의 경우 동일한 요인 이지만 몇 가지 보조 요인을 추가하는 것이 필요할 수 있다.

9. 요인 특성화

'모델 생성' 장에서 제시된 지침을 간단히 되짚어보면, 먼저 시스템의 저량을 식별하는 것이 중요하다. 이를 위해 시스템의 멘탈 사진을 찍고 각 저량에 나타나는 요인들을 확인한다. 이러한 요소들의 변동은 '유량'이며, 이들은 동일한 단위를 가져야 하고, 시간적인 요소도 포함되어야 한다. 나머지 요소들은 '보조 변수'로 취급된다.

유량은 일반적으로 인과관계 다이어그램에 명시적으로 나타나지 않으며, 저량유량도를 작성할 때 추가해야 한다.

10. 방정식 작성

이 단계에서는 요인 간의 관계를 구체화해야 한다. 이를 위해 간단한 산술 공식이나 소프트웨어가 제공하는 함수들을 사용하거나 방정식을 설정하기 어려울 때는 내부 테이블(Lookup)을 활용한다.

11. 매개변수에 값 할당

모델의 일부 요인들은 정해진 시뮬레이션 범위 내에서 상수이므로 이에 적합한 값을 할당해야 하는데, 이 값을 계속 사용하기도 하고, 그렇지 않다면 합리적인 다른 값을 할당해야 한다. 그런데, 이러한 모델에서 상수 값의 정확성은 큰 이점을 제공하지 않는다. 비록 과거에 상수가 가졌던 값을 정확히 알고 있더라도, 이 값이 미래에도 일정할 것인지 아는 것이 더욱 유용하다. 과거의 기대 수명을 정확히 계산하는 것은 가능하지만, 모델의 구조를 변경한 후 추세 변화나 경향을 아는 것이 훨씬 더 중요하다.

방정식에는 일반적으로 값을 할당해야 하는 매개변수가 포함되어 있다. 매개변수의 값이 가능한 한 명확하고 문서화되어 있는지 확인한다. 상수는 쉽게 식별되나 방정식 내의 매개변수는 모델의 동작에 결정적인 영향을 미칠 수 있지만, 독자나 최종 사용자에게 인식되지 않는다.

12. 모델의 첫 번째 버전 생성

첫 번째 시도에서 완전한 모델을 완성하는 것은 불가능하지만, 작동하는 간단한 모델을 갖는 것은 매우 유용하다. 지속적으로 개선이 반영된 후속 버전을 만들어 나가는 것이 필요하다.

13. 모델 안정화

초기 버전의 모델은 일부 변수에 올바른 값을 할당하지 않았기 때문에 일반적으로 불안정하다. 모든 변수가 안정적으로 작동하는 모델을 갖는 것은 매우 유용하다.

14. 주요 요인 식별

이 단계에서는 시스템의 동작에서 중요한 요인들을 찾아내야 한다. 이러한 요인들이 시스템의 상태를 개선하고 문제를 해결하기 위해 집중해야 할 요인들이다.

15. 시뮬레이션 실행

해결책 생성은 나중에 실제로 적용하여 최상의 결과를 도출할 수 있는 다양한 시나리오를 선택할 수 있도록 해야 한다.

4.3. SFD 작성 템플릿 Template for Creating a SFD

문제를 다섯 또는 여섯 단어로 시트 중앙에 작성한다. 시간에 따라 변할 수 있는 개념을 통해 문제를 정의한다. 측정 단위를 명시한다. 만약 문제가 건강과 같은 비정량적 매개변수(예, 건강)에 초점을 맞추고 있다면, 문제의 상태를 항상 평가할 수 있도록 0에서 100까지의 척도를 사용한다.

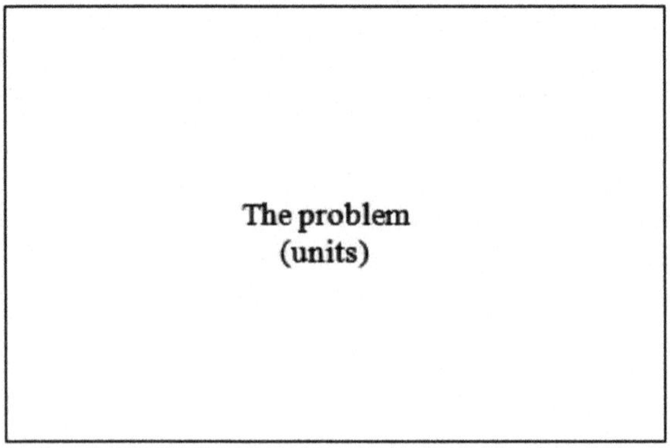

그 다음, 문제와 직간접적으로 관련된 요인들과 그들 간의 관계를 인과 관계 다이어그램에 작성한다. 이는 첫 번째 버전이므로 문제에 영향을 미치는 가장 중요한 요인들을 선택해야 한다. 이후에는 새로운 요인를 추가하거나 일부를 삭제할 필요가 있는지 검토한다. 이 단계에서는 Vensim PLE 소프트웨어(학습용으로 vensim.com에서 무료로 Down 받아 사용 가능)를 사용할 수 있다.

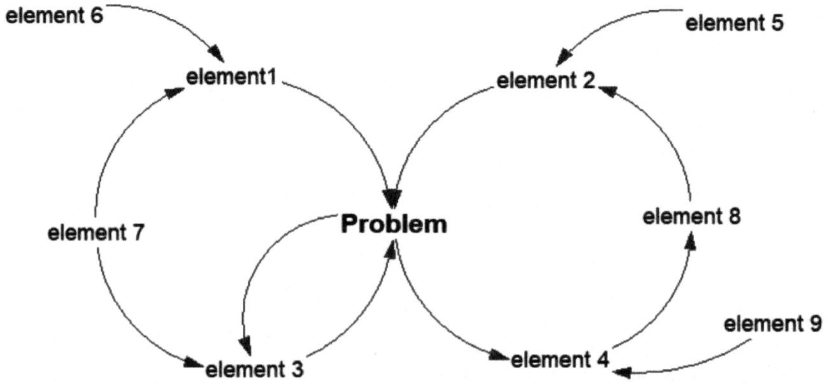

루프들과 그 루프들의 부호를 표시한다. 이는 시스템의 현재 동작에 대한 실마리를 제공하며, 목적에 따라 이를 조작할 수 있도록 해준다. 따라서 현재 상황을 빠르게 변화시키기 위해 몇몇 긍정적인 루프를 촉진할 수 있으며, 시스템의 현재 행동을 안정시키기 위해 부정적인 루프를 활성화할 수도 있다.

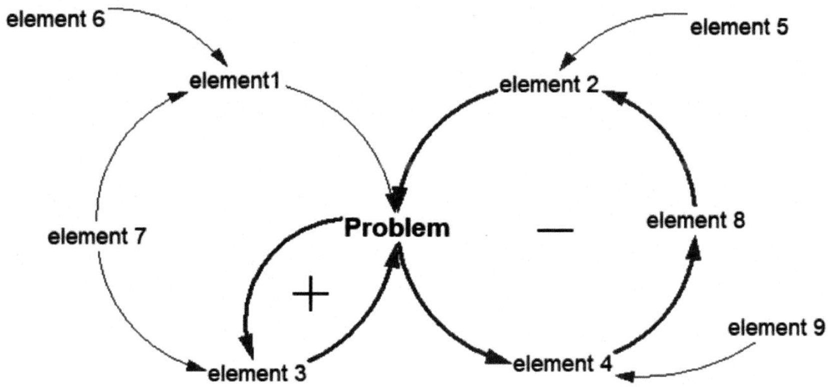

이 시점에서 시스템을 원하는 목적에 맞게 조작하기 위한 구체적인 행동 방안을 도출할 수 있다면, 그 결론을 제시하고 다음 단계를 생략해도 된다. 그러나 인과관계 다이어그램을 기반으로 한 분석이 여전히 결론을 도출하지 못한다면, 저량유량도(Stock and Flow Diagram)를 작성해야 한다. 이 단계는 인과관계 다이어그램에서 정의된 몇몇 관계들을 다시 생각해 보는 데 도움이 될 수 있다.

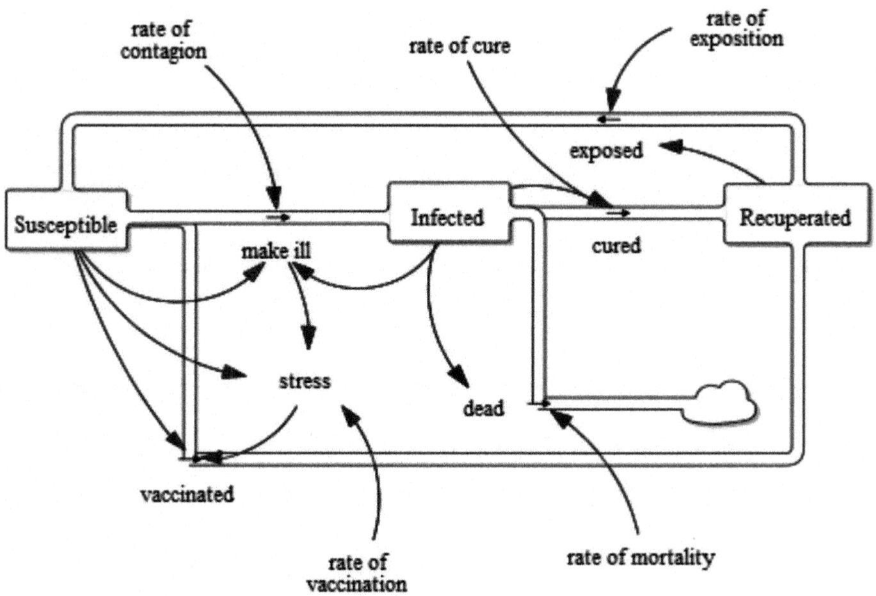

다음 단계는 수학적 방식이나 내부 테이블(Lookup)을 사용하여 요인들 간의 관계를 정의하는 것이다. 우리가 연구하고자 하는 해결 대안들의 영향을 더 쉽게 확인할 수 있도록, 시스템의 안정적인 상태를 재현하는 변수를 정의하는 것이 좋다.

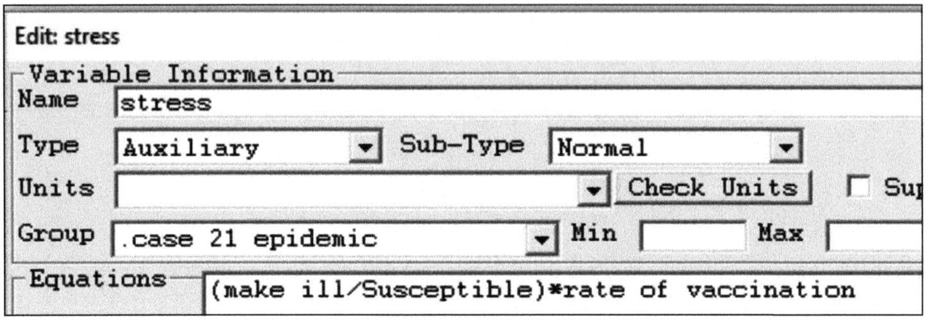

마지막으로, 결론을 고객에게 제시해야 한다. 이를 위해 인과관계 다이어그램과 모델을 통해 얻은 시뮬레이션 그래프를 사용하는 것이 가장 좋다. 저량유량도나 방정식은 고객이 명시적으로 요청하지 않는 한 보여주지 않는다.

4.4. 결론 작성 Writing the Conclusions

최종 단계는 시뮬레이션 개발을 완료했다고 판단했을 때 결론을 도출하는 것이다. 이러한 결론은 명확하고 구체적인 제안을 포함해야 한다. 인과관계 다이어그램도 역시 포함할 수 있으며, 반드시 전체 모델일 필요는 없고 간단한 버전을 부록으로 첨부할 수 있다.

결론의 제목은 '시뮬레이션 모델 구축'과 같은 표현보다는 '문제 연구'와 같은 방식으로 작성하는 것이 좋다. 최종 사용자는 우리가 시뮬레이션 모델, 스프레드시트 또는 IT 프로그램을 만들었는지에 관심이 없기 때문이다.

요약하자면, 최종사용자는 우리가 제시할 수 있는 제안들을 이해하고 싶어 하며, 우리는 그 제안의 장점을 설득해야 한다. 모델이 연구 목적에 도움을 준다면 활용할 것이지만, 일반적으로 모델 자체를 설명할 때는 사용자가 모델을 이해하는 노력을 집중 해야만 하는데, 이는 대개 환영받지 못한다.

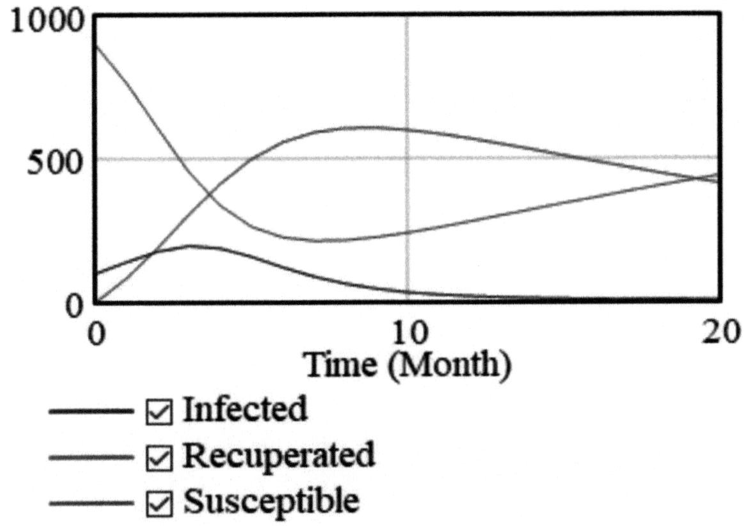

CHAPTER

05

결론

Conclusion

시뮬레이션 모델을 만들려면 당신과 함께할 '포스(The Force)'가 필요할 것이다. 그 길은 길고 위험하지만, 무엇보다도… 흥미진진하다. 두려워하지 말라.

이 책에서 지식을 얻었다면, 그것을 잘 활용하길 바란다. 인내심을 가지고 관대하게 행동하며, 항상 선의로 행동해야 한다. 이렇게 한다면, 당신은 21세기의 기사(Knight)가 될 것이다.

부록

Annex

I. History and Basic Concepts

Systems

Definitions:

a) '시스템은 상호 연결된 요인들의 집합이다' (Von Bertalanffy, 1968)

b) '시스템은 관찰자가 실제 기계에서 발견한 전체로부터 선택한 변수들의 집합으로 정의될 수 있다' (Ashby, 1952)

c) '현재로서는 시스템을 일정한 시간 동안 하나의 그룹으로 식별할 수 있는 한정된 공간의 물리적 객체들의 집합으로 생각하는 것으로 충분하다' (Bergmann, 1957)

d) '많은 부분으로 구성된 전체. 속성들의 집합이다' (Cherry, 1957)

e) '공통 목표를 달성하기 위해 함께 모인 부분들의 집합이다' (Forrester)

f) '공통된 계획에 따라 혹은 같은 목적을 향해 나아가는 다양한 사실들에 의해 형성된 복잡한 통일체이다' (Webster's new international dictionary)

시스템의 주요 특징 중 하나인 공통 목표의 존재는 동일한 시스템 내에서도 이해관계의 충돌이 있을 수 있다는 사실을 간과해서는 안 된다. 예를 들어, 축구 경기에서 각 선수는 피로와 부상을 피하기 위해 노력 최소화를 시도하며, 이를 통해 팀원들의 노력을 이용하려 한다고 볼 수 있다. 그러나 궁극적으로 그들은 최종 승리를 목표로 행동한다. 따라서 팀 코치의 역할은 이러한 명백한 이해관계의 충돌을 조정하여 팀이 공통 목표를 달성하도록 하는 것이다.

Open Systems

분석-환원주의적 접근(analytic-reductionist approach)은 시스템을 그 구성 요인들로 분해하여 이를 연구하는 것을 목표로 한다. 반면, 시스템적 접근은 이러한 요인들을 결합하여 그들 간의 상호작용 유형을 더 잘 이해하려 한다. 베르탈란피(Bertalanffy)는 많은 시스템이 본질적으로 폐쇄적이지 않다는 것을 알고 있었다. 예를 들어, 생명체를 정상적인 환경에서 분리하면 산소, 물, 음식의 부족으로 인해 죽을 가능성이 높다. 실제로 생명체는 환경과 끊임없이 물질과 에너지를 교환하지 않으면 생존할 수 없는 개방 시스템이다.

1920년대 후반, Bertalanffy는 다음과 같이 기술했다:

'생명체의 기본 특성은 그 조직화에 있으므로, 그 부분과 고립된 과정만을 평가하는 것으로는 생명의 현상을 타당하게 설명할 수 없다. 이 평가로는 부분과 과정 사이의 조정을 알 수 없다. 따라서 생물학의 기본 과제는 생물학적 시스템의 법칙을 발견하는 것이 되어야 한다(모든 조직 수준에서). 이론 생물학의 기초를 찾으려는 시도는 세계관의 본질적인 변화를 가리킨다고 생각한다. 우리는 이 연구 방법으로 간주되는 세계관을 유기체 생물학이라 부를 것이며, 설명을 시도하기 때문에 이를 유기체 시스템 이론이라 부를 것이다.'

시스템적 프로그램은 일반 시스템 이론의 출발점이었으며, 유기체라는 용어를 사회적 집단, 성격, 기술적 장치와 같은 조직화된 개체로 대체했다.

Bertalanffy(1942)는 이렇게 말했다:

'특정 조건에서 개방 시스템은 시간을 독립적으로 유지하는 상태인 균일 상태에 근접한다.'

이 균일 상태는 시스템 구성 요인 간의 뚜렷한 차이로 나타나는 비교적 높은 질서를 특징으로 한다.

General System Theory

일반 시스템 이론(General System Theory, GST)은 1940년에 생물학자 루드비히 폰 베르탈란피(Ludwig von Bertalanffy)에 의해 개발되었다. 이 이론이 개발되었을 때, 규제 현상이나 정보 처리에 중점을 두지 않았다. 그러나 사이버네틱스보다는 과학적 합의에 가까웠다. 실제로, 베르탈란피는 개방 시스템에 특히 관심이 있었다.

시스템적 접근은 시스템의 요인들과 그 환경 간의 다양한 상호작용을 연구하는 데 중점을 둔다. 일반적인 관계들은 다양한 시스템에서 독특한 본질을 설명하는 방식으로 나타난다. 이는 일반 시스템의 생성으로 이어진다. 따라서 일반 시스템을 동일한 관계 구조를 가진 특정 시스템의 한 유형으로 고려할 수 있으며, 이들 각각이 다른 시스템의 모델로 작용할 수 있다. 이로 인해, 저자가 연구를 수행하는 공식적인 맥락에 따라 다양한 시스템을 위한 다양한 이론을 구축할 필요성이 생긴다. 동시에, 특정 내용을 다루기보다는(수학적 형식을 기반으로) 시스템에서 발견되는 구체적인 특성을 설명하기 위해 일반 시스템 이론을 만드는 것이 합리적이다.

현실과 가상의 시스템 모두에 성공적으로 적용될 수 있는 일반 시스템 이론은 이산적이거나 연속적인 변수를 가진 모든 시스템을 설명할 수 있어야 한다. 따라서 메사로비치(Mesarovic)가 말한 대로, '시스템은 여러 요소들이 특정한 방식으로 결합된 작은 부분 집합이다.'

시스템적 접근에서 상호작용의 중요성은 환경에서 생성된 입력 변수와 시스템 자체에서 생성된 출력 변수를 구분하는 데 도움이 될 것이다. 그러므로 우리는 복잡한 시스템의 내부 상태가 시간에 따라 변화하는 과정을 고려해야 하며, 이는 결정론적 또는 확률론적 과정에서 발생할 수 있다. 특히 시스템의 출력이 피드백 루프를 통해 입력에 반응하여 비선형 과정을 유발하는 경우에는 높은 관심을 갖는다. 따라서, 일반 시스템 이론에서는 주로 살아있는 개방 시스템이나 전자 시스템에서 나타나는 조절과 균형에서 비롯된 과정들이 중요한 연구 대상이 된다. 이러한 과정들은 시스템이 외부 환경과 상호작용하며 자원을 교환하거나, 스스로 균형을 유지하는 방식으로 이루어지기 때문이다.

System Dynamics

시스템 다이내믹스(System Dynamics)는 시간이 지남에 따라 변화를 이해하기 위해 유한 차분 방정식 또는 미분 방정식을 사용하여 분석하는 방법론이다. 이러한 과정을 모델링한 후, 시스템 내에서 사용 가능한 모든 변수의 동적 변화를 연구할 수 있다. 시스템 다이내믹스는 1930년대에 서보 메커니즘 이론이 등장하면서 시작되었다. 서보 메커니즘은 출력 수준에서 입력 수준으로 피드백을 생성하는 기기이다.

1950년대에는 MIT(매사추세츠 공과대학교)에서 제이 포레스터(Jay Forrester)가 컴퓨터 시스템의 초기 발전을 바탕으로 산업 다이내믹스(Industrial Dynamics)를 개발했다. 포레스터는 시스템적 접근과 컴퓨터 시뮬레이션을 결합하여 산업 분야에서 더 나은 문제 해결책을 제시했다. 1961년, 그는 Industrial Dynamics라는 책을 출판했다.

1960년대에는 이러한 도구들이 사회적 맥락에서도 사용되기 시작했다. 이 시기에는 Principles of Systems(1968), Urban Dynamics(1969), World Dynamics(1971), Counterintuitive Behavior of Social Systems(1971), The Life Cycle of Economic Development(1973) 등 다양한 책이 출판되었다. 특히, 1972년에 출판된 D.L. 미도스(D.L. Meadows)의 Dynamics of

Growth in a Finite World는 1973년의 에너지 및 원자재 위기를 예측한 점에서 주목할 만하다.

그 이후로 시스템 다이내믹스의 응용은 생태학과 같은 여러 분야로 확대되었으며, 이는 자연의 복잡한 현상을 연구하는 데 효과적인 도구로 자리 잡았다. 최근에는 시스템 내 다양한 요인 간의 피드백, 복잡성, 레버리지 포인트, 그리고 회복 불가능한 지점 등을 다룬 여러 논문들이 출판되며, 이 방법론에 대한 대중적 관심이 높아졌다.

멘탈 모델을 기반으로 한 사회적 및 경제적 과정의 연구는 복잡하며, 다중 피드백 연결을 고려해야 한다. 시스템 다이내믹스를 이 분야로 확장하는 것은 매우 어렵다. 그러나 이 방법론이 이러한 과정을 분석하는 기존 도구들 사이의 공백을 메워준다는 것은 확실하다.

시스템 다이내믹스를 사회 경제에 적용하는 것은 이 분야에서도 안정적으로 상호 연결된 요인들로 통합된 시스템을 정의할 수 있다는 사실에 기반한다. 이러한 요인들은 논리, 시장, 인구통계 등과 같은 규칙에 의해 연결된다.

1977년에 하이메 테르세이로(Jaime Terceiro)는 다음과 같은 주장을 하였다:

"순환 관계에 대한 분석적 관계를 얻을 수 있는 비교적 간단한 경우를 제외하고 동적 프로그래밍의 주요 단점은 현대 컴퓨터의 실제 한계를 초과하는 메모리 용량이 필요하다는 것이다."

이 주장은 1977년에는 사실이었으나, 오늘날에는 최근 몇 년간의 소프트웨어 및 하드웨어의 놀라운 발전 덕분에 기본적인 컴퓨터 기술만으로도 이러한 유형의 모델을 생성할 수 있게 되었다. 그 결과, 이 방법론의 일반화된 응용이 가능해졌다.

이 방법론이 인기를 얻고 더 많은 분야에 적용됨에 따라, 시스템 다이내믹스를 자주 사용하는 사람들은 어느 정도 자신의 필요와 목적에 맞게 방법론을 응용하고 적용할 수 있게 된다.

Feedback

사이버네틱스는 피드백 개념을 통해 순환성의 아이디어를 도입하며, 이는 효과가 선형적으로 제한되는 뉴턴 고전 과학과는 다른 접근이다.

이 개념의 사용은 두 가지 서로 다른 유형의 피드백이 존재하는 사회 시스템의 진화를 설명할 수 있다.

Cybernetics and Social Sciences

사이버네틱스의 아버지인 노버트 위너(Norbert Wiener)는 사회 과학 및 사회를 접근하는 방법으로서 사이버네틱스를 강력하게 지지하였다. 위너는 피드백 루프를 통한 학습을 통해 엔트로피를 통제하고, 의사소통과 같은 사이버네틱스의 원칙들이 모든 유형의 행동을 설명할 수 있다고 확신했다. 그의 책 The Human Use of Human Beings와 Cybernetics, 그리고 The Study of Control and Communication in the Animal and Machine에서 이러한 견해를 확인할 수 있다.

사이버네틱스 연구자들은 인간의 상태를 이해하기 위해 신경 시스템을 연구했지만, 그 들은 관찰자가 독립적으로 관찰하는 것이 불가능하다고 결론지었다. 예를 들어, 사람이 어떤 언어로 글을 쓸 때, 그는 어릴 때부터 언어와의 상호작용을 통해 형성된 신경 시스템 구조를 사용한다.

연구자의 주관적 영향이라는 명백한 단점이 있음에도, 때로는 이러한 주관성이 변화 과정을 촉진하는 촉매 역할을 할 수 있다. 가족 치료와 같은 심리학의 일부 분야는 사이버네틱스에서 그 기원을 찾을 수 있으며

(Watzlawick, 1967), 비정상적인 행동이 가족 내 상호작용의 결과일 수 있다고 고려한다. Watzlawick는 다음과 같이 말한다:

> *"우리는 기본적으로 대인 시스템 - 낯선 사람들, 커플, 가족, 심리 치료적 관계 또는 심지어 국제 관계 - 이 피드백 회로로 이해될 수 있다고 주장한다. 왜냐하면 한 사람의 행동은 다른 사람들에 의해 영향을 받고, 다른 사람들에게 영향을 미치기 때문이다."*

다음 페이지에서는 현실을 해석하는 데 사용할 수 있는 접근 방식이 설명될 것이다. 현실을 관찰하는 올바른 방법이나 최선의 방법은 존재하지 않으며, 특정 해결책이 가장 좋거나 가장 정확한 것으로 정의하는 것은 불가능하다.

Cybernetics

사이버네틱스라는 단어는 고대 그리스어 'Kybernetes'에서 유래되었으며, 이 단어는 플라톤의 저서에서 처음 등장하였고, 19세기에는 앙드레 마리 앙페르(André Marie Ampère)가 다양한 형태의 정부를 지칭하는 데 사용하였다.

1943년까지, 수학자 노버트 위너(Norbert Wiener)가 이끄는 과학자 그룹은 이론과 개념의 배열을 설명하기 위한 적절한 단어를 선택할 필요성을 인식하였다. 1947년, 이 그룹은 '사이버네틱스(Cybernetics)'라는 단어를 채택하였고, 이 단어는 위너의 저서 '사이버네틱스: 동물과 기계에서의 제어 및 커뮤니케이션 연구(Cybernetics, or the Study of Control and Communication in the Animal and Machine)'(1948)에서 널리 알려지기 시작했다. 그 이후로, 이 학문은 점점 더 많은 관심을 받고 있다. 사이버네틱스는 제어 또는 자기 제어를 연구하는 학제 간 과학으로서(Wiener) 그리고 행위의 효율성을 추구하는 과학으로서(Couffignal) 확장되었다.

State of Space

사이버네틱스는 특정 특성의 존재와 부재의 차이를 다룬다. 이러한 특성은 차원이나 속성이라고도 한다. 예를 들어, '당구공'이라는 시스템은 특정 색상, 무게, 위치 또는 속도와 같은 특성을 가질 수 있다. 각 특성의 존재 여부는 두 가지 값, 즉, 시스템이 해당 특성을 가지면 '예(yes)', 시스템이 해당 특성을 가지지 않으면 '아니오(no)'로 표현되는 불리언 변수(Boolean variables)로 나타낼 수 있다.

이진법 표현은 다수의 불연속적이거나 연속적인 값을 가진 후속 특성으로 일반화될 수 있다. 시스템의 가능한 모든 상태의 집합을 상태 공간(State of Space)이라고 한다. 사이버네틱스 모델링의 중요한 구성 요인은 상태 공간의 차원 또는 다양한 상태의 수를 정량적으로 측정하는 것이다. 이 측정값은 다양성(variety)이라고 하며, 다양성은 상태 공간에 있는 요인들의 수에 의해 정의된다. 공식으로는 V = log([S])로 나타낸다.

Entropy

엔트로피의 개념은 19세기 클라우지우스(Clausius)에 의해 도입되었으며, 이는 열역학적 계산의 균형을 맞추기 위해 기체 분자의 무질서 정도를 측정하기 위한 목적으로 사용되었다.

통계적으로 보면, 시스템이 채택할 수 있는 다양한 상태의 수 때문에 무질서가 존재한다. 두 시스템을 비교할 때, 시스템 A가 시스템 B보다 더 많은 무질서를 가진다는 것은 A에서 발견되는 서로 다른 상태의 수가 B보다 더 많을 때를 의미한다.

폐쇄된 시스템에서는 클라우지우스 방정식에 따라 엔트로피가 증가한다:

$$dS>0$$

반면, 개방 시스템에서는 엔트로피의 총변화를 프리고진(Prigogine)이 다음과 같이 표현하였다:

$$dS=dSi+dSe$$

여기서 dSe는 시스템으로 들어오거나 나가는 엔트로피의 변화를 나타내며,이는 음수나 양수일 수 있고, dSi는 비가역적 과정에 의한 엔트로피의 생성을 나타내며, 이는 항상 양수이다.

II. Functions, Tables and Delays

Functions

함수 FUNCTION (#, A, B, C…)는 요인 간의 관계를 나타낸다.

이와 같이, 함수 Y=2X는 Y가 항상 X의 두 배의 값을 가짐을 나타내며, 다른 제약 조건이 없다.예를 들어, 각 의자 비용이 100 €이고, 1, 2, 3, 4… 개의 의자를 구입하는 비용을 알고 싶다고 하자. 공식은 다음과 같다:

총비용 = 의자 단가 x 의자 수

또는 총비용 = 100 x 의자 수

소프트웨어 Vensim은 소수점을 표시할 때 '.'을 사용하고, 수식의 요인을 구분할 때 ','을 사용한다. 자세한 정보는 F1 키를 눌러 주제를 검색하면 확인할 수 있다.

ABS(A)

ABS는 A의 절대값을 계산하며, 이는 숫자의 양수 값을 의미한다. ABS(5.00)

은 5.00과 같고, ABS(-5.00)은 5.00과 같다. 이는 IF THEN ELSE(X<0, -X, X) 함수와 비슷하게 작동하여, X가 음수일 경우 기호를 변경하므로 결과는 항상 양수이다.

예를 들어, 공장의 문에는 사람의 출입을 센서가 감지하여 계산한다. 사람이 들어오면 +1, 나가면 -1을 센다. 문을 통과한 총 인원수를 출입 여부와 관계없이 알고 싶다면 다음과 같이 할 수 있다:

Total = Entrances + ABS (Exits)

EXP (X)

EXP 함수는 자연 상수 e (2.718...)를 X 제곱한 값을 계산한다.

예를 들어, 이 표현식은 일부 시스템 모델에서 사용된다. 예를 들어, e^2는 7.3875와 같다.

IF THEN ELSE (Cond,X,Y)

조건이 충족되면 결과는 X가 되고, 조건이 충족되지 않으면 결과는 Y가 된다.

예를 들어, 월 주문량이 100개를 초과하면 월 청구서에 적용되는 가격이 30이 되며, 그렇지 않으면 적용되는 가격이 50이 된다.

Price = IF THEN ELSE (Orders>100,30,50)

INTEGER OF X

X가 소수점을 포함할 경우 소수 부분을 제거하고 정수 부분만 나타낸다.

예를 들어, 자동 현금 인출기가 유로 지폐만 지급하고 동전은 지급하지 않는다고 가정하자. 고객이 25.5 유로를 요청하면, 자동 현금 인출기 프로그램은 소수점을 제거한다:

Amount to pay = INTEGER (25.5)

지급할 금액 = INTEGER(25.5)결과는 25 €가 된다 (여기서 '.'은 소수점을 나타낸다).

LN(X)

X의 자연 로그를 계산한다.

일부 물리적 시스템에서 이 표현식이 사용된다. 예를 들어, ln(50)의 값은 3.912 이다.

MAX (A,B)

A와 B 중 최댓값을 계산한다. B가 A보다 크면 결과는 B가 되고, A가 B보다 크면 결과는 A가 된다.

예를 들어, 두 자동차 A와 B의 경주에서 항상 더 빠른 자동차의 속도를 알고 싶다고 하자.

Velocity of the fastest car = MAX(Velocity of A, Velocity of B)

A의 속도가 100이고 B의 속도가 80일 때, 최고속도는 100이 되고, A의 속도가 100이고 B의 속도가 120일 때, 최고속도는 120이 된다.

MIN(A,B)

A와 B 중 최솟값을 계산한다.

B가 A보다 크면 결과는 A가 되고, A가 B보다 크면 결과는 B가 된다.

예를 들어, 두 자동차 A와 B의 경주에서 항상 더 느린 자동차의 속도를 알고 싶다고 하자.

Velocity of the slower car = MIN (Velocity of A, Velocity of B)

A의 속도가 100이고 B의 속도가 80일 때, 느린 속도는 80이 되고, A의 속

도가 100이고 B의 속도가 120일 때, 느린 속도는 100이 된다.

PULSE (A,B)

이 함수는 기간 A 후 B 기간 동안 1의 값을 가지며, 그 전후에는 0의 값을 가진다.

예를 들어, 상인이 오전 8시에 가게를 열고 12시간 동안 계속 운영한다고 가정하자.

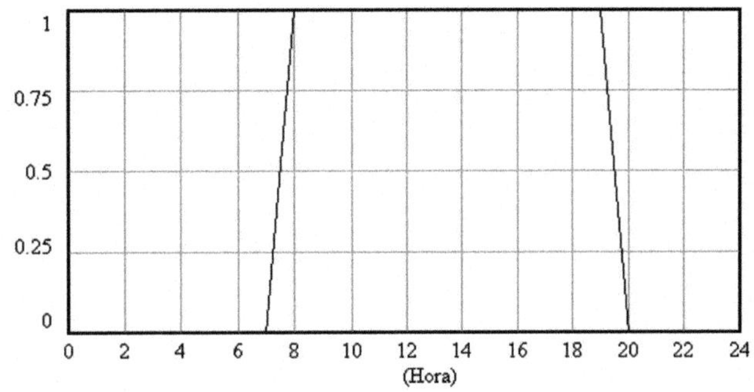

State of the trader = PULSE (8,12)

이 경우, 상인은 8시부터 20시까지 열려 있을 때 상태는 1이 되고, 그 외에는 상태는 0이 된다.

PULSE TRAIN (A,B,C,D)

이 함수는 PULSE 함수와 같지만 기간 A에서 시작하며, B 기간 동안 지속되고, C 기간마다 반복하며, D 기간 후에 반복을 중단한다.

예를 들어, 환자가 매일 의료 치료 세션을 받아야 한다고 가정하자. 그는 매일 오전 4시에 시작하고, 치료는 2시간 동안 지속되며, 6시간마다 새로운 세션을 시작해야 한다. 18시에는 새로운 세션을 시작할 수 없다. 변수 Treatment는 환자가 치료 세션을 받는 기간 동안 1의 값을 가지며, 그렇지 않은 기간 동안 0의 값을 가진다.

Treatment = PULSE TRAIN (4,2,6,18)

이 경우, 치료는 매일 4시부터 6시까지 진행되며, 이후 6시간 간격으로 반복되지만 18시 이후에는 새로운 세션이 시작되지 않는다.

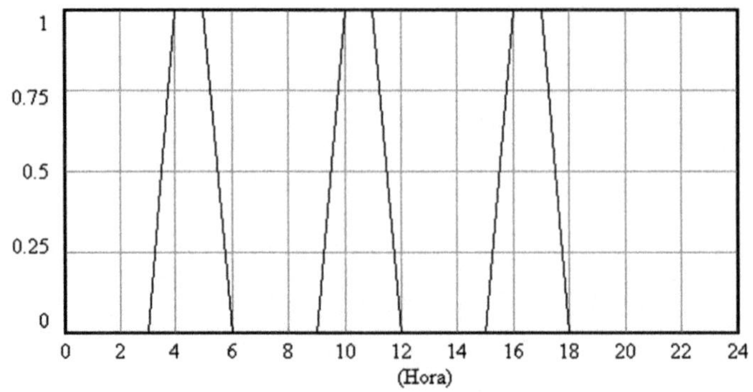

RAMP (S, T1,T2)

값은 T1 기간까지 0이며, 이후부터 T2 기간까지 매 기간 S만큼 증가하고, 이후에는 일정하게 유지된다.

예를 들어, 오전 2시부터 다음 날 오후 12시까지 댐의 수문을 점진적으로 열고자 한다고 가정하자. 수문이 닫혀 있으면 값은 0이고, 완전히 열리면 값은 100이 된다.

Floodgates = RAMP (10,2,12)

이 경우, 수문은 2시부터 12시까지 매 기간마다 수문이 열리는 정도를 나타내며, 그 이후에는 수문이 완전히 열려 있는 상태를 유지한다.

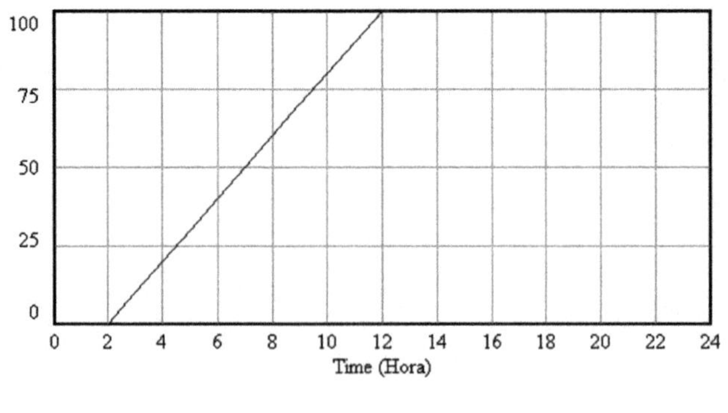

RANDOM UNIFORM (m,x,s)

이 함수는 주어진 최솟값 'm', 최댓값 'x', 그리고 난수 시리즈의 시드를 나타내는 's'에 따라 정규 분포를 따르는 난수를 나타낸다.

예를들어, 체온을 시뮬레이션하려고 할 때 체온은 36도에서 38도 사이에서 변동한다.

Temperature = RANDOM UNIFORM (36,38,99)

이 경우, 체온은 최소 36도, 최대 38도 사이의 임의의 값을 가지며, 's'를 변경함에 따라 난수 시퀀스가 변경된다.

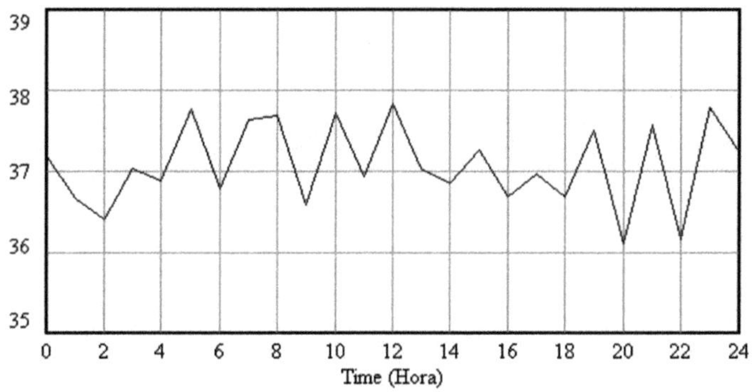

RANDOM NORMAL (m,n,p,x,s)

이 함수는 주어진 최솟값 'm', 최댓값 'n', 평균 'p', 표준 편차 'x', 그리고 난수 시리즈의 시드를 나타내는 's'에 따라 정규 분포를 따르는 난수를 나타낸다. 예를 들어, 체온을 시뮬레이션 하려고 할 때 체온은 36°에서 38° 사이에서 변동하며, 평균은 36.5°, 표준 편차는 0.5°이다.함수를 사용하여 최솟값이 36°, 최댓값이 38°, 평균이 36.5°, 표준 편차가 0.5°인 난수 값을 생성한다.

최솟값=36: 생성된 온도의 최솟값.

최댓값=38: 생성된 온도의 최댓값.

평균=36.5: 정규 분포의 평균값.

표준 편차=0.5: 정규 분포의 표준 편차.

이 함수는 체온이 정규 분포를 따르는 일련의 난수 값을 생성하며, 값은 36도에서 38도 사이에서 변동하고, 평균은 36.5도, 표준 편차는 0.5도이다.

Temperature = RANDOM NORMAL(36, 38, 36.5,0.5,99)

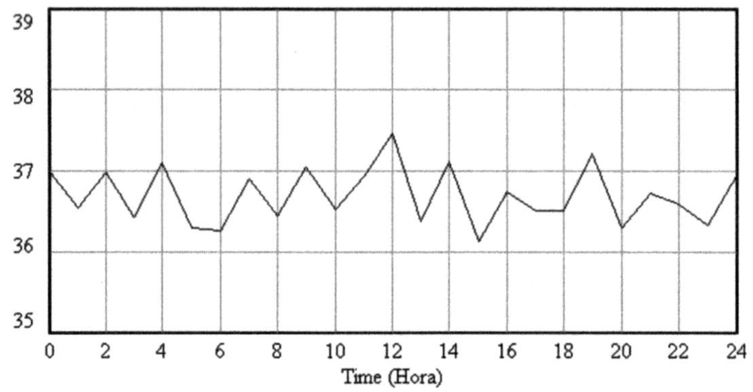

SIN(X)

X의 라디안 값을 사인으로 계산한다.

SQRT(X)

X의 제곱근을 계산한다.

STEP(H,T)

이 함수는 T 시점까지는 0을 생성하고, 그 이후에는 H 값을 나타낸다.

예를 들어, 변수는 15 기간 동안 0의 값을 가지다가 그 이후부터 5의 값을 갖게 된다.

Variable = Step(5,15)

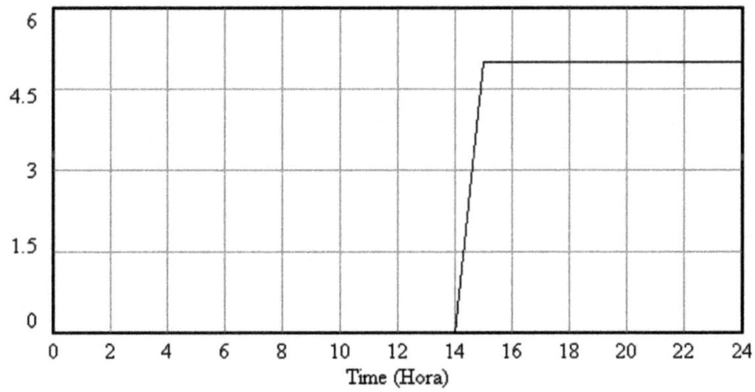

XIDZ (A,B,X)

A/B를 계산한다. 단, B가 0일 때는 결과가 X가 된다. 이는 A/B를 계산할 때 B가 0이 될 수 있는 경우에 사용된다. 이 경우, B가 0이면 변수는 X 값을 취한다.

Tables

테이블이 무엇인지, 그리고 테이블이 어떻게 생성되는지를 보기 위해 작은 모델을 생성해 보자. 예를 들어, 요인 'b'가 있고 이것이 다른 요인 'a'에 의존한다고 가정한다. 다시 말해, 요인 'a'가 요인 'b'에 영향을 미친다. 두 요인 간의 관계가 복잡하고 산술 관계(예: b = 4a + 2)로 정의할 수 없는 경우 테이블을 사용한다.

'a'는 예를 들어 강수량이고 'b'는 우산을 쓰는 사람의 비율이다. 두 변수 간의 산술 관계를 알 수 없지만, 비가 많이 올수록 우산을 쓰는 사람의 비율이 높다는 것을 알고 있다. 이전 연구에서 다음과 같은 결과를 찾았다:

- 비가 오지 않을 때 우산을 쓰는 사람의 비율은 0% (a=0, b=0)
- 30리터의 비가 내렸을 때 우산을 쓰는 사람의 비율은 10% (a=30, b=10)

- 50리터의 비가 내렸을 때 우산을 쓰는 사람의 비율은 100% (a=50, b=100)

X, Y 축을 그리면 다음과 같은 값이 된다:

- 점 1: (0,0)
- 점 2: (30,10)
- 점 3: (50,100)

강수량에 따라 우산을 쓰는 사람의 비율을 계산할 수 있는 작은 모델을 생성해 보자. 다음 단계를 따른다:

- Vensim을 열고, File > New Model > OK를 클릭한다.
- 'rain'이라는 보조변수, 'umbrellas'라는 변수, 그리고 'table'이라는 변수를 생성한다.
- rain에서 umbrellas로, 그리고 table에서 umbrellas로 화살표를 그린다.

rain = RAMP(1,1,50)이라는 방정식을 작성한다. 이를 통해 기간 1부터 기간 50까지 비가 1리터씩 증가하는 것을 시뮬레이션한다.

umbrellas = table (rain) 라는 방정식을 작성한다.

테이블 방정식을 작성하려면 다음과 같이 한다:

- 테이블 이름을 클릭한다.
- 옵션 유형에서 'Lookup'을 선택한다.
- AsGraph 아이콘을 클릭한 후 해당 그래프 아이콘을 선택한다. 

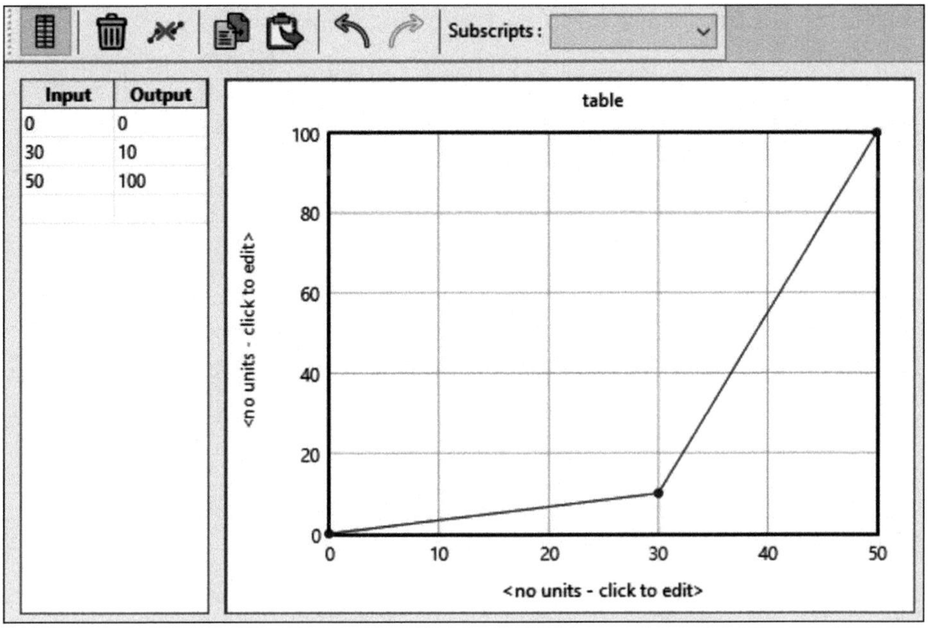

- Input/Output 열에 다음과 같은 세 쌍의 값: (0,0), (30,10), (50,100) 를 입력한다.
- 'OK'를 클릭하고 다시 'OK'를 클릭한다.
- 'Simulate' 아이콘을 클릭한다.
- 비와 우산의 동작을 확인한다. 

이 경우 우리는 독립 변수(비) 값에 따라 종속 변수(우산)의 결과를 얻기 위해 테이블을 생성했다.

Delays

시스템에서는 종종 한 변수에 대한 다른 변수의 반응이 즉각적이지 않고, 지연되는 경우가 자주 발생한다. 이러한 변수들은 정보 지연이나 물질 지연에 따라 다르게 형성될 수 있으며, 반응이 초기에 강하게 나타나는 경우(1차 지연) 또는 상당한 지연이 있는 경우(3차 지연)로 변수의 형태를 정할 수 있다.

INFORMATION DELAYS (원인 링크에서 사용됨)

DELAY 1 (I,T) : 변수 I에 대해 1차 지연을 나타내며, 기간 T가 적용된다.

DELAY 1 I(I,T,N) : DELAY 1과 동일하나 시뮬레이션을 값 N에서 시작한다.

SMOOTH 3 (X,T) : 값 X에 대해 3차 지연을 나타내며, 기간 T가 적용된다.

SMOOTH 3I (X,T,N) : SMOOTH 3과 동일하나 시뮬레이션을 값 N에서 시작한다.

DELAY FIXED (X,T,N) : X 값을 기간 T에서 지연시키며, 시뮬레이션을 값 N에서 시작한다.

MATERIAL DELAYS (유량에서 사용됨)

SMOOTH (X,T) : 변수 X에 대해 1차 지연을 나타내며, 기간 T가 적용된다.

SMOOTH (X,T,N) : SMOOTH와 동일하나 시뮬레이션을 값 N에서 시작한다.

DELAY3 (I,T) : 값 I에 대해 3차 지연을 나타내며, 기간 T가 적용된다.

DELAY 31 (I,T,N) : DELAY 3과 동일하나 시뮬레이션을 값 N에서 시작한다.

다양한 지연 효과를 확인하기 위해 매우 간단한 모델을 생성하는 것이 유용하다. 비교하고 싶은 지연을 배치한다. 예를 들어, 비가 시작되는 시점(10분)과 우산을 쓰는 사람의 비율 간의 관계를 시뮬레이션한다고 가정해 보자. 아래는 3차 지연이 적용된 작은 모델과 방정식이다.

rain = STEP (100,10)

umbrellas = DELAY3 (rain, delay)

delay = 8

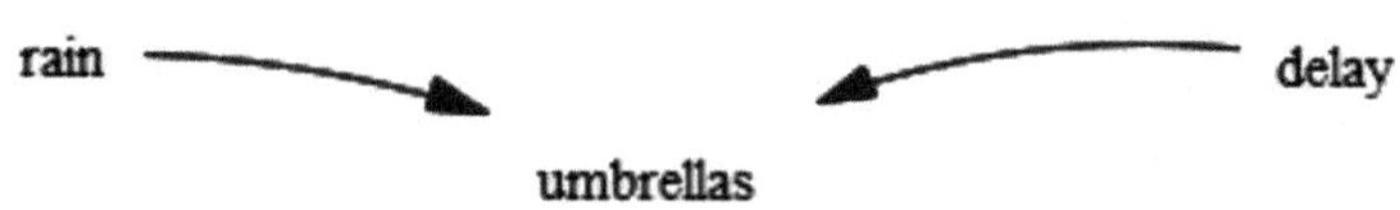

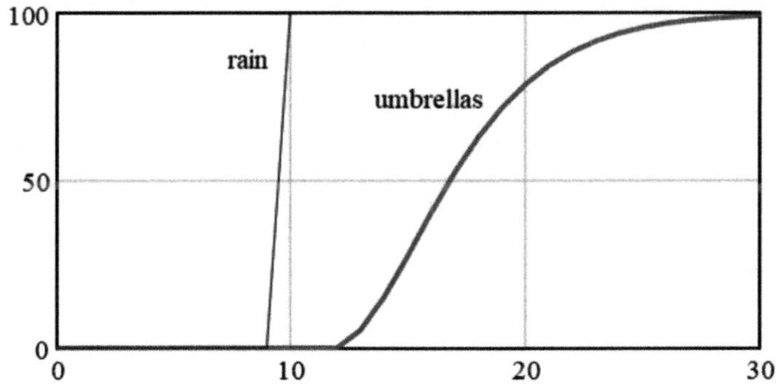

이제 1차 지연 함수(DELAY 1)에 대해 다양한 지연 시간을 사용하는 예제를 살펴보자.

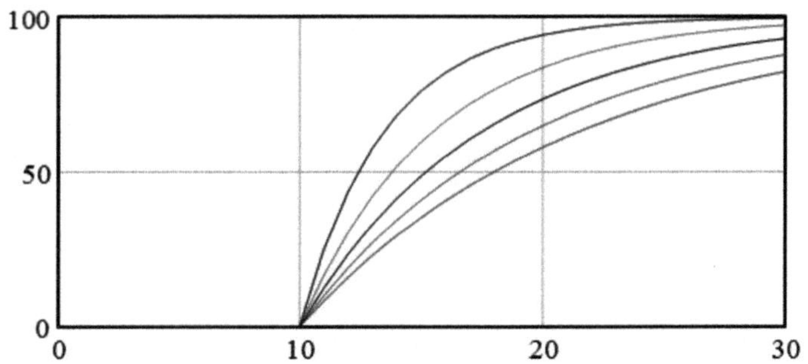

III. Frequently Asked Questions

시간 지연이 있는 함수는 어떻게 실행되나요?

시간 지연이 있는 함수, 예를 들어 SMOOTH의 실제 작동을 매우 간단한 모델을 통해 살펴보자. 다음과 같은 모델을 만든다:

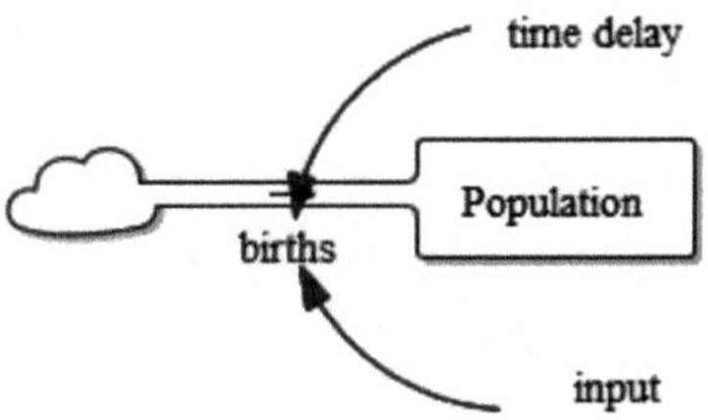

Births = SMOOTH (input, time delay)

input = step (100,10)

time delay= 25

변수 'input'은 기간 10까지 값이 0이며, 이 기간에 100의 값을 가지게 되고 이후에는 이 값을 무기한 유지한다. 변수 'Births'는 'input'과 같은 값을 가지지만, 시간 지연 값이 25이다. 모델의 결과를 다음 표에서 확인할 수 있다 (왼쪽 이미지). 스프레드시트 (오른쪽 이미지)에서 동일한 값을 계산하고 생성된 수식을 확인할 수 있다.

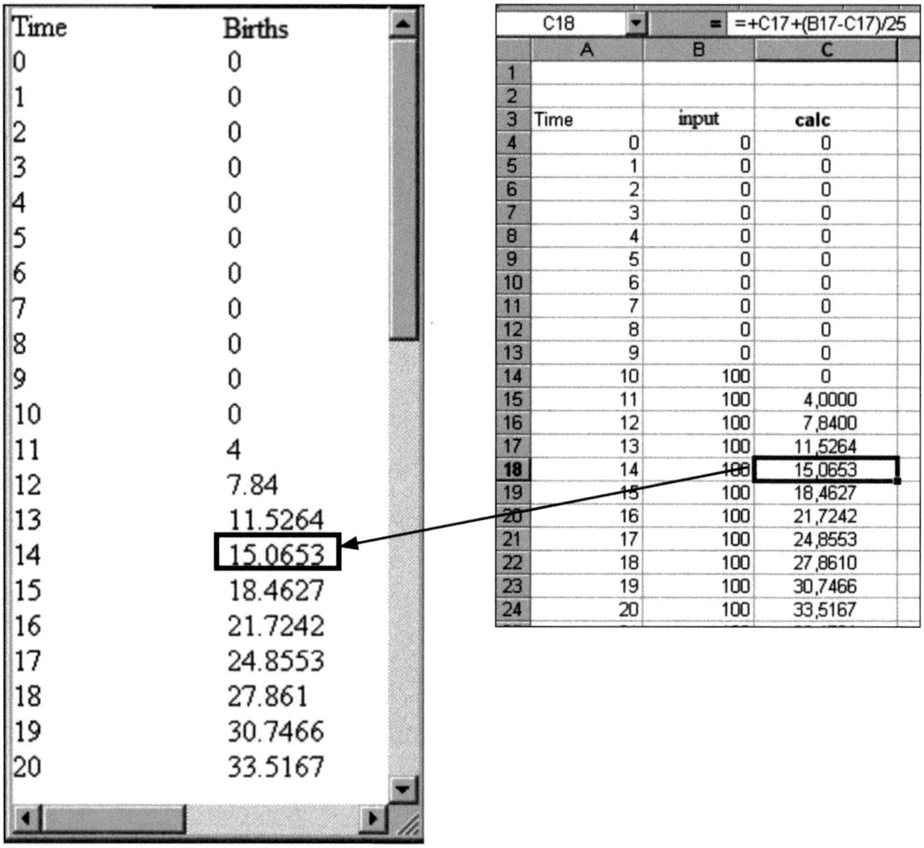

Time	Births
0	0
1	0
2	0
3	0
4	0
5	0
6	0
7	0
8	0
9	0
10	0
11	4
12	7.84
13	11.5264
14	15.0653
15	18.4627
16	21.7242
17	24.8553
18	27.861
19	30.7466
20	33.5167

C18 = =+C17+(B17-C17)/25

	A	B	C
1			
2			
3	Time	input	calc
4	0	0	0
5	1	0	0
6	2	0	0
7	3	0	0
8	4	0	0
9	5	0	0
10	6	0	0
11	7	0	0
12	8	0	0
13	9	0	0
14	10	100	0
15	11	100	4,0000
16	12	100	7,8400
17	13	100	11,5264
18	14	100	15,0653
19	15	100	18,4627
20	16	100	21,7242
21	17	100	24,8553
22	18	100	27,8610
23	19	100	30,7466
24	20	100	33,5167

중독(Addiction)과 부담 전가(Shifting the burden) 프로세스의 차이는 무엇인가요?

이 질문은 의미가 크기 때문에 흥미롭다. 두 상황 모두 시스템이 외부의 도움으로 실제 상태를 원하는 상태와 동일하게 만든다.

우리는 객체(thing)가 개입할 때 중독(Addiction)이라고 이야기하며,

다른 시스템이 자신의 목표를 가지고 개입할 때 부담 전가(Shifting the burden)라고 이야기한다.

이 세부 사항의 결과는 중요하다. 중독의 경우, 객체는 결코 우리를 떠나지 않으므로 우리가 변화를 원하지 않는 한 변화가 없을 것이다. 반면, 우리의 부담을 지원해주는 시스템은 내일 갑자기 지원을 중단하고 위기를 일으킬 수 있다.

예를 들어, 담배에 중독된 사람은 스트레스를 줄이기 위해 담배를 계속 사용할 수 있으며, 금연하지 않는 한 이 방법을 계속 사용할 수 있다는 확신을 가진다.

반대로 우리가 자신의 낮은 소득을 아버지에게 의지하여 보충하고 있다면, 어느 날 갑자기 아버지가 더 이상 도움을 주지 않기로 결정할 수 있으며, 이는 재정적 위기를 초래할 수 있다.

예측 모델 인가요?

예측 모델은 주어진 초기 조건에 따라 일정 시간이 지난 후 시스템의 상태를 알아내는 모델로, 중요한 개입 없이 예측하는 것이 특징이다. 가장 잘 알려진 예측 모델 중 하나는 날씨 예보 모델이다. 이러한 모델을 작업하기 위해서는 초기 상황에 대한 가능한 많은 데이터가 필요하다. 시스템 다이내믹스는 보통 예측을 위해 사용되지 않는데, 첫째로 우리는 시스템을 조작할 수 있고 그렇게 하고자 하며, 둘째로 일반적으로 상황에 대한 많은 데이터를 가지고 있지 않기 때문이다.

우리가 가진 데이터로 시스템의 상태를 보고, 우리가 달성하고자 하는 목표를 바탕으로 시스템을 개선할 수 있는 다양한 대안을 연구한다. 이 시스템을 사용하여 모델에서 우리의 행동의 결과를 예견할 수 있다. 이는 시스템이 자유롭게 진화하지 않도록 하기 위함이다.

우리는 아무것도 하지 않을 경우의 결과를 예측하는 데 이 모델을 사용할 수도 있지만, 일반적으로 데이터 부족으로 인해 이러한 예측은 정확도가 낮다. 이러한 정확도 부족에도 불구하고 시스템 내의 다양한 행동 대안을 비교하고 결과를 최선에서 최악으로 분류할 수 있다.

1차 지연은 언제이고 3차 지연은 언제입니까?

일차 지연(First Order Delay)은 변수가 자극에 신속하게 반응할 때 발생한다. 예를 들어, 스위치를 켜면 방의 조명이 켜지는 데 시간이 걸리지만, 매우 빠르게 조명이 켜진다. 스위치를 켜자마자 전구가 90%의 밝기를 즉시 발산하고 나머지 10%는 몇 초 후에 나타난다.

삼차 지연(Third Order Delay)은 자극에 대한 반응이 상당히 지연되고 초기에는 반응이 느린 경우 발생한다. 예를 들어, 오늘 제품의 가격이 인상되면 고객은 여전히 같은 양을 소비하다가 대체 제품을 찾기까지 시간이 걸린다.

지연은 많은 시스템의 행동에 결정적인 영향을 미친다. 예를 들어, 현재 방의 온도가 40°이고 온도 조절기를 25°로 설정하면, 처음에는 기계가 높은 성능으로 작동하며 5분 내에 온도가 10° 떨어져 30°가 된다. 다음 5분 동안 온도가 4° 떨어지고, 이후에는 온도가 1° 떨어지는 데 30분이 걸린다. 이는 첫 번째 순서의 지연을 가진 시스템이다. 처음에는 두 상태 사이의 차이에 기반하여 빠르게 조정된다.

무한 차수 지연(Delay of Infinite Order)을 가진 동일한 시스템은 10분 동안 40°를 유지한 후 갑자기 15°로 온도가 급격히 떨어진다. 지연의 차수가 낮을수록 반응이 더 빠르고, 지연의 차수가 높을수록 반응이 더 늦어진다.

시각적으로 이해하기 위해, 지연을 입력과 출력 사이를 분리하는 여러 개의 재고로 상상할 수 있다. 일차 지연의 경우, 입력과 출력 사이에 하나의 재고만 있으며, 삼차 지연의 경우, 입력과 출력 사이에 세 개의 재고가 있다.

변수의 복제 기간(Duplication period)이란 무엇인가요?

변수의 복제 기간은 특정 변수(예: 잔액)가 두 배로 증가하는 데 걸리는 시간을 의미한다. 이 개념을 고정 금리가 있는 현재 계좌 잔액의 변화를 모델링한다고 가정해 보자. 여기서 잔액은 저량(stock)이고, 이자는 유량(flow)이며, 고정 이자율이 보조 변수(auxiliary variable)로 작용한다. 유량은 잔액에 이자율을 곱하여 계산된다. 우리는 이자가 두 배로 증가하는 데 몇 년이 걸리는지 알고 싶다.

잔고의 복제 기간은 다음 공식으로 구할 수 있다. 복제 기간=0.7 / i 이며, 여기서 i는 이자율이다. 이 공식이 어떻게 도출되는지 알아보자. 우리는 (1+i)^t = 2라는 식을 가지고 있다. 이 방정식은 t년 후에 이자율이 적용된 잔액이 2가 되어야 한다. 여기서 t는 복제 기간으로 자본 1이 2로 변하는 데 걸리는 연수이다.

또한, ln(1+i)^t = ln2를 적용하여 로그를 취한다.

따라서, t ln(1+i) = ln2

이제 t를 분리시키면, 복제 시간이 되는 t는; , t = ln2 / ln(1+i)이다.

그리고 1n2=0.699이고, ln(1+i)는 항상 i와 거의 동일하다는 점을 고려하면; t=0.7/i가 된다.

제한 요인와 주요 요인의 차이는 무엇인가요?

주요 요인은 시스템에서 매우 민감한 요인들이다. 이들은 항상 동일하다. 예를 들어, 누군가가 눈에 손가락을 찔러 넣는다면 누구나 민감하게 반응하고 폭력적으로 대응할 것이다. 하지만 눈이 두 개 있으므로, 하나를 잃더라도 생명이 위협받지는 않는다.

각 시스템은 고유한 주요 요인을 가지고 있으며, 이를 발견하기 위해서는 일정 시간과 노력이 필요하다. 주요 요인을 이해하는 것은 시스템을 조작하려 할 때 필수적이다. 주요 요인을 건드리지 않으면서 시스템에 긍정적인 영향을 줄 수 있는 요인들을 활용하는 것이 중요하다. 주요 요인은 일반적으로 잘 드러나지 않으며, 항상 동일한 특성을 유지한다는 점을 기억해야 한다.

반면, 제한 요인은 일반적으로 매우 눈에 띄며 시간에 따라 변하는 경향이 있다. 현재 또는 가까운 미래에 시스템 상태를 결정짓는 요인들이다. 그러나 이러한 요인은 시간이 지나면 다른 요인으로 바뀔 수 있다. 예를 들어, 배가 고프기 때문에 일을 하지 않고 음식을 먹으러 간다. 음식을 먹고 나면 종이가 없어져서 종이를 가지러 간다. 종이를 얻고 나면 아이디어가 없다. 즉, 제한 요인은 끊임없이 변화한다.

시뮬레이션 시간 간격(Time Step)은 어떻게 설정하나요?

시뮬레이션에서 결과를 시간 척도 또는 기간으로 보여주고 싶을 때가 종종 있다. 이와 동시에 우리가 원하는 계산은 더 짧은 시간 간격으로 이루어져야 한다. 예를 들어, 한 변수를 통해 한 노동자의 월급을 평생 동안 시뮬레이션하고 싶다고 가정해 보다. 노동자는 18세에 일을 시작하고 65세에 은퇴한다고 가정했을 때, 결과를 연 단위로 보고 싶지만, 월급은 매월 지급되기 때문에 모델은 매월 데이터를 생성해야 한다. 이 경우 계산 기간을 1/12, 즉, 0.083333으로 정의하는 옵션인 Time Step을 사용한다.

소프트웨어는 이진 코드로 작동하며 정확하게 0.083333과 같은 숫자를 처리할 수 없기 때문에 약간의 오차가 발생할 수 있다. 일반적으로 이 오차는 매우 작으며, 우리가 모델에서 사용하는 일부 상수에서 도입하는 오차보다 거의 항상 작다.

예를 들어, 앞의 예에서 Time Step을 0.83으로 정의하면, 1년 후 0.083x12=0.996이 된다. 이는 연간 오차가 0.4%임을 의미하며, 10년 후에는 오차가 4%에 이를 것이다.

가능한 경우 2의 배수를 사용하여 Time Step을 1, 0.5, 0.25, 0.125,

0.0625 등으로 설정하는 것이 좋다. 논리적으로 모든 모델에서 Time Step에 정의된 단위와 일치하는 변수를 사용해야 한다. 만약 월 단위로 계산한다면, 변수가 월급, 월별 세금, 월별 청구서와 같은 월 단위 기준을 가져야 하며, 그래프에서 나타나는 시간 단위는 연단위로 설정하더라도 계산은 월 단위로 이루어져야 한다.

시뮬레이션 기간 범위 설정은 어떻게 하나요?

이는 각 모델에서 특별한 주의를 기울여야 하는 중요한 측면이다. 시뮬레이션의 시간 제한을 정의할 때는 여유를 두어야 한다. 하드웨어나 소프트웨어의 제약은 존재하지 않으며, 현재의 소프트웨어는 몇 초 만에 시뮬레이션을 실행할 수 있다.

클라이언트나 사용자가 제시하는 시간 범위에 너무 집중하는 것은 피해야 한다. 때때로 특정 현상은 선택한 시간 범위 이후에 모델에서 나타날 수 있으며, 선택한 범위 내에서도 현상은 얼마든지 나타날 수 있다.

긴 시간 범위는 특정 현상이 실제로 보이는 대로 발생하는지를 확인할 수 있는 안전성을 제공한다. 예를 들어, 안정적인 진동을 가진 시스템이 일정한 기간 이후에 증가하기 시작하면 불안정해질 수 있다.

모델에 NOISE를 도입하는 이유는 무엇인가요?

사실, 자연, 비즈니스 또는 사회적 과정에서 단일 매개변수가 오랜 기간 동안 선형적으로 발전하는 것을 관찰하는 것은 거의 불가능하다. 일반적으로, 우리는 그 변수들이 일정한 진화를 따르면서도 자주 작은 변동을 겪는 것을 관찰하게 된다.

이러한 작은 변동의 원인은 시스템 상태를 일시적으로 변경시키는 외부 요인이나 시스템 내의 정적 요인 때문일 수 있으며, 시스템 상태를 측정하는 데 발생하는 불가피한 오류로 인한 것일 수도 있다. 만약 우리가 연구 중인 시스템의 자연스러운 역동성을 이해하거나 시스템의 행동을 정의하는 구조를 더 잘 파악하기 위해 모델을 구축한다면, 이러한 작은 크기의 변동 요인들에 대해 지나치게 걱정할 필요는 없다.

가장 중요한 요인은 이러한 작은 변동이 실제로 중요한지 여부를 정의하는 것이다. 이러한 변동이 모델에 중요하지 않다면 생략할 수 있다. 그러나 이러한 변동이 유용하다고 판단되면, 더 자세한 조사가 필요하다.

소프트웨어에서 NOISE 함수는 이러한 상황에서 유용하게 사용할 수 있다. 우리가 역사적 데이터 시리즈와 이 데이터를 기반으로 한 모델을 가지고 있고, 이 모델이 역사적 데이터의 평균값을 재현한다고 가정할 때, NOISE 함수를 추가하여 실제 행동과 유사한 변동을 나타낼 수 있다. 이 경우, 값의 분산을 정의하는 통계적 매개변수(예: 표준 편차)를 정의해야 한다.

이 통계적 매개변수의 크기는 무작위성 및 알려지지 않은 요소들을 정량화하는 방법이다. 시스템 내의 노이즈는 또한 시스템이 작은 교란에 직면했을 때 스스로를 안정화시키는 능력에 대해 알려준다. 만약 시스템이 양의 피드백 루프에 지배되고 있다면, NOISE 함수로 인한 작은 변동이 발생하자마자 시스템은 불안정한 상태로 들어갈 것이다. 반면에, 시스템 구조에 음의 피드백 루프가 존재하면, 이러한 변동을 신속히 보완하여 시스템이 안정된 상태를 유지할 수 있을 것이다..

IV. Download all the Models

이 책에서 설명된 모델은 다음 웹사이트에서 자세히 볼 수 있다.

http://atc-innova.com/zip_one.htm

V. Next Step: Agent-Based Modeling

시스템 다이내믹스 개념에 기초한 시뮬레이션 모델은 시스템 내의 모든 요인이 동질적이라고 가정한다. 예를 들어, "청소년"이라는 개념을 사용할 때 모델은 같은 특성과 행동을 표현할 것으로 가정한다. 마찬가지로, "접수된 주문"이라는 개념을 사용할 때도 모델링 목적을 위해 모든 특성과 행동이 동일하다고 가정한다.

그러나, 동질성 가정을 적용할 수 없는 상황, 예를 들어 구매자 프로필에 따라 10가지로 분류되는 청소년이 있거나 분석이 필요한 10가지 유형의 제품이 있는 경우에는 시스템 다이내믹스 모델보다 에이전트 기반 모델(Agent-

Based Model, ABM)이 더 적합하다.

에이전트 기반 모델(ABM)은 많은 에이전트나 개체의 행동과 상호작용을 시뮬레이션하여 전체 시스템에 미치는 영향을 평가하는 데 이상적이다. ABM 유형의 모델은 비즈니스, 생물학, 생태학, 사회 과학 등 다학제 분야에서 사용된다.

에이전트 기반 모델(ABM)이란 무엇인가?

ABM은 시스템을 구성하는 개체(사람, 동물, 사물 등)의 개별 행동을 식별하여 시뮬레이션 모델을 생성할 수 있는 방법론이다. 이를 통해 실제 시스템에 도입할 수 있는 변화를 분석하여 원하는 행동을 달성할 수 있다.

ABM에서는 개별 개체가 시스템의 가장 기본적인 요인을 나타낸다. 소프트웨어는 이러한 개별 개체가 어떻게 상호작용하는지 시뮬레이션하고, 결과적으로 시스템의 진화를 집합적 관점과 개별 행동 측면 모두에서 연구할 수 있다.

ABM을 사용할 때

ABM 방법론으로 모델을 생성하기 전에 다음 옵션을 고려해야 한다:

1. 문제를 Excel을 사용하여 잘 분석할 수 있다면, 주저하지 말고 Excel을 사용한다.
2. 많은 과거 데이터가 있고 예측을 하려는 경우에는 통계 소프트웨어를 사용하는 것을 고려한다. 예를 들어, 지난 5년 동안의 일일 교통 데이터를 가진 고속도로의 다음 달 교통량을 예측하려는 경우, 다음 달에 건설이나 기타 특정 이벤트가 예정되지 않았다면, SPSS 또는 Matlab과 같은 소프트웨어가 가장 적합하다.
3. 시스템의 주요 요인이 동질적이라고 가정하는 경우, 이상적인 도구는

시스템 다이내믹스 모델을 만드는 것이다. 예를 들어, 특정 지역의 참치어획량 한도를 설정하려는 경우, 모든 참치가 동일하다고 가정할 수 있으며, 어업도 3가지 유형으로 분류될 수 있다. Vensim과 같은 시스템 다이내믹스 모델을 생성할 수 있는 소프트웨어가 가장 적합하다.

이전 옵션을 배제하고 ABM이 필요하다는 확신이 있으면, ABM 모델은 유사하지만 고유한 특성을 가진 요인들로 구성된 시스템을 이해하고 관리 정책을 결정하여 제안된 목표를 달성하는 데 사용된다.

예를 들어, 택시 차량 대여 계획을 세운다고 가정해 보자. 차량의 브랜드, 구매 시점, 일일 주행 거리 등이 다르기 때문에 모든 택시가 동일하다고 가정할 수 없다. 따라서 이 택시들의 특성은 단순히 평균 값으로 처리할 수 없으며, 평균적인 택시라는 개념은 존재하지 않는다.

ABM 활용

ABM 시뮬레이션 모델은 여러 산업과 분야에서 사용된다. 다음은 ABM 사용의 몇 가지 예시이다. 학술 분야에서 ABM은 연구 프로젝트, 최종 프로젝트 및 박사 논문 등에 유용하다. ABM은 생산 계획 및 창고 관리 도구로 유용하다. 경제학에서는 공공 자원 관리, 특히 투자 관리에 유용하다. 환경에서는 인간 활동이 자연 생태계에 미치는 영향을 분석하는 데 사용된다. 사회과학의 다양한 분야에서 ABM 모델은 소규모 그룹부터 수백만 명을 포함하는 그룹까지 분석 도구로 통합될 수 있다.

사용되는 소프트웨어

ABM을 생성할 수 있는 여러 가지 일반 도구가 있으며, 예를 들어 Java, Anylogic, NetLogo, Matlab, C++ 또는 Python이 있다. 그러나 이러한 도구는 ABM 모델을 구축할 수 있는 기존 또는 사전 지식이 필요하다. 이를 피하고 싶다면 Ventity 소프트웨어를 사용하는 것이 좋다. Ventity는 프로그래밍 지식 없이도 ABM을 만들 수 있는 도구로, 개인 및 교육용으로 무료로 사용할 수 있는 장점이 있다. 또한 Vensim 소프트웨어 Pro나 DSS 버전을 구매하면 무상으로 설치가 가능하다.

사전 지식

Ventity를 사용하여 ABM을 수행하는 데 프로그래밍 지식이 필요하지 않으며, 이는 큰 장점이다. 특별한 수학적 지식도 필요하지 않으며, 평균적인 Excel 사용자는 이 책을 완전히 자신감을 가지고 접근할 수 있다. 프로그래밍 지식이 있는 사람은 모델의 지침을 직접 조작할 수 있으며, 이는 결국 txt 파일이기 때문에 기존 프로그래밍 지식과의 유사성을 찾을 수 있다.

책: 에이전트 기반 모델링 및 시뮬레이션

ISBN: 979-8599111306

새로운 방법론을 사용하는 것은 항상 노력이 필요하다. 이 책은 ABM을 구축하기 위한 개념과 단계를 체계적으로 제시한다. 다양한 복잡성을 가진 모델의 단계별 생성이 설명되어 있어 독자가 이 도구를 점진적으로 익힐 수 있다.

모델의 주제는 다양하며, 이 도구의 여러 응용 프로그램을 반영한다. 이러한 주제의 다양성은 가능한 응용을 보여주기 위함이라기보다는 책을 읽는 것을 즐겁게 만들기 위함이다.

책의 초점

독자가 ABM 모델에 대해 전혀 알지 못하고 그 가능성에 대한 아이디어만 가지고 있다고 가정한다. 따라서 이 책은 가장 기본적인 개념과 용어를 설명하는 것으로 시작하고, 각 실습에서 소프트웨어가 제공하는 이점을 점진적으로 설명한다. 각 실습은 새로운 정보를 제공하며, 그동안 본 내용을 강화하는 데 도움이 된다.

물론 독자가 집중할 필요가 있으며, 책의 내용은 독자가 적절한 속도로 학습할 수 있도록 구성되어 있다. 따라서 가장 기본적인 수준에서 시작하여 독자가 ABM 방법론을 적용하여 자신의 모델을 만들 수 있도록 진행한다. 이 책의 목표이지만, 이는 끝이 아니며 후속 책은 엔티티 생성, 집단 정의, 민감도 분석, 최적화 및 보정과 같은 추가 기능을 소개한다.

책을 기본 가이드로

ABM을 생성하는 것은 Ventity 소프트웨어에 대한 지식을 요구하며, 이 책은 ABM 시뮬레이션 모델 생성을 위한 자세한 가이드를 제공한다. 개인의 경험을 통해 더 복잡한 모델을 구축할 수 있는 기술을 향상시킬 수 있다.

Videos

모델을 1분 만에 만들기 https://youtu.be/EVOjzILbTIc
도시에서 코로나-19 시뮬레이션 https://youtu.be/_fTb_Drxl34
생산공정 시뮬레이션 https://youtu.be/2dgoKxRhFdQ
다중 에이전트(비행기) 이동 시뮬레이션 https://youtu.be/IzYgxDgMOfA
크리스마스 선물 분배 시뮬레이션 https://youtu.be/UxHFCPb0oQ8

VI. Recommended Books

Available at amazon

A book for Vensim PLE PLUS users
ISBN 979-8655650183

The most complete guide for current and potential users of Vensim DSS
ISBN 979-8861599399

Includes examples of the most
common
mistakes in building a simulation
model.
ISBN 979-8662618657

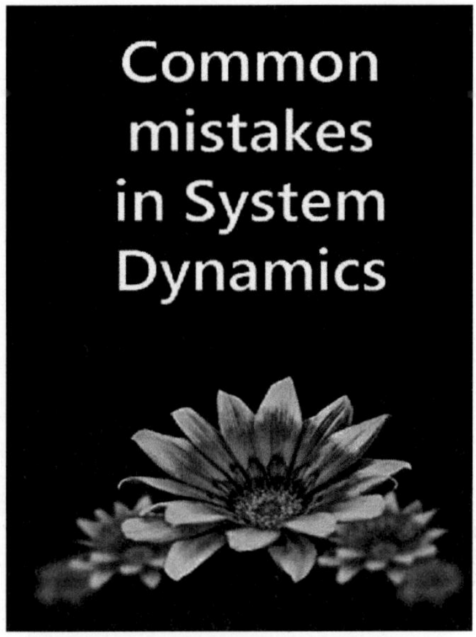

Includes examples of the most
common
mistakes in building a simulation
model.
ISBN 979-8662618657

VII. Recommended Papers

Available at amazon

Collection of books

Selected papers on System Dynamics

Modeling and Simulating Business Dynamics

ISBN: 9781686997556

Paper 1. New Technologies and Employment
Paper 2. Dynamic Balanced Scorecard
Paper 3. The Procurement Process
Paper 4. Scenario Planning Workshop
Paper 5. Risk Analysis Methods
Paper 6. Stereotypes in Socio-Economic Systems
Paper 7. Enterprise Resource Planning
Paper 8. Marketing Research
Paper 9. Group Model Building
Paper 10. Business Dynamics Simulator
Paper 11. Strategic Decision Support
Paper 12. Rare Earth Elements
Paper 13. Building a Learning Lab
Paper 14. Human Resource Planning

http://atc-innova.com/09192.htm

Modeling in Ecology and the Environment

ISBN: 9781687000323

Paper 1. Ecosystem Services Management
Paper 2. Marine Protected Areas
Paper 3. Sustainable Tourism Management
Paper 4. Great Apes and Land Cover
Paper 5. Drivers of Change in Arid Environments
Paper 6. Greenhouse Gases and Carbon Footprint
Paper 7. Facilitating Green Innovation
Paper 8. Water Quality Modeling
Paper 9. Wastewater Treatment
Paper 10. Green Growth and Ecotax
Paper 11. Economic Valuation of Natural Resources
Paper 12. Participatory Methods in Environment Projects
Paper 13. Recoverers and Recycling Organization
Paper 14. Gamification and project management

http://atc-innova.com/09193.htm

Modeling the Economy: Money and Finances

ISBN: 9781687003133

Paper 1. Modeling National Economies
Paper 2. Modeling Ecological-Economic Systems
Paper 3. Teaching Economics with a Simulator
Paper 4. Modeling and Simulation the Financial Sector
Paper 5. The Neoclassical Growth Modeled
Paper 6. Social Security Funds Sustainability
Paper 7. A Two-region Model
Paper 8. Simulation of S-shaped Growth
Paper 9. Public Policies Decision Making
Paper 10. Dynamic Balanced Scorecard
Paper 11. A Case Study for Business Schools
Paper 12. FAO's Model for Policy Guidelines
Paper 13. Scenario Planning and Implement. Challenges
Paper 14. Sustainable Finance Through Ecotax
Paper 15. Economic Valuation of Natural Resources
Paper 16. Impact of New Technologies on Employment
Paper 17. Bass Diffusion Model

http://atc-innova.com/09194.htm

Modeling and Simulation in Energy Management

ISBN: 9781687004932

Paper 1. Modeling and Simulating Energy Policies
Paper 2. Water-Energy-Food Nexus
Paper 3. Environmental-Social Pressures in Mining
Paper 4. Impacts of Electric Vehicle Diffusion
Paper 5. Forecasting Electricity Demand Market
Paper 6. Rare Earths Production Forecasting
Paper 7. Risk Analysis of Offshore Fire
Paper 8. Scenario Planning Implementation
Paper 9. Energy and Environmental Protection
Paper 10. Simulating Petroleum Peak Curve
Paper 11. Participative Group Model Building
Paper 12. Green Growth and Ecotax
Paper 13. Enterprise Resource Planning Implementat.
Paper 14. Occupational Accident Prevention
Paper 15. Gamification and Project Management

http://atc-innova.com/09195.htm

Modeling and Simulation of Healthcare Systems

ISBN: 9781687006745

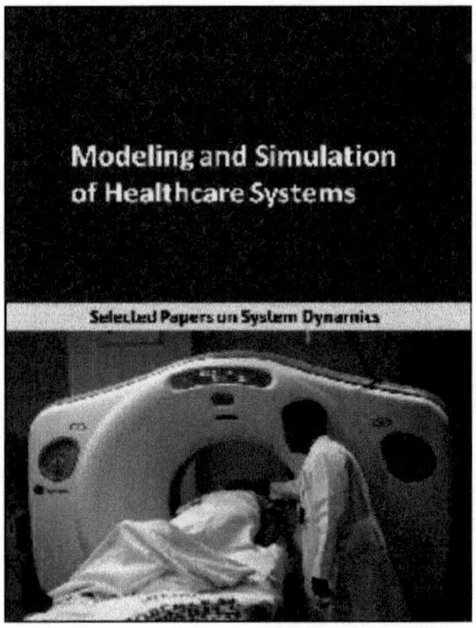

Paper 1. Patient Flow and Hospital Staffing Requirem.
Paper 2. Forecasting the Shortage of Neurosurgeons
Paper 3. Simulating Childhood Obesity
Paper 4. Modeling Vector Borne Disease
Paper 5. Generic Model of Contagious Disease
Paper 6. Increasing Patient's Safety Level
Paper 7. Prevention Rabies and Vaccination Coverage
Paper 8. Deceased Donors for Organ Transplantation
Paper 9. Antimicrobial and Antibiotic Resistance
Paper 10. Cost Treatment of Hepatitis C
Paper 11. Model for Suicide Prevention
Paper 12. Modeling For Human Resources Planning
Paper 13. Scenario Planning Workshop
Paper 14. Stereotypes in Socio-Economic Systems
Paper 15. The Bass Diffusion Model
Paper 16. Evaluate Future Businesses Performance
Paper 17 Group Model Building
Paper 18. Infectious Disease Model

http://atc-innova.com/09196.htm

Modeling the Housing and Urban Dynamics

ISBN: 9781687008367

Paper 1. Evaluating Electric Vehicle Diffusion
Paper 2. Modeling and Simulating Traffic Jams
Paper 3. Road Infrastructure Investment
Paper 4. Mgment of the Gravel Road Maintenance
Paper 5. Critical Infrastructure Protection
Paper 6. Modeling Waste from Home Devices
Paper 7. Scenario Planning Workshop
Paper 8. Group Model Building
Paper 9. Global Container Multimodal Transport
Paper 10. Gamification and Project Management
Paper 11. Business Simulator for Business Schools
Paper 12. Economic Simulations of Ordinary Waste
Paper 13. Perception and Utility

http://atc-innova.com/09197.htm

Modeling Supply Chains and Industrial Dynamics

ISBN: 9781687009975

Paper 1. Basic Logistic Model
Paper 2. Variability of Demand and Bullwhip Effect
Paper 3. Effectiveness of Lean Manufacturing
Paper 4. Life Cycle of Computers
Paper 5. Influence of 3D Printing
Paper 6. Forecasting Retail Electricity Market
Paper 7. Machine Learning Simulation
Paper 8. Improving the Productivity
Paper 9. Increasing Port Security and Performance
Paper 10. A Work Accident Simulation
Paper 11. Behavior of Procurement Process
Paper 12. Impact of New Technologies on Employment
Paper 13. Knowledge Mnt in Small and Medium Enterprises
Paper 14. Modeling the Intensive Farming Production
Paper 15. Scenario Planning Workshop
Paper 16. Environmental Issues in Mining Activities
Paper 17. Enterprise Resource Planning Implementation
Paper 18. Business Dynamics Simulator

http://atc-innova.com/09198.htm

Modeling Labor, Human Resources, and Social Dynamics

ISBN: 9781687015389

Paper 1. Gamification to elaborate a Business Model
Paper 2. Stress-Injury Pathway to Military Suicide
Paper 3. Modeling For Human Resources Planning
Paper 4. Conditions for Recoverers' Well-being
Paper 5. Utility perceived by Individuals
Paper 6. Occupational Accident Prevention
Paper 7. Planning & Mainten. of Corporate Knowledge
Paper 8. Strategy Simulator for Newspapers
Paper 9. Emerging-State Actor Model
Paper 10. Disinformation and Rumor Maker
Paper 11. Stereotypes in Socio-Economic Systems
Paper 12. Risk of Fire Based on Human Factors
Paper 13. Enhancing Services Mgent Through Modelling
Paper 14. Impact of New Technologies on Employment
Paper 15. The Bass Diffusion Model
Paper 16. Business Dynamics Simulator

http://atc-innova.com/09199.htm

Modeling Sustainable Development

ISBN: 9781700341600

Paper 1. Model for Evaluation of Reuse of Electronic Waste
Paper 2. Addressing the Sustainability Issue in Smart Cities
Paper 3. Sustainability Keys in Socio-Economic Systems
Paper 4. Participatory Methods in Group Model Building
Paper 5. Sustainability of Marine Protected Areas
Paper 6. Waste remanufacturing modeling from household
Paper 7. Sustainability of ecological arid environments
Paper 8. Model for Facilitating Green Innovation
Paper 9. Sustainability Assessment of Asset Mgnt Decisions
Paper 10. Green Growth and Ecotax
Paper 11. Sustainable Development in Intensive Farming
Paper 12. Environmental and Social Pressures in Mining
Paper 13. Input-Output for Ecological-Economic Analysis
Paper 14. Gamification and Innovation Management

http://atc-innova.com/091910.htm

Modeling Agriculture and Food Production

ISBN: 9781686984570

Paper 1. Sustainable Food Availability
Paper 2. A FAO's Model of Agro-food Systems
Paper 3. Crop Modelling in a Rainfed
Paper 4. Fishing in a Natural Environment
Paper 5. A Growing Farm of Chicken
Paper 6. Agro-food Industry Modeled
Paper 7. Livestock Production Modeled
Paper 8. Dormice and Hazelnuts Production
Paper 9. Constraints in Piggery Industry
Paper 10. Sheep Producers and Consumers
Paper 11. Poultry Supply Chain
Paper 12. The Winery Industry
Paper 13. Group Model Building
Paper 14. Dynamic Input-Output
Paper 15. Greenhouse Gases and Carbon Footprint
Paper 16. Water-Energy-Food Nexus

http://atc-innova.com/09191.htm

역자 약력

원동욱

명지대학교에서 학사(SOC-교통)와 석사(교통공학)를, 서울시립대학교에서 박사학위(교통공학)를 취득하였다. 현재는 엔지니어링 분야에서 교통계획, 설계, 운영, 안전 분야 컨설팅을 수행하고 있고, 다빅솔루션(주)의 전문 컨설턴트로서 시스템 다이내믹스 컨설팅, 강의, 교육 및 자문 활동을 하고 있다. 국토교통과학기술진흥원(신기술, 기술평가, 녹색기술 등), 정보통신기획평가원, 한국산업기술평가관리원, 창업진흥원, 한국교통안전공단 등에서 평가 심사위원으로 활동하고 있다.

윤은경

경희대학교 간호학과를 졸업하고 서울대학교 대학원에서 간호학박사를 취득 후 미국 위스콘신 대학교에서 박사후 연구원으로 근무하였다. 연구 관심 분야는 의료재난관리, Health System Dynamics, Big Data Analysis, Health Ethics이며, 보건복지부 국책 연구 과제 수행, 한국시스템다이내믹스학회 회장 등 관련 연구 활동을 하고 있다. 현재 경희대학교 간호대학에서 교수로 재직하고 있다.

이호창

연세대학교에서 경영학 학사, 석사(마케팅)와 박사(생산 및 SCM)학위를 취득하였다. (주)LG화학, Oracle Korea, SAP Korea, 영림원소프트랩 등에서 근무하였고, 화학, 전자, CPG 산업 등 다양한 산업 경험을 보유하고 있으며, 가천대학교 교수와 광운대학교, 한국항공대학교 겸임교수를 역임하였다. 현재 기업 IT 컨설팅 및 산업 전문가로서 기업의 계획부터 실행에 이르는 모든 단계의 컨설팅, PI 및 BPR, ISP 및 ISPM, 통합 System 진단 및 고도화, 변화관리 등의 컨설팅을 수행하고 있다.

정관용

성균관대학교에서 경영학 학사, 석사를 가톨릭대학교에서 경영학박사, 서울벤처대학원대학교에서 상담학박사를 취득하였다. 한외종합금융(주)에서 근무하였고, 가톨릭대학교 경영대학원에서 외래교수와 동국대학교 DUICA 심리학과 교수로 재직하였다. 현재 Vensim software를 한국에서 독점 공급하면서, Vensim을 이용한 시스템 다이내믹스 컨설팅 및 연구·용역을 수행하는 다빅솔루션(주)www.davics.co.kr를 운영하고 있다.
(연락처: vensims@naver.com , 02-2233-9100)

시스템 다이내믹스 이론과 실습

Theory and Practical Exercises of System Dynamics

2024년 11월 08일 | 제1판 1쇄 인쇄
2024년 11월 15일 | 제1판 1쇄 발행

지 은 이　Juan Martín García
역 저 자　원동욱·윤은경·이호창·정관용
발 행 인　김은중
발 행 처　서울경제경영출판사
북디자인　에이팩토리

주　　소　03767 서울특별시 서대문구 신촌로 205, 506호
전　　화　02) 313-2682
팩　　스　02) 313-8860
등　　록　1998년 1월 12일 제5-63호

ISBN 979-11-6282-129-9(93320)
정가 26,000원